TRAITÉ

DE L'INTERPRÉTATION DES LOIS.

Du même auteur :

Traité de la Rétroactivité des Lois, ou Commentaire approfondi du Code civil ; 2 vol. in-8° ; prix : 12 fr.

Traité des Statuts (Lois personnelles, Lois réelles) d'après le Droit ancien et le Droit moderne, ou du Droit international privé. — 1845 ; prix : 8 fr.

PARIS. — IMPRIMERIE DE J.-B. CROS, RUE DU FOIN-SAINT-JACQUES, 18.

TRAITÉ

DE

L'INTERPRÉTATION DES LOIS

PAR

M. A. MAILHER DE CHASSAT,

AVOCAT A LA COUR ROYALE DE PARIS.

Nouvelle Édition,

augmentée de plusieurs suppléments, etc.

> Doctrina... vim promovet insitam,
> Rectique cultus pectora roborant
> HORAT. *Carmin.* lib IV, od. IV.

PARIS,

CHEZ A. DURAND, LIBRAIRE, RUE DES GRÈS, 5

1845

1844

PRÉFACE.

Je donne quelques règles sur l'interprétation des lois. J'ai hésité plus d'une fois dans l'exécution de ce dessein. . . . Vous explorez une mer sans rives, me disaient quelques-uns de mes amis ; d'autres me représentaient les difficultés sans nombre qu'il y avait à asseoir de bons principes sur cette matière. Moi-même, je me faisais plusieurs objections : mon titre n'est-il pas un peu ambitieux ? et de quelque modestie que j'enveloppe mon langage, n'ai-je pas l'air de donner des leçons sur un sujet où personne ne se soucie guère d'en recevoir ? Chacun n'a-t-il pas sa raison ? Ce flambeau n'est-il pas bien plus sûr que les pâles et incertaines lueurs d'un livre où tout peut être mis en question ? Je ne me suis pas arrêté à ces obtacles ; cependant, je vais examiner celui qui m'a paru le plus sérieux.

Je ne saurais nier la difficulté qu'il y a à asseoir de bons principes en matière d'interprétation : je dirai plus ; je pense que ce grave sujet ne comporte pas une longue exposition de principes. Son champ est la métaphysique ; et l'on sait que, dans cette science, à côté de la plus saine proposition se trouve immédiatement placée la proposition la plus subtile et souvent la plus dangereuse. Néanmoins il est des principes incontestables, avoués par la raison universelle, qui dirigeront toujours les esprits sages, les hommes de bonne foi. Les sciences ont pu subir de nombreuses révolutions; des méthodes d'enseignement nouvelles ont pu succéder aux anciennes; les procédés généraux de l'esprit humain n'en restent pas moins les mêmes; et après les immenses découvertes des *Bacon*, des *Leibnitz*, des *Descartes*, des *Locke*, des *Condillac* et de leurs disciples, les ouvrages philosophiques d'Aristote s'offrent encore à nous comme le recueil le plus complet et le plus généralement sage, de la plupart des vérités utiles et applicables aux usages de la vie. Quelle en peut être la cause? C'est que ce génie essentiellement juste et droit a posé toutes ses règles d'après les procédés les plus naturels et les plus constans de l'esprit humain (1). J'ai donc pu céder au desir d'écrire quelques principes sur l'interprétation des lois.

Quant à la raison individuelle, dont je parlais tout à l'heure, qui oserait se confier sans réserve à

(1) De ces deux vérités, que l'entendement et le cœur humain restent toujours les mêmes, puisqu'ils tiennent à l'organisation invariable de l'homme, on pourrait faire un beau livre qui contrarierait bien des idées modernes.

un pareil guide? On peut écrire de bonne foi des dissertations élégantes, précises, spécieuses même, et ne pas effleurer la matière dont on s'occupe. L'esprit et la métaphysique peuvent facilement prendre la place du positif de chaque science. Les vérités constantes, utiles, en matière de législation, s'appuient et s'enchaînent mutuellement. Celui qui ignore les propositions fondamentales de cette science, les conséquences que les gens habiles en ont tirées de tout temps et que l'on peut en tirer encore, court grand risque de suivre simplement son imagination, et de s'égarer au sein de spirituelles rêveries.

Mais j'ai beaucoup cité, me dira-t-on; et, dans le siècle où nous vivons, l'on cite peu. Il est vrai. J'avoue même que les nombreuses citations m'ont toujours paru de mauvais goût. Ici je reproduirai, pour toute réponse, l'observation que je faisais tout à l'heure. Le positif de la science du droit se compose d'un système de principes consacrés ou admis comme vrais par les hommes les plus habiles dans cette science; mais comme la bonté de ces principes n'est souvent que relative, comme ils peuvent être combattus par d'autres principes non moins bons en apparence, les citations faites avec discernement ont pour but de donner une sorte de garantie morale de la vérité, de l'exactitude, de l'excellence de celui que l'on expose; et cette garantie est d'autant plus forte, que la série des hommes qui ont professé le même principe est plus nombreuse, plus ancienne; que ces hommes peuvent être considérés comme autorités plus graves (1).

Cependant il a fallu faire un choix, et c'est ici que ma tâche devenait difficile. La science du droit n'a pas été envisagée ni traitée de la même manière à toutes les époques de son histoire, depuis sa renaissance en Europe. Les méthodes subtiles et scolastiques des Cynus, des Balde, des Bartole et autres commentateurs des treizième et quatorzième siècles, n'étaient pas celles des Cujas, des Doneau, des Duaren, des Hotman, des Brisson, des Mérille; et les méthodes de ces savans jurisconsultes n'étaient pas celles des jurisconsultes qui les ont suivis (2).

De nos jours, les écoles d'Allemagne semblent occupées à ressaisir les belles méthodes de nos jurisconsultes du seizième siècle; mais leurs travaux en ce genre, quelque recommandables qu'ils

---

(1) On sait que Théodose le Jeune avait ordonné qu'en cas de partage d'opinions parmi les juges, celle qu'adopterait Papinien serait préférée et suivie.

(2) Cependant je dois dire que c'est dans Bartole, surnommé par l'école *summus juris apex*, et dans quelques autres commentateurs de cette époque, que l'on trouve les plus nombreux matériaux sur l'interprétation.

soient d'ailleurs, portent tous l'empreinte, plus ou moins sentie, des divers systèmes philosophiques qui se propagent avec tant de facilité dans ce pays. De là la tendance habituelle de leurs jurisconsultes à généraliser, et à s'enfoncer, souvent en pure perte, dans une métaphysique abstruse et nébuleuse, d'où le praticien peut rarement faire résulter quelque proposition simple applicable aux usages de la vie. De là cette mobilité de leurs doctrines juridiques, qui les met si souvent en opposition entre eux, et quelquefois avec eux-mêmes. Néanmoins leurs travaux, exécutés avec grandeur, étendue et franchise, m'ont fourni d'abondans secours; et après avoir fait usage des jurisconsultes dont la France s'honore, j'ai emprunté, mais avec discernement, aux jurisconsultes allemands, quelques principes qui m'ont paru confirmés indirectement par nos propres auteurs, ou généralement admis parmi nous.

Domat et Pothier ont été aussi mes autorités. Ces deux grands jurisconsultes, qui forment pour ainsi dire la dernière époque du droit français, n'ont rien de commun avec leurs prédécesseurs. Leurs ouvrages, dépourvus de cette littérature exquise, de cette science de l'antiquité que le goût le plus pur ramène toujours à sa place dans ceux des Hotman, des Doneau, des Mérille, &c., écrits souvent dans un langage barbare au sein des dix-septième et dix-huitième siècles (1), s'élèvent néanmoins aux plus hautes méthodes, ou nous retracent, dans des discussions pleines de sagesse et de bonne foi, les seuls et véritables principes à suivre sur chaque matière. Ces deux jurisconsultes, essentiellement amis de l'ordre et de la paix dans leur pays, ont la gloire d'avoir rendu pour ainsi dire vulgaire la science du droit parmi nous, sans avoir jamais excité d'autres transports que ceux d'une reconnaissance qui ne périra jamais en France.

Mais eux-mêmes avaient pris pour guide comme pour texte de leurs travaux le droit romain : c'est là, en effet, que se trouvent les principes d'éternelle justice les mieux appropriés aux sociétés humaines; ce qui faisait dire à Gui Coquille, tout partisan qu'il était du droit coutumier, que, *par don de Dieu, ils* (les Romains) *avaient la lumière de l'entendement bien nette, et le cœur bien franc* (2). J'ai donc puisé habituellement à cette source. Cependant les Romains s'entendaient peu à coordonner

(1) En lisant le *Traité des obligations*, de Pothier, chef-d'œuvre de justesse et de raison, on est tenté de douter que jamais aucune notion de grammaire générale soit entrée dans la tête de cet excellent jurisconsulte. Quant à Domat, son langage est meilleur que celui de Pothier; mais qui croirait lire en lui un auteur du siècle de Louis XIV et l'ami intime de Pascal? (Il est mort en 1696.)

(2) Gui Coquille, quest. 308.

en système les divers principes du droit : il y a plus ; leurs travaux n'ont jamais eu cela pour but. Traiter une question ; en analyser scrupuleusement toutes les parties ; arriver jusqu'à la nuance la plus légère, aux aperçus les plus délicats, quelquefois même jusqu'à des subtilités : tels sont les résultats que nous offrent habituellement leurs livres sur le droit. J'ai donc choisi dans ce vaste recueil, et à l'aide des plus habiles commentateurs, les principes qui m'ont paru les plus appropriés à l'interprétation des lois.

Enfin j'ai dû faire mes applications au droit français. Je ne sais jusqu'à quel point j'aurai réussi ; ce que je puis dire, c'est que mon livre est *un livre de bonne foi*, et fait avec le vif desir d'être utile. J'ai pensé qu'à une époque où la science des lois avait acquis, sous la main sage qui nous gouverne, une importance qu'elle n'a eue à aucune autre époque de notre histoire, quelques règles d'interprétation courtes et faciles à saisir en simplifieraient l'étude.

Au reste, la meilleure de toutes les règles d'interprétation, celle sans laquelle toutes les autres sont nulles ou deviennent même des instrumens dangereux, est la probité, l'absence de toute prévention funeste, un attachement profond et sincère aux lois de l'ordre, à la paix et au bonheur de son pays. Pour nous, cet attachement est inséparable de celui que nous devons à l'auguste dynastie qui est la cause naturelle de l'ordre dont nous jouissons, et sans laquelle notre pays recommencerait bientôt une nouvelle ère d'infortunes et de crimes.

Enfin, on ne doit jamais oublier que c'est moins la science que la bonne foi qui interprète.

PRÉFACE DE 1835.

Je laisse subsister le traité de l'interprétation des lois tel qu'il a été publié en 1822. Il est douteux qu'il eût gagné à un changement, soit dans le fond, soit dans la forme; mais j'y ajoute des supplémens, qui ne sont, à vrai dire, que le développement de quelques doctrines dont le cadre se trouvait par trop resserré dans l'ouvrage, et qu'il importait de mettre à la portée du plus grand nombre des esprits.

Les parties que j'ai jugées susceptibles de cette espèce de commentaire sont, en premier lieu, l'extension par analogie. C'est une des méthodes d'interprétation le plus fréquemment employées, et sur laquelle n'existe, à ma connaissance, aucun ensemble de règles propres à diriger le jurisconsulte, et surtout l'applicateur de la loi. J'ai essayé, après de nombreux efforts, de dévoiler les causes de la confusion qui a couvert jusqu'ici cette subtile partie du droit. J'ai exposé ensuite, sinon des idées neuves, du moins, sous un point de vue et d'après un système nouveau, quelques règles sur l'interprétation des lois pénales, même sur l'interprétation déclarative, bien que, par sa nature, elle paraisse plus que toute autre dispensée de toute règle. Une exposition claire de principes sur les matières juridiques, dont l'application est de tous les jours, et par-là même d'une si haute importance pour tous les citoyens, a du moins l'avantage, si elle remplit exactement son but, de rallier les bons esprits, de faire cesser les vaines controverses, et de prévenir ou de ruiner d'avance les subtilités, en les soumettant aux épreuves sérieuses du raisonnement.

Enfin, je me suis occupé des lois interprétatives. A cet égard mon travail est fait selon les doctrines de tous les temps. Je tiendrai peu de compte, je l'avoue, des discussions récentes auxquelles ces lois ont donné lieu, par le motif peut-être, que, ne convergeant pas vers un système unique, indépendant de considérations secondaires, hautement avoué par la raison universelle, ces discussions n'ont laissé d'autres résultats dans les esprits, comme dans le recueil de nos lois, que la preuve certaine de l'habileté, de la souplesse, des ressources incontestables de tous ceux qui s'y sont mêlés, mais ne nous ont pas privés de l'espoir que, dans un pays comme le nôtre, l'impérissable raison ne finisse tôt ou tard par reprendre l'ascendant qui lui est dû.

Tout le monde s'est prononcé sur la loi du 30 juillet 1828. — Son vice radical a été de confondre les attributions essentielles des grands corps judiciaires, et de paralyser précisément celles du corps qui les domine tous, au moment même où il était appelé, autant par la raison que par la loi de son institution, à en faire usage : car l'espèce d'autorité morale à laquelle on voudrait réduire les arrêts de la cour de cassation, dans la supposition que les cours royales, nouveaux juges pédanés, se borneraient à faire l'application pure et simple du droit consacré par ces arrêts, est une véritable illusion.

Il y a plus : de certaines personnes ont nié la nécessité d'une loi qui proclamât le droit inhérent au corps législatif, de faire la loi interprétative, aussi bien que le mode et l'objet propre de cette loi. Enfin d'autres, ce qui est beaucoup plus grave, ont avancé la proposition, qu'il ne saurait y avoir de lois interprétatives sous le gouvernement représentatif.

Mon projet n'est pas de reprendre et de combattre chacune de ces opinions; je m'en tiendrai à quelques idées simples que le temps n'altèrera pas, parce qu'elles sont inséparables des fonctions même de l'entendement humain.

Toute proposition manifestée sous une forme quelconque, dans une langue parlée, est accompagnée de la condition, que si sa forme extérieure ne suffit pas pour la manifester tout entière, l'entendement de celui auquel elle s'adresse devra y suppléer par toutes les ressources dont ferait usage celui qui l'emploie, pour la compléter, s'il y était appelé. La raison en est, d'une part, que celui dont émane la proposition n'a pas entendu faire dépendre la chose qu'il voulait exprimer des mots qu'il a employés; d'autre part, que celui auquel elle s'adresse est doué précisément des mêmes ressources que celui qui l'a émise, pour la compléter si elle en a besoin. Cette vérité, purement intellectuelle, acquiert une certitude et une importance du plus grand intérêt, appliquée aux matières législatives. En effet, la proposition revêtue du nom de loi, ayant pour objet de saisir un cercle de prévisions beaucoup plus étendues qu'une proposition ordinaire, ne saurait éviter l'emploi d'une forme abstraite qui, tout en répondant suffisamment au but que s'est proposé le législateur, repousse néanmoins et suffisamment aussi les fausses vues, les motifs qui ne l'ont pas préoccupé, et que l'on pourrait lui supposer. L'on conçoit maintenant que l'interprétation, qui certes n'est pas sans importance, appliquée aux matières purement spéculatives, soit une science de la plus haute gravité, lorsqu'elle a pour but de déterminer les limites dans lesquelles est rigoureusement ou nécessairement renfermée la volonté de celui auquel on doit obéir.

C'est d'après ces notions qu'a été conçu et émis par Justinien, le principe connu : *Si enim in præsenti leges condere soli imperatori cencessum est ; et leges interpretari solo dignum imperio esse opportet* (1).

Mais c'est en presence de ce principe même que se sont élevées les objections :

Ce principe, d'une exactitude parfaite, a-t-on dit, dans un pays où le pouvoir législatif est concentré sur la tête d'un seul, est impraticable dans un pays comme le nôtre, où ce pouvoir se divise en trois corps, également appelés à concourir à la confection de la loi.

Ainsi que je l'ai annoncé, je ne veux pas m'appesantir sur la réfutation régulière qu'exigerait cette objection ou toute autre de la même nature.

Je me bornerai à dire :

Qu'une loi émanée de trois corps qui ont concuru à sa confection, selon des formes déterminées, n'est pas loi à un autre titre que celle qui émane d'un corps unique auquel la constitution du pays donne le pouvoir de la rendre.

Qu'une telle loi peut, dans un cas comme dans l'autre, tromper le vœu de celui qui l'a rendue, soit parce qu'il aura fait choix de termes impropres, employé des tours

(1) L. 9, § 1, Cod. *de Legib.*

vicieux, mal conçu ou mal déduit sa proposition, soit parce que les personnes chargées d'interpréter et d'appliquer sa pensée, entraînées par de fausses considérations, même par des préjugés, se refuseront à la voir telle qu'elle est, et s'obstineront à lui prêter un sens qu'elle n'a pas. — Qu'on ne saurait dès lors refuser ni à l'auteur de la loi, ni au peuple pour lequel elle a été faite et dont il lui importe de jouir dans toute sa plénitude, à celui-ci le droit de réclamer le sens exact de la loi rendue, à l'autre, celui de l'éclairer par l'interprétation.

Que la loi ou la déclaration interprétative, comme on voudra, est toujours et essentiellement un acte du pouvoir législatif.

Qu'il importe peu que ce pouvoir soit un ou multiple dans sa forme, parce que, sous toutes les formes de gouvernement, le corps législatif seul est considéré, indépendamment des personnes qui le composent, comme dépositaire des traditions, des vues, des pensées législatives; et que dès lors lui seul peut et doit faire les études, les travaux nécessaires, pour ressaisir, même pour retrouver, si elle est perdue ou complétement altérée, la pensée primitive d'une loi qu'il importe au peuple de faire revivre selon cette pensée.

Qu'une telle loi n'est pas plus difficile à obtenir de la part d'un corps multiple que de la part d'un corps unique, et qu'elle offre néanmoins dans le premier cas de meilleures garanties; car l'expérience nous enseigne que si, sous les gouvernemens absolus, les conseillers du prince sont appelés à préparer et à rendre en son nom des lois interprétatives, ces lois peuvent s'appliquer à d'anciennes lois, même à des lois récentes dont ils ne sont pas personnellement les auteurs, et que de telles lois ne se placent pas aussi facilement à l'abri du reproche d'avoir été déterminées par des faits ou des considérations secondaires, que les lois émanées d'un corps purement législatif, habituellement mu par des vues élevées, générales et indépendantes des faits et des personnes; que par là même que les formes parlementaires doivent être accomplies pour la confection de la loi interprétative, cette loi reçoit de cette solennité même le caractère pur de loi destinée à mêler ses dispositions à celles de la loi interprétée dont elle fait désormais partie; qu'en faisant remonter au jour de la loi interprétée la loi interprétative, il n'y a pas, comme je l'ai établi (*Comment. approf. du C. civ.*, t. 1, p. 126), proprement de rétroactivité, puisque ces deux lois sont essentiellement contemporaines; et que dès qu'il est reconnu, en principe, que les lois interprétatives restent sans effet, quant aux affaires terminées par transaction, désistement, serment, etc., ou passées en force de chose jugée, leur unique objet consiste à rendre à la législation sa dignité autant que sa plénitude; car on ne conçoit pas une législation telle que, dans l'une de ses parties, l'arbitraire, à l'abri de prétendus doutes insolubles, se donne pleine carrière jusqu'au jour où interviendra la loi dite interprétative qui ne rétroagira pas.

J'ajoute, qu'en fait, ce qu'il importe le plus en cette matière, c'est de déterminer exactement le cas où il y a réellement lieu à interpréter une loi obscure, et à le distinguer de celui où il y a simplement lacune dans la législation. Il appartient au législateur seul de faire cette importante distinction. Lorsqu'il rend une loi interprétative, il doit déclarer nettement qu'il interprète, et se garder d'altérer en quoi que ce soit par son interprétation le texte qui a divisé les corps judiciaires. Que s'il innove dans un sens ou dans un autre, même pour améliorer l'ancienne loi, mais d'après des vues qui n'étaient pas les siennes, il est évident qu'il n'interprète plus.

En résumé, l'interprétation est inséparable de toute proposition mal énoncée, et qui manque par là le but pour lequel elle a été conçue. Cette vérité, appliquée aux matières législatives, reçoit de l'intérêt public lui-même un nouveau degré de force et d'autorité. La loi ne saurait consacrer un principe contraire, car, en même temps qu'elle proclamerait ainsi l'ineptie de celui qui a rendu la loi interprétée, elle violerait cet autre principe d'une gravité non moindre, que toute loi rendue appartient aux citoyens du jour de sa promulgation; qu'elle ne peut cesser de leur appartenir que par l'abrogation ou la désuétude; que la loi interprétative ne saurait donc les soustraire arbitrairement au régime de la loi interprétée en ne rétroagissant pas.

Néanmoins, comme la rétroactivité est odieuse, même dans ses apparences, il est de la sagesse du législateur de n'émettre de lois interprétatives, avec tous leurs effets, que dans les cas rares, c'est-à-dire alors qu'il y a réellement lieu à interpréter la loi, et que l'interprétation est éminemment commandée par le bien public. Dans tout autre cas, la loi ordinaire est préférable.

Sur quarante-trois référés en interprétation de la loi soumise en ce moment aux chambres, c'est à peine si j'en ai reconnu deux ou trois qui fussent véritablement dans le cas de la loi interprétative.

TRAITÉ
DE
L'INTERPRÉTATION
DES LOIS.

LIVRE I.er

TITRE PRÉLIMINAIRE.

§. I.er

Divisions, Définitions (1).

TOUTE la science du droit peut se diviser en trois grandes parties :

1.° La didactique du droit ;

2.° Son histoire générale ;

3.° L'exégèse ou la science de l'interprétation.

---

(1) Je veux expliquer sur-le-champ la fameuse règle de droit qui paraît condamner toute espèce de définition : *Omnis definitio in jure periculosa est ; parum est enim ut non subverti possit* (L. 202, ff. *de reg. jur.*) Jacques Godefroi démontre d'une manière incontestable que le mot *definitio* signifie ici *règle.* (*Opera juridica minora*, pag. 1918 *et suiv.*) Une règle est dangereuse en droit, selon lui, pour trois raisons : 1.° par la grande difficulté qu'on éprouve en général à faire une règle, sur-tout lorsqu'elle statue sur des faits ou sur l'équité, plutôt que sur le droit ; 2.° par les exceptions et les restrictions qui accom-

La didactique a deux principaux objets : 1.° la recherche et l'exposition de toutes les parties du droit positif ;

2.° Toutes les méthodes générales ou spéciales propres à en faciliter l'étude.

L'histoire embrasse tout ce qui tend à donner la connaissance des causes générales ou particulières, éloignées ou prochaines, des diverses parties du droit ; les variations, les perfectionnemens, les abrogations, dérogations, en un mot toutes les vicissitudes de la législation. On la divise en *histoire extérieure* et *histoire intérieure.*

L'exégèse a pour objet l'interprétation du droit positif (1).

---

pagnent ordinairement la règle. En effet, comment déterminer exactement le nombre des exceptions, qui peut être tel souvent qu'il fasse disparaître la règle ? 3.° par la difficulté qu'il y a à l'appliquer exactement ; car le moindre doute, le plus léger obstacle dans l'application, en détruit toute la force.

Quant aux moyens de se convaincre de l'exactitude de l'application, ils consistent à s'assurer, 1.° du sens réel des termes ; 2.° du but de la règle ; 3.° de sa parfaite convenance avec l'espèce à laquelle on l'applique.

Mais les définitions emportant précepte, comme l'explique Godefroi (*ibid.*), sont d'un fréquent usage dans les lois, et n'offrent aucun danger. Loin de là, elles sont d'une grande utilité, sur-tout lorsque la matière qu'elles embrassent est exactement décrite. Javolenus traite formellement des règles et préceptes ou *définitions du droit naturel : naturalia jura* (§. ultim. *Instit. de jur. natur. et gent.*). Le Code civil donne une foule de définitions. Il définit l'usufruit, la représentation, les présomptions, la vente, l'échange, les contrats aléatoires, &c. &c.

(1) Ces divisions qui appartiennent spécialement à la théologie, ont paru à Leibnitz pouvoir s'appliquer convenablement à la jurisprudence. (*Method. nov. disc. doc. jurisp.* part. II, §§. 2 et 42.) Quant au mot d'*exégèse*, je l'ai pris dans le sens le plus étendu.

Elle se divise en deux parties principales :

La philologie du droit ;

Les diverses méthodes d'interprétation.

§. II.

L'interprétation a pour but de donner le sens d'un texte obscur, soit que l'obscurité provienne de l'insuffisance, de l'impropriété ou du barbarisme des mots, soit qu'elle provienne des vices du raisonnement ou du langage, de la défectuosité des caractères employés, des fautes des copistes ou des typographes (1).

Un système de règles appropriées à l'interprétation du droit, prend le nom d'*herméneutique du droit.*

§. III.

Les fondemens de toute interprétation législative sont, 1.° la signification propre ou figurée des mots ; 2.° le langage employé par le législateur, la liaison et les rapports des diverses propositions entre elles ; 3.° la nature de la matière soumise à l'interprétation ; 4.° le motif de la loi, en tant qu'il retrace le but du législateur. De là cet axiome incontestable, qui se reproduira souvent dans ce traité, que le motif de la loi en est l'ame, et est par suite toute la loi (2).

---

(1) L'interprétation suppose toujours que le texte à interpréter exprime un sens ; s'il n'en exprimait aucun, l'interprétation serait sans objet. (Eckard, *Hermeneut. juris*, §. IX.)

(2) Voyez *præfat.* Heinecc. *ad Pandectas.*

§. IV.

Il y a trois espèces d'interprétations :

L'interprétation de doctrine ;

L'interprétation d'usage ou de jurisprudence ;

L'interprétation authentique ou par voie d'autorité.

La première est dévolue à tous les fonctionnaires chargés d'appliquer la loi ; c'est principalement sur leur raison et leurs lumières qu'est fondé l'usage régulier qu'ils en font.

On connaît deux espèces de méthodes d'interprétation par voie de doctrine : les méthodes générales, et les méthodes spéciales (1).

Si ces méthodes sont insuffisantes pour donner le sens de la loi, l'interprète consulte l'usage établi, la jurisprudence uniforme et constante.

Lorsque toutes ces ressources sont insuffisantes en même temps, il a recours au législateur, qui interprète par voie d'autorité (2).

PHILOLOGIE DU DROIT. (§. 1.er *in fine.*)

TITRE I.er

§. V.

Objet de la Philologie.

La philologie du droit peut être considérée comme les prolégomènes de toute la science de l'interprétation des

(1) *Voyez*, pour les définitions, le livre II.

(2) J'expliquerai au livre III les formes d'après lesquelles le législateur rend les lois interprétatives.

lois. Elle convient, quoique d'une manière différente, aux trois espèces d'interprétations dont je viens de parler. J'indiquerai ses rapports avec chacune d'elles.

Elle a deux principaux objets :

1.° La culture et les développemens de l'esprit dans le but de l'interprétation des lois;

2.° Les diverses matières placées dans le domaine de la loi.

TITRE II.

CULTURE DE L'ESPRIT.

§. VI.

La loi, considérée dans son grand objet, est l'expression de tous les besoins de la société : il est évident, dès-lors, que son interprète doit s'élever à la connaissance approfondie de tous ces besoins; son esprit doit donc avoir reçu tous les genres de développemens, car il peut être appelé à s'exercer sur toutes les branches de la législation.

§. VII.

Mais il est des sciences qui ont plus spécialement pour objet de diriger l'esprit vers les recherches spéculatives; de fortifier ses progrès dans les études morales et méthaphysiques, et de le préparer ainsi aux divers procédés de l'interprétation. Les rapports nombreux qu'elles ont d'ailleurs avec toutes les matières de droit, mettent l'interprète dans la nécessité constante d'en faire l'application. Ces sciences sont, la grammaire, la rhétorique, la logique, l'histoire et les antiquités, la philosophie morale, et le droit naturel.

CHAPITRE I.er

GRAMMAIRE.

PARTIES TECHNIQUE, PHILOLOGIQUE ET MÉTAPHYSIQUE.

§. VIII.

Première Observation générale.

J'ai dit (§. II) que l'interprétation avait pour but de donner le sens d'un texte obscur, &c, &c.

Il est évident que les procédés généraux ou particuliers de la grammaire serviront souvent à lever les doutes, à dissiper les obscurités des textes.

Mais je dois commencer par énoncer une vérité qui domine toute la matière de l'interprétation.

Quoique les divers auteurs qui ont écrit sur ce sujet s'accordent généralement à ramener toutes les espèces d'interprétations à deux (l'interprétation grammaticale et l'interprétation logique), il n'en faut pas conclure que les théories des anciens jurisconsultes, qui divisaient l'interprétation, tantôt, selon les sciences dont elle exigeait l'application, en grammaticale, rhétorique, historique, logique, morale, &c. &c.; tantôt, selon la matière à interpréter, en politique, civile, géométrique, médicale, physique, &c., fussent entièrement dénuées de fondement. L'esprit humain ne procède pas dans un ordre didactique, et tel qu'il puisse être rigoureusement enchaîné par des méthodes. Quelquefois les ressources tirées de la logique et de la grammaire suffisent à elles seules, pour donner le vrai sens d'un texte; quelquefois elles se combinent avec celles qui sont tirées de l'histoire, des antiquités, des mouvemens de l'ame, des subtilités de la dialectique, de la diversité des objets dont s'occupe le texte; en un mot, c'est à la raison éclairée de l'interprète à juger jusqu'à quel point se trouvent ainsi mêlés ces divers élémens qui doivent lui servir de guide, et comment il doit en faire usage (1).

Cependant, en méditant beaucoup sur cette matière, je me suis convaincu que les jurisconsultes modernes ont raison de ne voir, avec Quintilien (2), que deux espèces d'interprétations (3); parce qu'en effet, la grammaire et la logique offrent presque toujours les principaux moyens d'interprétation, lorsqu'elles ne suffisent pas exclusivement.

§. IX.

Seconde Observation générale.

La grammaire embrassait, chez les Romains, ce que nous désignons aujourd'hui par le mot de *littérature*, par conséquent, la grammaire proprement dite, la rhétorique, la critique, l'histoire, &c. &c. Les jurisconsultes qui ont fondé les deux plus célèbres écoles de Rome, Antistius

---

(1) On trouvera au §. XVII un développement de ce principe.

(2) Lib. XII *Instit. orat.* cap. 2.

(3) On trouve aussi dans les lois 20 ff. *de legib.*, et 6, §. 1.er, ff. *de verbor. signif.*, la preuve certaine que Paul et Ulpien ne reconnaissaient que ces deux espèces d'interprétations.

Labeo et C. Ateius Capito étaient avant tout grammairiens (1). L'annotateur d'Eckard (2) soutient même, en se fondant sur la loi 3, au Digeste, *de Reg. jur.*, que pendant tout le temps de la république, on n'a fait usage à Rome que de l'interprétation grammaticale, et que ce n'est que sous les empereurs que s'est introduite l'interprétation logique. L'examen et la critique de cette opinion me paraissant au moins superflus, je me contenterai de dire en terminant ce qu'Edmond Mérille, célèbre rival de Cujas, a démontré fort au long (lib. I *Observat.* cap. III), savoir : que sous les empereurs, la grande opposition qui régnait entre les Proculéiens et les Sabiniens résultait sur-tout de ce que les premiers s'attachaient exclusivement à l'interprétation grammaticale, tandis que les seconds accordaient tout à l'interprétation logique. En voilà suffisamment pour faire sentir toute l'importance de la grammaire, en matière d'interprétation.

SECTION I.re

§. X.

Partie technique.

La partie technique de la grammaire a pour objet la régularité grammaticale des termes et des locutions ; l'exactitude des conjugaisons, des déclinaisons ; les barbarismes,

(1) Sueton. *de illustr. Grammat.* cap. 10 ; Gellius, lib XIII *Noct. atticar.* cap. 10.

(2) Guillaume Walch *in* Eckard, *Hermeneut. jur.* pag. 18.

les solécismes, l'étymologie, les dérivés, les règles de syntaxe; par suite, les constructions régulières ou vicieuses, la prosodie, l'orthographe, les appositions, &c. &c. Ainsi c'est elle qui nous apprendra que les mots *vis et potestas*, employés dans la définition de la tutelle (1), sont une véritable apposition (2); que les jurisconsultes romains ont souvent employé le mot *vis* au génitif, &c. &c.

C'est ainsi que les articles 786, 1112, 1302 et 2146 du Code civil, m'ont toujours paru blesser les principes élémentaires de la langue; j'aurais desiré la rédaction suivante : Art. 786. Au lieu de, *s'il est seul,* **ELLE EST** *dévolue;* j'aurais desiré, *s'il est seul,* ***LA SUCCESSION*** *est dévolue au degré subséquent.* — Art. 1112. *Il y a violence, lorsqu'***ELLE** *est de nature;* j'aurais préféré, *Il y a violence, lorsque* **LA CAUSE D'OÙ ELLE RÉSULTE** (*ou qui l'a produite*) *est de nature, &c. &c.* — Art. 1302, §. 1.er Au lieu de, *dans le cas où la chose* ***FÛT*** *également* ***PÉRIE,*** j'aurais préféré, ***EÛT*** *également* ***PÉRI.*** — Art. 2146, §. 1.er Au lieu de, *si l'inscription n'a été faite par l'un d'eux que* ***DEPUIS L'OUVERTURE ET DANS LE CAS OÙ LA SUCCESSION,*** *&c;* j'aurais voulu, ***DEPUIS L'OUVERTURE DE LA SUCCESSION,*** *et* ***DANS LE CAS OÙ ELLE N'EST ACCEPTÉE,*** *&c.*

(1) *Instit.* §. 1.er *de tutel.* Ces mots sont aussi employés ensemble dans la loi 17 ff. *de legib.*

(2) Leibnitz, *de nov. Method. disc. doc. juris,* part. II, §. 44. On peut en dire autant de la définition de la justice..... *Constans et perpetua voluntas &c.*

SECTION II.

§. XI.

Partie philologique.

La partie philologique de la grammaire a pour objet l'éclaircissement, la pureté des textes; car il importe avant tout d'exercer son esprit sur un texte qui exprime le sens réel de son auteur.

Les difficultés qu'éprouve le philologue, sous ce rapport, sont, 1.° en raison de l'époque à laquelle a été écrit le texte; 2.° du genre d'écriture, des caractères, sigles ou abréviations employés; 3.° de l'impéritie des copistes ou des libraires, et des vices de ponctuation; 4.° des interpolations et altérations; 5.° des erreurs long-temps accréditées par les fausses interprétations.

Le premier devoir du philologue est donc de s'assurer du sens, d'abord par la lecture; s'il ne peut y réussir, il doit rechercher la cause qui s'oppose à la découverte du sens. Elle peut provenir de la forme dans laquelle se trouve conçu le texte. Ainsi, par exemple, on sait que les décisions renfermées dans les Pandectes, étant, pour la plupart, matériellement extraites des livres des anciens jurisconsultes, se présentent à nous sous la forme de réponses ou de solutions données à des questions proposées. Pour bien entendre le texte dont il s'agit, il conviendra donc de se représenter, de la manière la plus exacte, l'espèce sur laquelle ont prononcé les jurisconsultes.

Cette cause peut provenir aussi du caractère ou du signe employé. Les mêmes caractères ou les mêmes signes ne sont pas employés à toutes les époques. Le philologue doit s'attacher sur-tout à démêler ce qui est propre à une époque, de ce qui a cessé de l'être à une autre; il doit s'assurer aussi des usages affectés par telle classe d'hommes, telle secte de philosophes, ou même tel jurisconsulte dont on interprète les écrits. C'est ainsi qu'au rapport de Cicéron (*de Officiis*, lib. 1, n.° 7), les stoïciens étaient réputés *scrupuleux étymologistes*.

Si cette cause provient de l'impéritie des copistes, des libraires, ou des vices de la ponctuation, le philologue doit alors conférer les manuscrits, sur-tout les plus authentiques, les plus estimés et les plus rapprochés de l'époque à laquelle ont été écrits les textes. Il peut aussi recourir aux paraphrases et aux versions des idiomes étrangers.

Enfin, il doit avoir le courage de rechercher et de combattre les fausses interprétations, quelque grandes que soient les autorités qui les entourent; mais il doit se garder d'une témérité dangereuse, et ne jamais oublier que lorsqu'un texte de loi offre un sens clair, vouloir lui en donner un plus naturel ou meilleur, c'est s'ériger en législateur, et méconnaître la tâche de l'interprète (1).

---

(1) Eckard, *Hermeneut. jur.* §. 52; Val. Guil. Forster. *de Interp. jur.* cap. II, n.° 9.

Ceux qui voudront de plus amples notions sur cette matière, pourront consulter l'*Hermeneutica juris* d'Eckard, vaste répertoire de toutes les connaissances philologiques dont peut faire usage l'interprète.

SECTION III.

§. XII.

Partie métaphysique.

La partie métaphysique de la grammaire embrasse toutes les nuances, toutes les finesses, toutes les variétés du langage; elle se lie à la littérature, aux sciences, aux arts; elle suit les progrès et la décadence des mœurs et des institutions, les révolutions politiques et civiles, en un mot tous les mouvemens de l'esprit humain. De là la nécessité, pour l'interprète, de faire une étude spéciale de cette partie de la philosophie.

Plusieurs auteurs ont appliqué ces réflexions à l'étude du droit romain.

« Les fragmens dont sont extraits les livres du droit » romain, dit Barbeyrac, dans une dissertation élégante » sur la manière d'étudier le droit (1), ne sont pas d'un » seul et même âge; ils renferment une foule d'expressions » ou de locutions fort diverses entre elles. Tout le droit » romain, depuis la fondation de Rome, se trouvant en » quelque sorte fondu dans cette collection, il est résulté » de là que les différentes parties dont elle se compose, » portent toutes plus ou moins l'empreinte des divers » âges de la langue latine, jusqu'à l'époque où a été pro- » mulgué le corps de droit. On citerait à peine une lo- » cution ou même une expression qui ne fût propre à

(1) *Oratio de studio jur. rectè instituendo*, pag. 8.

» vérifier cette observation. Il ne suffit donc pas de quel» ques études légères faites sur deux ou trois auteurs » anciens ; tous doivent être étudiés, quel que soit le » genre de leurs écrits, car tous contribuent à éclairer les » divers passages du droit romain. »

Ces sages réflexions, qui ont été faites aussi par François Hotman (1) et par Leibnitz (2), exigent des études approfondies des auteurs qui peuvent amener le plus directement à ce but. Leibnitz a indiqué plusieurs ouvrages dans ce dessein (3); j'y ajouterai les suivans : 1.° les divers traités d'Isaac et de Gérard Vossius, sur la langue latine; 2.° le *Lexique juridique* de Barnabé Brisson, augmenté d'une savante préface d'Heineccius; 3.° le livre *de Latinitat. vet. jurecons.* de Duker; 4.° ceux de Kirchmayer sur le même sujet; 5.° sur-tout les beaux ouvrages de Funck sur les quatre âges de la langue latine.

§. XIII.

Les principes que je viens d'exposer relativement aux usages de la grammaire philosophique pour l'interprétation du droit romain, s'appliquent à la législation française, mais d'une manière différente.

La collection du droit romain présentant des fragmens d'une législation de plusieurs siècles, offre en même temps les nuances diverses qui caractérisent les époques aux-

(1) *De optim. gener. jur. interpr.* in principio.

(2) *Method. nov. disc. doc. jurisp.* part. II, §. 45 *et seq.*

(3) Eod. §. 45.

quelles ces fragmens ont été composés. Tous ayant reçu force de loi de la part de Justinien, ils sont tous d'un égal intérêt pour l'interprète, qui doit redoubler d'efforts à mesure que le texte s'éloigne d'un âge où les moyens d'interprétation sont plus nombreux.

Il n'en est pas de même de la législation française, qui a été composée en entier, presque d'un seul trait, par des contemporains, dans la vue de rédiger des lois, avec une éducation, des mœurs à-peu-près semblables, et vivant sous les mêmes influences politiques. Il est vrai que leurs principes en jurisprudence n'étaient pas conformes en tous points. Quelques-uns d'entre eux, élevés dans les pays de droit écrit, avaient des notions plus étendues et plus sûres sur cette espèce de droit que leurs collaborateurs; de là une prédilection marquée et souvent un préjugé en faveur de ce premier objet de leurs études. La même observation s'applique, en sens inverse, aux rédacteurs dont les doctrines appartenaient aux pays de droit coutumier. Bien plus, toutes les parties des Codes ne sont pas revêtues des mêmes formes de style; et il serait facile de faire sentir les différences qui existent, sous ce rapport, entre deux titres voisins. Mais ces nuances n'ayant aucun objet, disparaissent évidemment pour nous, du moins quant au Code civil; et l'on peut dire qu'il a été conçu et composé dans un même esprit, comme dans une même langue; ce qui ne permet pas de lui appliquer les principes que je viens d'exposer, dans le sens du droit romain.

Mais toutes les parties de la législation française n'ont pas été saisies par les nouveaux rédacteurs. Les matières religieuses, par exemple, ne les ont pas occupés; quelques dispositions de droit public se font à peine remarquer de loin en loin; et plusieurs matières de droit privé, évidemment omises, ou trop succinctement traitées, obligent de recourir encore aux anciens monumens du droit civil.

Je réduirai donc à quatre classes les matières auxquelles s'appliquent mes remarques sur les usages de la grammaire :

1.° La partie du droit positif non abrogée : { matières ecclésiastiques, de droit public, de droit privé;

2.° La partie abrogée de ce droit (comme source d'interprétation);

3.° La jurisprudence et les usages régulièrement constatés;

4.° Les opinions des auteurs.

Dans la partie positive non abrogée, relative au droit public, je comprends tout le droit antérieur à la Charte et aux lois qui s'y rattachent. En effet, la Charte ayant été donnée par le Roi dans la plénitude de sa puissance, il est évident que toute la partie du droit antérieur qui ne lui est pas contraire, reste à interpréter comme droit positif en vigueur, et que l'interprète peut appliquer les principes que je développe, à l'explication d'actes qui remontent jusqu'à l'origine de la monarchie.

§. XIV.

Je viens d'énoncer que même les parties du droit positif antérieur, abrogées par les Codes, étaient susceptibles, comme sources d'interprétation, de recevoir l'application de ces principes. En effet, il pourra souvent devenir intéressant de rechercher, par des études grammaticales, le véritable sens de tel édit, de telle disposition du droit coutumier qui aura servi de fondement à une disposition nouvelle; de rechercher par suite celui que les anciens commentateurs de cet édit ou de cette coutume leur ont prêté, celui des anciens arrêts formant jurisprudence; car, quel est le jurisconsulte qui, pouvant établir par une série d'actes législatifs, ou par une jurisprudence uniforme et constante, qu'une disposition des établissemens de Saint Louis, par exemple, interprète directement un article des Codes, n'ait la conviction que tel est le vrai sens de la disposition nouvelle, et la confiance qu'elle obtiendra l'assentiment de la magistrature éclairée?

Or, cette longue chaîne de monumens législatifs, qui commence avec le berceau de la monarchie, et qui, malgré l'incohérence résultant de la constitution politique du pays et de la variété des statuts locaux, n'en est pas moins, au besoin, le plus sûr interprète de la plupart des lois nouvelles, nous offre ses ressources dans une langue qui a eu aussi ses âges, ses vicissitudes, et qui n'est pas moins digne que la langue romaine de fixer l'attention et les recherches du jurisconsulte philosophe.

Enfin, les synonymes, les homonymes, les pléonasmes, les périphrases, les inversions, les paraphrases, les tours elliptiques, l'analyse des idées, le système habituel de la langue, les idiotismes étrangers (1), les allusions légales,

(1) On sait, par exemple, que les Pandectes sont remplies d'archaïsmes et d'idiotismes grecs.

rentrent également dans le domaine de la grammaire générale.

§. XV.

Je viens de parler des allusions légales; je dois expliquer ce mot.

Un discours n'est souvent qu'une allégorie continue; presque toujours il offre une suite d'allusions à un ordre d'idées, de faits, de personnes ou de choses sur lesquelles l'auteur exprime son jugement. A l'abri de ce voile, il peut passer quelquefois toutes les bornes; il jouit au moins toujours d'une liberté qui lui serait interdite en employant la voie directe. Le législateur, qui n'est présumé avoir qu'une chose en vue, le bien de l'État, se trouve placé en présence des besoins moraux de la société, d'une part, et des obstacles qui s'opposent à l'exécution des anciennes lois, ou de leur insuffisance, de l'autre, C'est là l'ordre d'idées et de choses vers lequel doivent tendre perpétuellement les allusions de la loi qu'il rend; et la brièveté à laquelle il est tenu, l'oblige souvent de donner cette forme détournée à son précepte.

Il importe donc, pour bien interpréter la loi, de jeter un regard attentif sur toutes les circonstances au milieu desquelles le législateur l'a conçue et rédigée, sur son caractère personnel, sur les motifs secrets ou connus qui ont pu l'engager à couvrir d'un voile son précepte, afin de saisir réellement sa pensée, et de réserver l'application de la loi pour les faits qui seuls l'ont déterminée.

§. XVI.

Au reste, l'allusion n'est pas le motif de la loi; pour que l'allusion existe, il faut qu'elle résulte des termes ou de la forme même dans laquelle la loi est énoncée, et elle sert alors à en indiquer le motif. Celui-ci, au contraire, existe toujours ; car il ne saurait y avoir de loi sans motif. De plus, le motif est, en général, fondé sur des vues étendues, sages et durables ; tandis que l'allusion n'exprime, le plus souvent, que la volonté particulière du législateur de déroger au droit ancien, de créer des dispositions nouvelles, de modifier les mœurs dans tel ou tel sens ; &c. &c.

Par exemple, l'art. 732 du Code civil porte : « La loi » ne considère ni la nature ni l'origine des biens, pour » en régler la succession. »

Toute la force de cette disposition repose évidemment sur l'allusion qui résulte des mots *nature* et *origine*. Pour bien saisir la volonté du législateur, il faudra donc se reporter sur les matières qu'il a en vue, et analyser ainsi ses expressions : par le mot *nature*, il entend les distinctions que l'on faisait autrefois en biens propres, acquêts, &c. ; et par celui d'*origine*, les distinctions que l'on faisait également en propres paternels et propres maternels, &c. ; et sa volonté est de ne plus suivre ces distinctions. C'est ainsi que plusieurs dispositions prohibitives ou *pénales*, soit sur les matières civiles, comme les prohibitions résultant des articles 162, 250, 340 du Code civil ; sur le faux (article 214 *et suiv.* Code de procédure) ; soit sur les matières commerciales, par exemple celles relatives aux faillites et banqueroutes, &c. &c., ont pris place dans les Codes, uniquement parce qu'on avait sous les yeux des désordres et des crimes dont la capitale seule est le théâtre, qui tiennent spécialement à ses mœurs, et qui même depuis cette époque ont pu changer de nature ou éprouver de nombreuses variations. Néanmoins l'allusion de la loi existe, et il serait dangereux de la méconnaître parce que la cause aurait cessé en tout ou en partie.

CHAPITRE II.

RHÉTORIQUE.

§. XVII.

La grammaire, la rhétorique et la logique ont entre elles des liaisons intimes. Les nuances de la pensée, les élégances du langage, les formes abstraites ou simples, peuvent tour-à-tour être considérées comme appartenant à l'une ou à l'autre de ces sciences. Tous les bons esprits regardent la Logique de Port-Royal comme le complément de sa Grammaire : d'un autre côté, Aristote, voulant faire un traité de rhétorique, a presque fait un traité de logique (1).

Cependant, si l'on veut se rendre un compte exact de leurs fonctions, et déterminer avec précision leurs propriétés, on pourra dire que la grammaire a plus spécialement pour objet le matériel et la correction du langage; la logique, l'ordre et l'enchaînement des idées; la rhéto-

(1) S. Augustin ne savait où placer les tropes; ils lui paraissaient convenir aussi bien à la grammaire qu'à la rhétorique. (*Doctr. christ.* lib. 3, cap. 24 et 29.)

rique, les mouvemens de l'ame, les figures de la pensée, d'où résultent les formes du style.

Que conclure de ces observations? Que l'esprit humain ne se sert pas de ses ressources partiellement, mais bien simultanément. Il est vrai qu'il ne les emploie pas toujours dans des proportions égales; mais alors l'usage en est réglé par les matières mêmes sur lesquelles il les exerce. Ces réflexions m'amènent naturellement à examiner quel est celui que l'on peut faire de la rhétorique en matière d'interprétation des lois.

Si je prends pour règle le caractère général par lequel je viens de désigner les propriétés de la rhétorique, il est évident que ses fonctions se trouveront renfermées dans un cercle très-étroit. Toutes les solutions que peuvent donner les mouvemens de l'ame, les formes du style, seront de son domaine; mais les textes de droit expriment rarement des passions. Le style, il est vrai, peut aider l'interprète dans la recherche du vrai sens des lois. « Les » gens habiles, dit Leibnitz (1), ont souvent reconnu, à » la forme du style, Tribonien se cachant parmi les an- » ciens jurisconsultes........ » On sait d'ailleurs que tous les hommes ne sont pas également affectés par les mêmes mots : Spinosa et Bossuet prononçaient le mot *Dieu ;* ils ne l'entendaient pas de la même manière. C'est ce qui m'a fait insister moi-même, au §. XII, sur les diffé-

---

(1) *Insignes viri sæpè latentem sub veterum jurisconsultorum nomine Tribonianum, præmittentibus velut arcadici pecoris auribus, styli judicio deprehenderunt.* (*De nov. Method. disc. doc. jurisp.* part. II, §. 47.)

rences que peuvent offrir à l'interprète éclairé les nombreux textes du droit romain. Mais c'est à cela que se bornent les secours que l'on peut tirer de la rhétorique. L'art de *commencer*, de *diviser*, de *réfuter*, de *finir*, &c., me paraît faire tout aussi bien partie de la logique que de la rhétorique.

Je ne terminerai pas ce qui concerne la rhétorique, sans dire un mot de la méthode nommée *hermagoréenne* (1). F. Hotman, Forsterus et quelques autres l'appellent *interprétation rhétorique*. Cependant Forsterus avoue qu'elle est plus propre à la controverse qu'à l'interprétation des textes (2). Il est vrai que la controverse peut s'établir sur l'obscurité ou l'ambiguité des lois; mais alors on fait usage des ressources ordinaires, savoir, la grammaire, l'histoire, la logique, &c. &c. La controverse n'offrant pas de nouveaux moyens, ne saurait donc être rangée parmi les méthodes d'interprétation des lois.

CHAPITRE III.

LOGIQUE.

---

§. XVIII.

La plupart des auteurs qui se sont occupés de l'interprétation des lois, ont confondu la dialectique et la logique. Leibnitz, F. Hotman, Forsterus, parlent de l'interprétation

---

(1) Elle est attribuée par Cicéron et Quintilien à Hermagoras, ancien rhéteur et jurisconsulte. *Voyez* Hotman, *de Jurecons.* pag. 96.

(2) Forsteri *Interpr.* cap. IV.

dialectique. Eckard la désigne tantôt sous le nom de *dialectique*, tantôt sous celui de *logique* (1). MM. Thibaut (2) et Zacharie (3) se servent décidément de la dénomination d'*interprétation logique*.

J'ai recherché la cause de cette confusion, et je crois l'avoir aperçue dans la différence qu'Hotman établit lui-même entre la dialectique et la logique. Il fait descendre la première (4) du mot grec *διαλέγεσθαι*, dont le sens propre est faire un échange de paroles, s'entretenir, discuter, &c. &c.; tandis que la logique a pour racine le mot *λόγος*, qui signifie *discours*. La dialectique emporte donc avec elle l'idée de la controverse, de la dispute. Or, on sait qu'elle était un art chez les anciens philosophes, et qu'ils l'appliquaient indistinctement à toutes les matières de philosophie; les auteurs dont j'ai parlé plus haut ayant pris pour modèles, dans leurs traités, les anciens philosophes, ont donc pu employer leurs termes. Mais les modernes, qui ne traitent plus les sciences d'après les formes de la dialectique, ont dû abandonner ce mot, dont l'objet rentre d'ailleurs dans celui de la logique. La logique au surplus présente un sens plus étendu, et est indépendante des règles scolastiques.

§. XIX.

L'emploi du mot *logique* étant justifié, j'examinerai

---

(1) *Hermeneut. juris*, pag. 13 *et seq.*

(2) *Théorie de l'interprétation des lois.*

(3) *Essai d'une Herméneutique générale du droit.*

(4) *Instit. dialecticæ*, lib. 1.

rapidement l'usage de cette science dans l'interprétation des lois.

Elle offrait aux anciens jurisconsultes trois méthodes ; la synthèse, la diérèze et l'analyse. Ils ont recherché quelle était celle dont les procédés convenaient le mieux à l'interprétation. Hotman (1) repousse la synthèse ou méthode de composition, comme contraire à l'objet même de l'interprétation (2). La diérèze ou méthode de Galien lui paraît applicable dans de certains cas : elle consiste à diviser un sujet en genres, en espèces, en individus, &c. Justinien en a fait fréquemment usage dans ses Institutes (3). Mais la véritable méthode de l'interprète est l'analyse, ou l'art de décomposer un sujet dans toutes ses

---

(1) *De optim. gen. juris interpr.* in principio.

(2) Selon cet auteur, la synthèse n'est propre qu'à démontrer comment un tout est formé, en commençant par les plus petites parties, et remontant successivement jusqu'aux principales. Par exemple, celui qui voudra démontrer ce que c'est que le droit civil, commencera par exposer,

1.° Les personnes selon leurs rangs et leurs qualités : *libres, esclaves, ingénus, affranchis, pères de famille, enfans de famille pubères, impubères, &c. &c.*

2.° Les choses selon leurs différences : *divines, humaines, sacrées, saintes, religieuses, &c.*

3.° Les modes d'acquérir et d'aliéner : *l'invention, l'occupation, l'accession, l'usucapion, &c.*

4.° Les actions : *publiques* ou *privées, criminelles* ou *civiles, &c.*

De cet ensemble, dont toutes les parties auront été régulièrement coordonnées, résultera la notion générale du droit civil.

(3) Connan, Deneau, Wesembecius et autres, ont aussi fait usage de cette méthode.

parties (1). C'est elle, en effet, qui nous porte alternativement sur toutes les difficultés grammaticales comme sur toutes les formes sous lesquelles se déguise la pensée.

Il ne faut pas cependant croire que les auteurs des lois suivent toujours les règles de la saine logique. « Mille » exemples dans le droit civil, dit Julien (2), nous prouvent » que dans beaucoup de circonstances on s'écarte des vé» ritables principes du raisonnement. » Les jurisconsultes (dont on interprète les textes), dit Hotman (3), ne cherchent pas tant à se conformer exactement aux règles de

---

(1) Voici un exemple de l'analyse, tiré de la loi 55 ff. *de acquir. rer. dom.* :

Un sanglier est tombé dans un filet que tu avais tendu pour la chasse; je l'en ai retiré et l'ai emporté. Je demande si je suis censé avoir enlevé ton sanglier? et si tu penses qu'il fût encore à toi dans le cas où, l'ayant délié, je l'aurais rendu à sa liberté naturelle? Je demande si, dans ce cas, il cesse de t'appartenir ou s'il demeure ta propriété? Quelle est l'action que tu aurais contre moi, s'il avait cessé de t'appartenir? Serait-ce l'action *in factum*? Il faut examiner, répond le jurisconsulte, d'abord si le filet était placé dans un lieu public ou dans une propriété particulière; et, dans le cas où ce serait une propriété particulière, si la propriété m'appartenait ou appartenait à autrui; dans ce dernier cas, si j'ai placé le filet sur son fonds avec ou sans sa permission; si le sanglier était arrêté dans le filet de telle sorte qu'il ne pût pas s'en débarrasser de lui-même, ou s'il l'aurait pu par suite de ses efforts prolongés. En résumé, ajoute le jurisconsulte, je pense que si le sanglier est tombé en ma puissance (par l'occupation ou la quasi-occupation. D. Godefroi), il est à moi; mais si tu l'as rendu à sa liberté naturelle, il a cessé par ce fait de m'appartenir, et je dois avoir contre toi l'action *in factum*. Ce cas est semblable à celui d'un individu qui aurait jeté hors du vaisseau la coupe d'un autre, &c.

(2) L. 51 ff. *ad leg. Aquil.*

(3) Hotman. *Illustr. q.* 3.

la dialectique, qu'à arriver à un résultat. Cependant Doneau (1), Stephan. de Federicis et autres, recommandent fortement, et avec raison, la stricte observation des préceptes de la logique.

§. XX.

Voici les principaux moyens d'interprétation que nous fournit la logique.

Elle nous apprend à résumer la matière ou le texte à interpréter; nous nous assurons, par cette manière abstraite de voir le sujet, si nous l'avons bien ou mal interprété d'abord (2). C'est par ce moyen encore que nous parvenons à établir *une règle*, lorsque la matière en est susceptible. La logique nous donne les moyens de définir juste, de bien diviser, de créer des espèces qui s'adaptent exactement au précepte de la loi, et qui en prouvent l'insuffisance, l'injustice ou la bonté. C'est elle qui nous dévoile tous les vices du raisonnement, toutes les formes

(1) *Comm. jur. civ.* cap. I. Steph. de Feder. *de Interpr. jur.*

(2) *Voyez* plus bas, *Méthodes générales d'interprétation* (summo). Plusieurs jurisconsultes ont blâmé la méthode par laquelle on ramène à des points généraux et sommaires les espèces particulières. Le célèbre Duaren a été du nombre. Un jour, un étudiant en droit présenta à Hotman le livre *de Verbor. obligat.* où le professeur Breton condamnait cette méthode. Hotman parcourut le livre, et remarqua plusieurs notes sommaires qui servaient à diviser et à généraliser les matières; il les montra au jeune homme en lui disant que Duaren, dont on voulait se prévaloir pour défendre cette fausse doctrine, était un de ceux qui avaient fait le plus fréquent usage des notes et des sommaires. (Hotman, *de Jurec.* p. 87.)

régulières ou sophistiques sous lesquelles le législateur peut envelopper son intention, qui est la loi dans tous les cas. La logique nous met à portée d'apprécier l'ordre et la méthode employés par le législateur dans la conception et la rédaction de la loi, dans la distribution des matières, dans la manière dont chaque partie est déduite de l'autre; d'où résultent de nouveaux moyens pour nous de découvrir sa volonté. Enfin, elle nous apprend à débrouiller les antinomies réelles, des antinomies apparentes; et nous donne souvent, relativement aux premières, des moyens simples, à l'aide desquels ces antinomies, réelles quant aux mots, ou sous d'autres rapports secondaires, admettent des conciliations fondées sur le droit et sur la raison qui est sa base naturelle. Car la loi n'étant pas censée exprimer une futilité, ou un sens qui n'aurait pas d'application aux besoins de la société, il importe d'adopter le moyen qui explique et conserve sa volonté réelle, quelle que soit d'ailleurs la forme sous laquelle elle l'énonce.

Enfin je dois dire en terminant que, de toutes les ressources dont l'esprit doit faire usage pour arriver à une exactitude scrupuleuse en matière d'interprétation, les trois principales sont sans contredit la grammaire, la logique et l'équité. Ces trois moyens peuvent agir concurremment avec d'autres, comme je l'ai dit au §. VIII; mais ils agissent presque habituellement ensemble. La preuve de cette vérité ressortira d'une manière évidente, lorsque je traiterai des méthodes spéciales d'interprétation.

CHAPITRE IV.

HISTOIRE ET ANTIQUITÉS DU DROIT.

HISTOIRE DES INSTITUTIONS POLITIQUES, CIVILES, JUDICIAIRES; DES SOURCES DU DROIT; DES SECTES DE JURISCONSULTES, ET DE LA CONFECTION DES LOIS.

Observations générales.

§. XXI.

L'histoire en général offre les plus abondantes ressources à l'interprète. Mais il est bien important de fixer ses idées sur cette vaste matière. De même que quelques anciens jurisconsultes voyaient tout dans la grammaire (§. IX), quelques jurisconsultes modernes ont vu toute l'interprétation dans l'histoire (1). D'autres, dégoûtés des nombreuses études qu'elle exige, ne sachant pas s'imposer des bornes, l'ont rejetée sans réserve (2). M. Thibaut, l'un des jurisconsultes dont s'honore le plus l'Allemagne, a été accusé tantôt d'admettre, tantôt de rejeter l'histoire, ainsi qu'il nous l'apprend lui-même (3).

Les jurisconsultes n'ont pas été plus d'accord sur la manière de diviser les études historiques. Leibnitz est le premier, je crois, qui ait divisé l'histoire du droit en *exté-*

---

(1) Ant. Viperanus, *Tract. de scrib. histor.*

(2) Alberic Gentil, epist. 4.

(3) *Théorie de l'interprétation des lois*, §. IX.

rieure et *intérieure*. Mais il a tracé à grands traits, selon son habitude, cette division, et l'application en a toujours souffert les plus grandes difficultés; c'est ce qui a forcé M. Hugo (1) (dans son *Histoire du droit romain*), tout en se servant des mots employés par Leibnitz, à créer une division nouvelle (2). M. de Lassaulx, ancien professeur de Coblentz, en avait aussi créé une qui ne ressemblait pas aux autres. Au reste, qu'importe cette variété de divisions; il en faudra toujours revenir à celle qui sortira le mieux de la nature des choses.

On peut poser deux principes constans sur cette matière.

Le premier, que l'histoire générale du droit, prise dans son acception la plus étendue, n'est pas d'une utilité immédiate et indispensable à l'interprète. C'est sans doute d'elle que Leibnitz a dit, *adminiculum tantùm est, et requisitum* (3). J'appellerai celle-là, si l'on veut, *histoire extérieure;* car sous le rapport de l'utilité et des secours, elle est plus éloignée, et par conséquent plus étrangère à la matière, que celle dont je vais parler.

2.° L'histoire qui a pour objet d'expliquer les institutions politiques, civiles, judiciaires d'un pays; les sources de son droit; les sectes de jurisconsultes qui en ont été les créateurs ou les interprètes; les progrès de la jurisprudence; en un mot, la confection même des lois; cette

---

(1) Célèbre professeur de Gottingen.

(2) *Voyez* plus bas (§. XXIV) la note où je fais connaître cette division.

(3) *Method. nov. disc. doc. jurisp.* part. II, tom. IV, §. 20.

histoire, dis-je, amenant nécessairement et directement à la connaissance intime de ce droit, me paraît indispensable à l'interprète; et je l'appellerai volontiers *histoire intérieure du droit* (1).

§. XXII.

Après avoir admis, comme indispensable à l'interprète, l'histoire intérieure du droit, il convient de tracer quelques principes propres à le diriger dans cette étude. Je m'occuperai d'abord du droit romain, ensuite du droit français.

I.re PARTIE.

DROIT ROMAIN.

SECTION I.re

Histoire et Antiquités.

§. XXIII.

Pour faire un usage convenable de l'histoire du droit romain, il importe de diviser cette histoire selon les époques auxquelles elle offre évidemment un caractère de différence marqué. Les études philologiques de ce droit ont fait de tels progrès en Allemagne, et les découvertes récentes et nombreuses qu'elles ont amenées, ont répandu un tel jour sur une foule de points livrés jusqu'ici aux conjectures des interprètes, que je ferai

(1) Je n'ai pas besoin d'ajouter qu'en admettant comme indispensable *l'histoire intérieure du droit*, j'admets aussi, comme condition indispensable, les lumières suffisantes, la bonne foi, la critique et tous les moyens propres à régulariser et à légitimer l'usage de ce moyen.

souvent usage des doctes travaux auxquels nous devons ces résultats. Je ne balancerai donc pas à suivre en ce moment la division de M. Hugo, quoique je repousse, à certains égards, celle qu'il a adoptée pour les matières.

Ainsi nous reconnaîtrons avec lui quatre époques caractéristiques du droit romain : 1.° celle qui commence aux premiers temps de Rome et se termine à la loi des XII tables (an de Rome 1 à 305, avant J. C. 750 à 455); 2.° celle depuis la loi des XII tables jusqu'à Cicéron (an de Rome 305 à 706, avant J. C. 455 à 47); 3.° celle depuis Cicéron jusqu'à Alexandre Sévère (an de Rome 706 à 1000, avant J. C. 47 jusqu'à l'an 222 après J. C.); 4.° enfin celle depuis Alexandre Sévère jusqu'à Justinien (l'an de J. C. 222 jusqu'à l'an 535).

§. XXIV.

Mais avant d'étudier, d'après le plan de M. Hugo, les diverses parties dont se compose le droit romain (1), l'interprète devra rechercher dans l'histoire politique de Rome les révolutions dont cette cité a été successivement

(1) Ici se fait sentir le besoin de justifier ma division des matières, attendu qu'elle n'est pas celle de M. Hugo. Ce professeur a cru devoir diviser la première époque, 1.° en histoire des sources, de la confection du droit, et aperçu de ce droit à la fin de la même époque; 2.° théorie des personnes; 3.° théorie des choses; 4.° théorie des droits; 5.° enfin, droit public. Les époques suivantes offrent la même division. Cette méthode correcte et savante est très-appropriée sans doute à une histoire du droit romain; mais elle n'est pas exempte d'obscurités, exige une grande contention d'esprit, et ne saurait par-là convenir à la science de l'interprétation, science assez abstraite par elle-même. M. Hugo place

le théâtre, les causes qui les ont amenées, les effets qu'elles ont eus sur les institutions civiles et judiciaires, et les

---

au nombre des sources de la première époque, l'ancien état politique de Rome sous les rois, les changemens survenus depuis l'établissement du cens, des consuls, des tribuns, leur puissance, &c. &c. A la seconde époque il met au nombre des sources, la décadence du patriciat, la domination des Romains en Italie, les troubles intérieurs, les succès et les conquêtes des armées; enfin la plupart des matières qui concernent le droit public, civil ou judiciaire, se trouvent classées tantôt dans la théorie des personnes, tantôt dans celle des choses, selon le but de l'auteur.

Il m'a semblé que ma division servait mieux le plan que je me suis proposé, de faciliter à l'interprète les études historiques du droit. Je crois que la division en institutions politiques, civiles et judiciaires, est indiquée par la nature même des choses, et qu'une division arbitraire, qui a pour résultat de séparer les divers élémens d'un même tout pour les classer dans des catégories où ils ne conviennent que sous des rapports secondaires, altère nécessairement leur essence. Ces institutions veulent être envisagées, pour ainsi dire, d'un seul trait; alors elles présentent un ensemble qui donne souvent la solution de difficultés impossibles à résoudre dans une étude isolée. Ne sait-on pas que presque tous les changemens survenus dans la constitution politique d'un pays, s'expliquent par leur liaison avec l'état antérieur? D'ailleurs, il ne serait pas vrai de dire que les variations ou les progrès des institutions civiles et judiciaires, se rattachent nécessairement à des causes politiques; elles en sont souvent très-indépendantes, et peuvent être aussi un effet naturel et lent du temps et des mœurs.

Au reste, on remarquera que je ne condamne pas d'une manière absolue les divisions de M. Hugo. Je pense même que l'interprète, après avoir considéré les institutions romaines dans l'ensemble qui nous en représente les progrès et la décadence, pourra recourir avec fruit aux divisions de ce professeur. Elles lui permettront même d'étudier, d'une manière plus précise, l'esprit et le caractère de ces institutions; et il sera par-là plus à portée de découvrir le véritable sens des lois: mais ces secondes études pourront ne lui être pas toujours ou faciles ou possibles.

changemens qui en ont été la suite. C'est ainsi qu'il se trouvera conduit naturellement à étudier dans leur ensemble ces mêmes institutions, et que se développeront à ses yeux les progrès de la jurisprudence romaine.

Quant à l'importance des études historiques, j'ajouterai peu de chose à ce que j'ai dit au paragraphe précédent. Les meilleurs jurisconsultes ont toujours regardé ces études comme indispensables à l'interprète.

Selon Balde (1), *l'histoire et la science du droit sont deux parties indivisibles d'un même tout. J'ignore*, continue cet ancien docteur, *laquelle des deux, de la jurisprudence ou de l'histoire, prête le plus de secours à l'autre.* Cujas disait *qu'il se servait de l'histoire comme d'un hameçon d'or pour aller chercher dans les profondeurs du droit civil, des trésors précieux qu'il ramenait à la lumière* (2).

En effet, ici s'appliquent dans toute leur force, quoique sur des objets différens, les principes que j'ai exposés plus haut (§. VIII *et suiv.*), sur la nécessité des études grammaticales. Je recommandais alors de rechercher par les études philosophiques de la langue, par la connaissance exacte de ses progrès et de ses vicissitudes, le véritable sens des textes; mais ces études, si nécessaires pour nous donner la pensée des anciens jurisconsultes, acquièrent une nouvelle importance lorsqu'elles ont pour but de nous faire

(1) *De Instit. histor. univers.*

(2) *Se historiâ, tanquam aureò hamo, in jure civili piscari abditaque scrutari, et è tenebris in apertam lucem trahere.* (*Jac.* Leikeri *Vitæ clarissim. Jurisc.*).

connaître les personnes et les choses. Comme on sent ici la liaison intime qui unit la langue aux objets qu'elle exprime, la nécessité d'expliquer les unes par les autres, et combien les recherches faites dans le but de servir les antiquités du droit romain doivent nécessairement influer sur la langue qui nous les transmet, et réciproquement! Quant à l'objet qu'elles se proposent l'une et l'autre, il est le même : la connaissance de la loi par ses motifs; car les motifs, retraçant tout l'objet de la loi, sont, dans un sens, la loi elle-même.

Quel est l'homme un peu versé dans l'étude du droit romain, qui ne convienne que l'intelligence des lois sur la puissance paternelle, la mancipation, l'adoption, &c. &c., ne soit presque toute entière dans l'histoire même de ces institutions? que la plupart des matières religieuses, de celles relatives aux juridictions, à la police, &c. &c., ne reçoivent de l'histoire leurs plus grands éclaircissemens? Les beaux travaux de Jacques Godefroi sur les lois des XII tables et sur le code Théodosien, ne sont qu'un cours approfondi de l'histoire et des antiquités romaines. Bynkershoek a répandu le plus grand jour sur une foule de textes du droit romain, uniquement parce qu'il a donné l'histoire exacte et savante de plusieurs institutions romaines mal connues jusqu'à lui. Heineccius, voulant expliquer les lois Aquilia, Atilia, Atinia, Aufidia, Calpurnia, et une foule d'autres, en a fait l'histoire (1).

---

(1) *Histor. jur. rom.* lib. I, §. 87 *et seq.*

Forster (*Interpr.* lib. I, cap. V) applique de la manière suivante les observations que je fais sur la nécessité des études historiques :

SECTION II.

Sources.

§. XXV.

La conséquence naturelle des idées que je viens d'exposer (§. XXIV) est que je ne puis appeler sources du droit proprement dites, les diverses institutions romaines dont j'ai recommandé l'étude. Ces institutions font partie de l'histoire même du droit, et elles ne pourraient être considérées comme sources, qu'en ce sens que tout ce qui amène, de près ou de loin, la nécessité d'une loi, en est aussi la source.

Comment connaître les matières religieuses dans le droit romain, si l'on ignore ce qu'étaient les potitiens, les flamines, les vestales, le roi des sacrifices, les épulons, les pontifes, &c. &c.? Qui croira posséder des notions complètes sur le droit public romain, s'il ne connaît l'étendue et les bornes de la dignité sénatoriale, les fonctions de la magistrature curule, des consuls, des dictateurs, des préteurs, des tribuns du peuple, des édiles, des questeurs, &c. &c.; les comices, les curies, les centuries, le tribunat, les centumvirs, les décemvirs, &c.? Comment entendre les lois militaires, si l'on ne sait ce qu'étaient la légion, la cohorte, l'escadron romain, la recrue, le vétéran, le serment, &c. &c.? Enfin il est démontré que les trois derniers livres du Code sont inintelligibles sans le secours de l'histoire. Au reste, c'est dans les fastes consulaires qu'il faut aller puiser les notions les plus sûres et les plus étendues sur plusieurs matières du droit public ou privé des Romains. Ainsi, par exemple, les interprètes n'étaient pas d'accord sur les empereurs auxquels ont doit appliquer les mots *divi fratres*, que l'on retrouve si fréquemment dans les Pandectes; les fastes consulaires ne permettent pas de douter que ce ne soit aux empereurs *Aurel. Antoninus* et *Lut. Ælius Aurelius Verus*. Ils expliquent même pourquoi on les désigne ainsi.

Je classerai donc les sources des collections de Justinien, d'après plusieurs jurisconsultes (1), de la manière suivante :

Première époque. 1.° Les lois. (Elles prenaient le nom de *leges curiatæ* ou *leges centuriatæ*, selon qu'elles étaient rendues dans les assemblées par *curie* ou par *centurie*. Les *lois royales [leges regiæ]* sont toutes les lois rendues sous les rois.)

2.° Les édits des rois, qui furent gravés sur des tables de chêne.

3.° (A partir de l'établissement du gouvernement consulaire), les lois : *leges curiatæ* et *leges centuriatæ*, ou lois rendues sur la proposition du sénat, après avoir consulté les auspices.

4.° Les plébiscites, ou lois rendues *inconsulto senatu*, et sans avoir pris les auspices, sur la proposition des tribuns, dans les assemblées du peuple par tribus, *comitia tributa*.

5.° Les sénatusconsultes rendus par le sénat seul, sur des matières qui lui étaient spécialement dévolues : les effets des sénatusconsultes pouvaient être suspendus ou empêchés par l'opposition des tribuns.

6.° *Les édits des magistrats.* Les magistrats, dans les premiers temps de Rome, n'étaient pas de simples juges ; ils étaient législateurs sur diverses parties du droit. Leurs édits exprimaient donc de véritables lois qui postérieurement ont servi de sources.

(1) Entre autres Jacques Godefroi, *Histor. jur. civ. rom.*

Seconde époque. 1.° Les lois par centuries subsistent encore; mais les plus nombreuses, pendant cette période, sont celles qu'on nomma *plébiscites*, rendues *in comitiis tributis*.

2.° Les édits des préteurs (ou droit prétorien) sur l'administration de la justice.

3.° Le droit coutumier : { *Jurisperitorum auctoritas.* *Æquitas.* *Mores majorum.* }

Troisième époque. 1.° Les lois proprement dites, dont les plus remarquables ont été rendues sous Auguste.

2.° Les sénatusconsultes, qui remplacèrent les lois. A la différence des anciens sénatusconsultes, qui n'avaient pour objet que certaines matières exclusivement attribuées au sénat, ceux-ci pouvaient être rendus sur toutes les parties du droit. Ils étaient proposés au sénat, au nom de l'empereur, par l'organe d'un consul.

3.° Les constitutions du prince. (On entendait sous ce nom les édits, les mandats, les rescrits, les priviléges, &c.)

4.° Les édits des préteurs (*edictum perpetuum*, *provinciale*).

5.° Le droit coutumier (*responsa prudentum*).

Quatrième époque. 1.° Le code Grégorien; 2.° le code Hermogénien; 3.° le code Théodosien, &c. (1).

(1) Ceux qui voudront avoir des notions plus approfondies sur tout ce qu'on peut appeler *sources du droit romain*, d'après les idées de M. Hugo, pourront consulter l'ouvrage de ce professeur. (Je l'ai déjà cité.)

SECTION III.

Sectes des Jurisconsultes.

---

§. XXVI.

Un des principaux moyens d'interprétation du droit romain consiste sans doute dans la connaissance approfondie des différentes sectes de jurisconsultes dont les fragmens composent la plus grande partie du corps de droit. Comment sentir, en effet, la justesse ou la fausseté de telle décision ou de telle expression ; comment concilier deux solutions contraires en apparence, si l'on ne s'assure, avant tout, de l'école à laquelle appartiennent les jurisconsultes dont on examine les textes, des opinions affectées par cette école, et quelquefois même des opinions particulières des jurisconsultes?

La philosophie stoïcienne s'empara de la jurisprudence à Rome, ou, pour mieux dire, les jurisconsultes cherchèrent dans cette philosophie les véritables fondemens de leur science. En voici les causes.

§. XXVII.

Elle était la plus anciennement connue. Du temps des Scipions, et pendant la durée de la république, elle jouit constamment d'une faveur marquée. Les principaux Romains tenaient à honneur de s'instruire dans cette philosophie et d'en pratiquer les maximes (1). Plus tard, sous les empereurs, sa faveur s'accrut, et Sénèque, philosophe de cette secte, fut appelé à la cour pour élever Néron (2); mais ce fut sur-tout la manière admirable dont cette philosophie s'appropriait à la jurisprudence, qui entraîna décidément tous les jurisconsultes à la prendre pour guide.

§. XXVIII.

La philosophie stoïcienne n'était pas sans rivales à Rome; on y connaissait l'*académique*, l'*épicuréenne*, la *péripatéticienne*, la *platonicienne*, la *cynique*. Mais l'*académique*, qui tendait à confondre les notions du vrai et du faux, devait avoir pour résultat nécessaire la confusion du juste et de l'injuste (3). L'*épicuréenne* semblait n'avoir pour objet que le repos et la douceur de la vie; elle était dès-lors ennemie du gouvernement des affaires publiques ou privées (4). La *péripatéticienne* s'occupait spécialement des sciences naturelles; la *platonicienne*, des sciences divines; et la *cynique*, tendant à l'immoralité, était repoussée avec horreur par les Romains (5).

La stoïcienne seule paraissait devoir servir de base à la jurisprudence. Elle seule donnait des préceptes sur les

(1) Cicer. lib. 2 *de Orat.* cap. 37.

(2) Tacit. *Annal.* lib. 13, cap. 2.

(3) Eckard. *Hermeneut. jur.* §. 125.

(4) Seneca *de Otio sapient.* c. 30. Lactant. l. III *de Fals. sapient.* cap. 17.

(5) Cicer. lib. I *de Offic.* cap. 35.

devoirs, sur les mœurs; imposait comme obligation au sage de se mêler du gouvernement de l'état, de diriger les affaires civiles, de se distinguer dans l'art de la parole (1). Ces maximes convenaient sur-tout aux jurisconsultes, qui consacraient leurs travaux aux soins des affaires humaines (2). Mais les méthodes de ces deux sciences ne convenaient pas moins entre elles. La jurisprudence a besoin de définitions, de divisions, de distributions de matières. La dialectique, méthode spéciale des stoïciens, lui fournissait tous les secours en ce genre. De là cette foule de définitions, ces formes dialectiques répandues dans le Digeste, et empruntées de la philopophie stoïcienne (3). Les stoïciens ne cultivaient pas moins la grammaire que la dialectique (§. IX) : les mots étant les signes des idées, il est évident que de la connaissance exacte de leur valeur, dépendait l'exacte connaissance des idées; or, les jurisconsultes, obligés d'interpréter les lois, les édits, les sénatus-consultes, les contrats, les testamens, étaient intéressés, par la nature même de leurs travaux, à s'assurer du véritable sens des mots. De là leur application constante à la grammaire.

---

(1) Diog. Laert. lib. VII. Senec. epist. 16.

(2) De là la distinction entre la philosophie *véritable* et la philosophie *simulée* (l. 1.er, §. 1.er *de just. et jur.*) Par la première, Ulpien entend celle qui commande de se vouer aux affaires publiques ou privées; la seconde, qui lui est opposée, consiste dans les frivoles disputes de mots, dans les stériles études contemplatives.

(3) L. 88 ff. *ad leg. Falcid.* L. 65 ff. *de reg. jur.* L. 177 ff. *de verb. oblig.* &c.

Cependant les définitions (1), les divisions, n'ont pas été seules empruntées aux stoïciens; et une foule de matières de droit civil romain doivent être interprétées par leurs principes (2).

Il est vrai que les jurisconsultes n'admirent pas toutes leurs opinions; ils en repoussèrent quelques-unes qui leur parurent ou trop subtiles ou complétement étrangères aux usages de la vie (3). Ils retinrent cependant un petit nombre de leurs paradoxes, dont le temps fit insensiblement justice (4).

Enfin les jurisconsultes, disciples jusqu'ici de l'école du Portique, se divisèrent eux-mêmes en deux sectes principales sous Auguste. L'une eut pour fondateur Antistius Labeo, l'autre C. Ateius Capito. Ces deux illustres chefs différaient essentiellement sous le rapport des doctrines juridiques, comme sous celui des opinions politiques. Le premier, toujours attaché à l'ancienne liberté de Rome, n'approuvait, dans le nouvel état de choses, que ce qui lui

---

(1) Les définitions du *droit naturel*, de la *justice*, de la *jurisprudence*; les préceptes, *honestè vivere, alterum non lædere, suum cuique tribuere*, &c., appartiennent aux stoïciens.

(2) Par exemple, la doctrine *de negotio metûs causâ gesto*, ff.; celles *de partu nondum edito; de licentia in corpus suum sæviendi; de partu ancillæ; de fato; de libertate; de jurejurando; de usuris; de forma et materia*, &c. &c. Confer. Eckardi *Hermeneut. jur.* pag. 256 *et seq.*

(3) On les trouve à-peu-près énumérées par Cicéron dans l'oraison *pro Murena*, cap. 29 *et seq.*

(4) Voici l'un des plus fameux : *Omnia peccata sunt paria*. V. Cicer. *Parad.* 3. Diog. Laert. 7, pag. 120. Ulpien le rapporte (l. 21, principio, ff. *de furto*); mais c'est pour le flétrir.

paraissait conserver quelque conformité avec l'ancien (1); et cependant il autorisait chaque jour des innovations en jurisprudence. Le second, courtisan adroit, dévoué au prince, préconisant le nouvel état de choses, défendait l'ancien droit avec toutes les ressources de son esprit et de son instruction (2). Bientôt Auguste, voulant affermir son pouvoir, s'apercevant que les dissidences d'opinions des jurisconsultes occupaient les Romains, investit spécialement quelques-uns d'entre eux de la faculté de répondre légalement sur le droit. Son but était d'animer les controverses juridiques et de détourner l'attention des Romains (3).

Les chefs dont je viens de parler eurent plusieurs successeurs. Deux d'entre eux, Proculus et Sabinus, acquirent la plus grande célébrité; ils donnèrent même leurs noms aux deux sectes dont Labeo et Capito avaient été les fondateurs. Proculus suivait l'école de Labeo, Sabinus celle de Capito. Enfin, sous les empereurs, ces deux sectes eurent alternativement les faveurs de l'opinion et de la cour. Sous les Vespasiens, les proculéiens triomphaient; sous Adrien et ses successeurs, les sabiniens l'emportèrent; et ce fut à Julien, jurisconsulte de cette école, que fut confié le soin de rédiger l'édit perpétuel (4). Bientôt l'ardeur pour la dispute se ralentit entre les deux écoles, et la jurisprudence devint plus uniforme.

---

(1) Aul. Gell. lib. 13, cap. 12.

(2) Tacit. lib. III *Annal.* cap. 70 et 75. Sueton. *in Aug.* cap. 54 &c.

(3) Gottlieb Heineccius, *Syntagm. antiquit. rom. jurispr.*

(4) Eutrope, 8-9. L. 2, §. 18, C. *de veter. jur. enucl.*

§. XXIX.

Quant aux différences d'opinions entre les deux sectes, on peut les réduire aux suivantes : 1.° Les proculéiens, partisans des nouvelles idées, rejétaient facilement les anciennes doctrines ; les sabiniens, au contraire, sé montraient rigides observateurs des doctrines anciennes (1). 2.° Les proculéiens suivaient la subtilité et la rigueur des termes ; les sabiniens préféraient l'équité (2). 3.° Les sabiniens prenaient sur-tout la raison pour guide de leurs décisions ; les proculéiens suivaient plutôt les opinions humaines (3). 4.° Enfin, les proculéiens recherchaient avec soin toutes les raisons des lois ; les sabiniens s'en inquiétaient peu (4).

SECTION IV.

Confection des Lois.

§. XXX.

Deux causes principales déterminèrent Justinien à réunir en corps de lois toutes celles qui régissaient alors l'empire romain.

---

(1) L. 27, §. 21 ; l. 51, ff. *ad leg. Aquil.* ; l. 6, ff. *de condict. ob turp. caus.* ; l. 31, ff. *ad leg. Falcid.* ; l. 3, §. 18, ff. *de acquir. possess.* ; l. 12, *de auctor. tut.*

(2) L. 51, §. 2, ff. *ad leg. Aquil.* ; l. 20, *de reb. cred.* ; l. 13, ff. *de liber. et posthum.* ; l. 91, §. 3, ff. *de verb. oblig.*

(3) L. 11, ff. *de acquir. rer. dom.* ; l. 7, §. 7, ff. eod.

(4) L. 20, ff. *de legib.*

1.° La masse des livres qu'il fallait étudier ou compulser pour connaître les diverses parties de la législation, était telle, que la vie d'un homme suffisait à peine pour leur simple lecture (1).

2.° Plusieurs personnages célèbres (Cicéron, Pompée, César), avaient vainement tenté de réunir en un même corps toutes les lois romaines. Justinien était singulièrement flatté de l'idée qu'il terminerait une entreprise dans laquelle ces grands hommes avaient échoué. « L'empereur » se glorifie, dit-il lui-même, d'avoir achevé, avec le se» cours de Dieu, ce que personne, avant son règne, n'a» vait jamais espéré, ce que personne n'avait jugé possible » au génie humain. » *Verè gloriatur* (in princ. *de Constit. Dig.*) *se perfecisse, juvante Deo, quod nemo ante suum imperium unquam speraverit, neque humano ingenio possibile esse penitùs existimaverit.*

Il fit d'abord rédiger par Tribonien et quelques autres jurisconsultes, un premier code auquel il donna son nom, *Codex Justinianeus*, et qui parut l'an 529. Ce code, qui renferme la plupart des constitutions (2) de ses prédécesseurs, fut abrogé peu de temps après. Cependant on ne doit pas oublier que lorsqu'il est fait mention du Code dans les Institutes, c'est de celui-ci, attendu que le second, qui l'a abrogé, n'a paru qu'après les Institutes.

Immédiatement après, Justinien fit rédiger, dans

---

(1) *Constit. tant.* §. 1.er *de confirm. digest.* Jacob. Gothofred. *in proleg. ad Cod. Theodos.* cap. 1.

(2) *Constitution* ici signifie à-peu-près *ordonnance*.

l'ordre de l'édit perpétuel, la fameuse collection connue sous le nom de *Digeste* ou *Pandectes*. Il confia le soin de cette rédaction ou compilation à seize jurisconsultes, à la tête desquels était Tribonien. Les Pandectes furent terminées et publiées trois ans après, en 533. Ce recueil contenait toutes les décisions et interprétations rendues sur le droit par les anciens jurisconsultes. Avant la promulgation des Pandectes, ces décisions n'étaient que des avis privés; par elle, Justinien leur donna force de loi.

On s'occupait encore de la confection de ce vaste recueil, lorsque Justinien fit paraître, de l'année 530 à l'année 532, cinquante décisions sur plusieurs points de droit. La diversité des sectes de jurisconsultes avait amené, comme je l'ai dit (§. XXVIII), une dissidence complète parmi eux : de là le besoin de concilier leurs opinions; et tel fut l'objet des cinquante décisions. On retrouve aujourd'hui ces décisions dans le Code (1). Deux signes servent à les faire reconnaître : 1.° elles sont toutes rendues ou sous le consulat de Lampadius et d'Oreste, ou dans l'année qui suit leur consulat; 2.° elles décident toujours un point de droit controversé.

Enfin, c'est dans ce même intervalle que l'empereur fit composer par Tribonien, Théophile et Dorothée, les Institutes ou élémens du droit, publiés avant le Digeste au commencement de l'année 533, mais qui n'eurent force de loi qu'en même temps.

Cependant, après la publication de ces diverses collec-

---

(1) *Codex repetitæ prælectionis.*

tions, on s'aperçut que le Code renfermait plusieurs lacunes et se trouvait souvent en opposition avec les Pandectes. Alors Justinien ordonna la révision du Code, et publia en l'an 534 le Code connu sous le nom de *Codex repetitæ prælectionis*, ou Code revu.

Mais le règne de Justinien ayant duré trente ans encore, la législation dut éprouver de nouvelles variations. De là les constitutions appelées *Novelles*. Enfin, parurent les *Authentiques*, qui ne doivent pas être toutes attribuées à Justinien. A la suite des Novelles, on trouve, dans divers corps de droit, le *Libri feudarum*, ou droit féodal, divisé en deux ou cinq livres par Cujas.

§. XXXI.

Il importe maintenant de déterminer le degré d'autorité qui appartient à chacune des collections du droit romain. Toutes ayant été promulguées par Justinien, elles ont toutes acquis force de loi; mais en partant du principe que la loi postérieure déroge à la loi antérieure, on doit dire : 1.° que les codes Hermogénien, Grégorien et Théodosien ont cessé d'être lois positives par la publication du premier code de Justinien; 2.° que les Novelles dérogent à toutes les autres parties du corps de droit, puisqu'elles sont plus récentes, et que la plus récente d'entre elles déroge aux précédentes; 3.° que le Code déroge aux Institutes et aux Pandectes, puisqu'il leur est postérieur; 4.° quant aux Institutes et aux Pandectes, comme elles ont été publiées en même temps, il est bien évident que Justinien n'a pas voulu que l'une de ces lois dérogeât à l'autre; cependant lorsqu'elles se trouvent en opposition, il importe de s'attacher aux distinctions suivantes. Toutes les fois qu'il sera constant que les Institutes ne sont qu'une copie des Pandectes, il faudra préférer les Pandectes comme source. Lorsqu'il paraîtra au contraire que les Institutes énoncent une disposition nouvelle, on ne considérera plus celle des Pandectes que comme historiquement rapportée, et les Institutes feront loi (1).

II.e PARTIE.

DROIT FRANÇAIS.

SECTION I.re

Histoire.

§. XXXII.

L'histoire intérieure du droit français ne se compose pas d'élémens semblables à celle du droit romain ; elle ne nous offre pas la même simplicité, les mêmes périodes. Rome, centre unique de toutes ses institutions, les voit naître, se développer et mourir dans son sein : en France, au contraire, on n'aperçoit nulle part un centre commun d'où sortent les diverses institutions dont se compose son droit civil; par-tout une incohérence bizarre, soit dans les doctrines de droit, soit dans la jurisprudence, soit dans les

(1) On peut vérifier cette observation en rapprochant les l. 9 et 11 ff. *de manum. vindict.* avec le §. 7, Instit. *quib. ex caus. manum. non licet.*

opinions. D'innombrables coutumes (1), résultat barbare d'une foule d'anciens usages, régissent la plus grande partie de la France (2) ; l'autre est soumise au droit romain ; mais, parallèlement à cette législation immortelle, s'élèvent encore des usages particuliers, des traditions souvent absurdes et indignes d'elle (3).

Cependant je ne voudrais pas présenter cette assertion d'une manière trop générale. Si l'on ne voit pas naître en France le droit civil d'une source commune, et suivre comme à Rome les progrès marqués de la civilisation, il est une autre cause, résultat heureux de la constitution du royaume, qui a produit des effets analogues parmi nous : c'est l'action de l'autorité royale ; c'est le desir que l'on remarque dans presque tous les monarques français de simplifier, d'améliorer toutes les branches de la législation.

Ainsi les capitulaires de nos anciens rois, entre autres ceux de Charlemagne et de Louis le Débonnaire, attestent leurs efforts constans dans l'exécution de ce dessein. Mais c'est sur-tout depuis Philippe-Auguste et S. Louis que les monumens législatifs se multiplient ; c'est même à cette époque, qui fut celle de la renaissance du droit romain en France, qu'il faut rapporter l'origine de la plupart de nos anciennes institutions sur l'administration de la justice.

---

(1) On comptait en France, avant la révolution, soixante coutumes générales, et environ trois cents coutumes locales.

(2) *Voyez* le président Bouhier, *Observations sur la coutume de Bourgogne*, chap. II, §. 9 *et suiv.*

(3) La plupart des parlemens des pays de droit écrit (entre autres le parlement de Bordeaux) avaient une jurisprudence et des traditions particulières.

Elles ont fait l'objet principal des Établissemens de Saint Louis, première législation écrite, dans un siècle barbare, et par conséquent bienfait inappréciable pour le peuple. Le droit romain ayant été adopté par les provinces méridionales de la France, S. Louis employa les jurisconsultes les plus habiles de son temps à la rédaction des anciens usages des provinces du nord : ces statuts ainsi rédigés prirent le nom de *coutumes;* tels furent les Conseils de Pierre Desfontaines, le Livre de la reine Blanche, les Coutumes de Beaumanoir, la Somme rurale de Bouteiller, &c. &c. Bientôt les grands vassaux de la couronne suivirent cet exemple, et publièrent aux assises de leurs duchés ou comtés des réglemens sous le titre de *chartes, établissemens, assises,* &c. &c. Louis le Gros avait déjà affranchi les serfs et établi les communes; Louis le Hutin et Philippe le Long rendirent aussi des ordonnances pour l'affranchissement général des serfs (*Ordonnances des Rois de France,* t. 1, p. 583 et 653). Les seigneurs en firent autant dans leurs terres : de là les chartes d'affranchissement, dont le principal effet est de conférer aux vassaux la propriété réelle des terres qui leur avaient été concédées moyennant une redevance.

§. XXXIII.

Tous les successeurs de S. Louis protégèrent l'enseignement du droit romain. Une foule d'universités célèbres furent érigées en France, dans le quinzième siècle (1). La

(1) On comptait autrefois jusqu'à vingt universités en France (y compris celles d'Avignon et d'Orange); savoir : celles de Paris et de Poitiers

plupart des parlemens avaient été créés le siècle précédent (1).

Enfin Charles VII, maître du royaume, fit procéder à la rédaction officielle des coutumes.

Plusieurs ordonnances relatives soit à divers points de droit, soit à la police générale du royaume, soit à l'administration de la justice, attestent la sollicitude de nos Rois pour l'amélioration des diverses branches du droit public ou privé.

Ainsi Philippe IV rendit l'ordonnance de 1311 contre l'usure;

Louis X, celle relative à l'abolition de la servitude, en 1315;

Philippe V, en 1318, Jean II, en 1363, celles sur la procédure;

Charles IV, en 1326, celle sur le régime des forêts; Charles VII, en 1446, celle relative aux parlemens; Charles VIII, en 1497, l'édit qui érige le grand conseil en cour souveraine;

Louis XII, en 1498, celui qui augmente les attributions du grand conseil, et plusieurs autres sur l'administration de la justice;

(1431), Bourges (1463), Bordeaux (1472), Orléans, Toulouse, Caen, Angers, Nantes, Reims, Valence, Aix, Montpellier, Besançon, Douai, Strasbourg, Dijon et Nancy.

(1) Le nombre des parlemens s'élevait à treize, savoir : Paris, Toulouse (1302), Grenoble (1337), Aix (1415), Bordeaux (1462), Dijon (1477), Besançon (1483), Rennes (1553), Nancy (1571), Pau (1620), Metz (1633), Douai (1668), Rouen (1715).

François I.er, en 1536, l'édit de Crémieu, qui règle la juridiction des bailliages, sénéchaussées, &c. &c.;

L'ordonnance de Villers-Coterets, en 1539, pour l'abréviation des procès;

Henri II, en 1551, l'édit relatif à l'établissement des présidiaux;

François II, en 1560, l'édit de Romorantin;

Charles IX, 1.° en 1560, la célèbre ordonnance d'Orléans, relative aux matières ecclésiastiques et à la justice; 2.° en 1563, celle de Roussillon, qui n'est qu'une suite de la précédente; 3.° en 1566, l'ordonnance de Moulins, qui prohibe la preuve testimoniale en matière civile, dans les contestations dont l'objet excède 1000 francs; et établit la formalité de l'insinuation pour les donations entre vifs; 4.° celle dite du domaine, qui met sur le même niveau les domaines anciens et nouveaux de la couronne.

Henri III rend, en 1576, la célèbre ordonnance de Blois, relative à diverses matières de droit personnel, entre autres à plusieurs dispositions du concile de Trente, concernant les mariages.

Henri IV, l'édit de Nantes, 1598, relatif à l'exercice de la religion réformée.

Enfin le règne de Louis XIII vit paraître le code nommé Code *Michau* ou *Marillac*, du nom de celui qui a présidé à sa confection, Michel de Marillac, garde des sceaux.

§. XXXIV.

Mais il était réservé au siècle de Louis XIV de nous offrir la plus brillante époque du droit français. Ce monarque, sensible à tous les genres de gloire, ne pouvait pas négliger celle dont les peuples reçoivent les plus grands comme les plus solides bienfaits. Les *Lamoignon*, les *Fourcroy*, les *Pussort*, les *Colbert*, les *Savary*, les *Auzanet*, éclairèrent de leur expérience et de leurs talens ses conseils, qu'il présidait en personne. C'est là que furent élaborées avec méthode et lenteur ces lois savantes, connues sous le nom d'*ordonnances*, mais que l'on peut considérer comme des codes complets sur chaque matière, et qui sont aujourd'hui le commentaire le plus sûr de la plupart des lois nouvelles. Elles furent, en outre, accompagnées de procès-verbaux, où nous pouvons suivre avec fruit le développement des motifs, et en quelque sorte la confection de la loi.

Cependant le Roi ne voulut pas se borner aux ressources que lui prodiguaient ces sages conseillers. Il soumit leur travail à l'examen de commissions tirées du parlement. Il recueillit les avis du clergé sur les matières ecclésiastiques, du commerce sur les matières commerciales, &c.

Ce fut par de tels soins et à la suite de ces travaux que parurent :

1.° L'ordonnance de 1667, sur la procédure civile ;

2.° Celle de 1669, sur les évocations et committimus;

3.° Même année, celle sur les eaux et forêts ;

4.° Celle de 1670, sur la procédure criminelle ;

5.° Celle de 1672, sur la juridiction des prévôts des marchands et échevins de la ville de Paris ;

6.° Celle de 1673, relative au commerce ;

7.° Celle des gabelles, 1680 ;

8.° Celle de la marine, 1681;

9.° Celle relative à la police des nègres dans les îles françaises de l'Amérique et de l'Afrique, nommée *Code noir*;

10.° Celle de 1687, relative aux cinq grosses fermes;

11.° L'édit de 1695, concernant la juridiction ecclésiastique;

12.° Enfin l'édit de 1685, portant révocation des édits de Nantes, 1598, et de Nîmes, 1629, &c. &c.

Le siècle de Louis XV continua dignement cette grande période; et les ordonnances rendues par ce monarque, presque toutes l'ouvrage de l'immortel d'Aguesseau, attestent sa sollicitude pour tout ce qui avait pour but le perfectionnement de la législation.

Ce fut sous ce règne que parurent:

1.° L'ordonnance de 1731, sur les donations;

2.° Celle de 1735, sur les testamens;

3.° Celle de 1737, sur le faux;

4.° Celle de 1747, sur les substitutions.

Enfin Louis XVI, l'un des rois les plus justes et les plus sincèrement occupés du bonheur public qu'ait eus la France, ne pouvait pas rester en arrière sur de si nobles travaux; déjà il avait aboli le servage et la main-morte dans ses domaines (édit du mois d'avril 1779), la question préparatoire en matière criminelle (déclaration du 24 août 1780), lorsque les crimes et les malheurs qui vinrent affliger la France, la privèrent des nombreuses améliorations que lui promettaient les vues paternelles de ce monarque.

§. XXXV.

Droit intermédiaire.

Le droit civil, à l'époque de la révolution, éprouva nécessairement les vicissitudes du droit public, dont il n'est qu'une dépendance : celui-ci, en haine de tout ce qui existait, parut ne consister que dans un fait, la destruction, sauf à reconstruire sur des bases nouvelles, qui n'étaient ni éprouvées ni connues. Bientôt la législation civile devint monstrueuse, et les législateurs eux-mêmes, obligés d'abandonner leurs travaux, revinrent sur leurs pas (1).

Il est évident que, dans ce chaos de mesures législatives, de lois violentes et absurdes, qui déshonorent à jamais cette partie de nos annales, on ne saurait reconnaître une législation véritable : fruits amers des luttes que les factions se livraient entre elles, les lois paraissaient et disparaissaient presque en même temps (2) ; l'ébranlement

(1) C'est ainsi que les lois des 5 brumaire et 17 nivôse an 2 furent rapportées par celles des 5 floréal et 0 fructidor an 3.

(2) Pour ne pas parler de plusieurs lois qui n'eurent qu'un instant de durée, voici comment se succédèrent quelques-unes des principales. La constitution de 1791 fit place à celle de 1793, qui ne fut jamais appliquée ; celle-ci fut remplacée par la constitution de l'an 3, qui le fut à son tour par celle de l'an 8, dont plusieurs dispositions subsistent encore. A l'édit de 1771 sur les hypothèques, succéda la loi du 9 messidor an 3, qui fut remplacée par la loi du 11 brumaire an 7. Le Code civil renferme une espèce de fusion de l'ancien et du nouveau système sur les hypothèques. Enfin les législations pénale, notariale, domaniale, fiscale, &c. &c., ont éprouvé toutes les variations que leur imprimèrent les événemens politiques, &c. &c.

général donné à toutes les institutions sociales laissa seul des traces profondes dans les mœurs de la nation. De là les changemens nombreux apportés par la suite dans plusieurs parties de la législation. (*Voyez* plus bas, *Sources*, §. XXXVII.)

Cependant, à la suite de plusieurs crises politiques, le gouvernement s'étant rapproché des formes monarchiques, on voulut exécuter l'idée conçue depuis long-temps de rendre uniforme la législation civile. Différens travaux, la plupart très-recommandables, avaient été préparés dans ce dessein; on les rapprocha; et après avoir suivi les formes constitutionnelles prescrites à cette époque pour la confection des lois, on publia, du 5 mars 1803 [14 vent. an 11] au 5 mars 1804 [24 ventôse an 12], sous le nom de Code civil, les trente-six lois qui en forment la collection. Mais quelque précieux que fût le résultat qu'on obtenait en ramenant à l'unité toutes les parties de la législation civile, plusieurs causes concouraient à lui donner une physionomie dure, tranchante, et trop conforme à la législation intermédiaire.

1.° Le Gouvernement n'était pas assis sur ses bases légitimes; il était l'œuvre de la révolution, et l'on ne pouvait pas raisonnablement espérer qu'il ne prêtât pas tout son appui aux idées dont il empruntait toute sa force.

2.° La plupart des rédacteurs du Code civil avaient pris part aux événemens politiques; quelques-uns même avaient coopéré à la rédaction des lois intermédiaires: comment supposer qu'ils voulussent démentir leur premier ouvrage (1)? D'ailleurs l'opinion, à cette époque, avait trop en horreur les anciennes institutions monarchiques, pour espérer qu'on apportât, dans la rédaction des lois nouvelles, cet esprit de paix et d'impartialité, cet amour sincère d'ordre et d'amélioration, qui pouvaient seuls promettre de grands et de solides résultats. « Les lois rencontrent toujours » les passions et les préjugés du législateur, dit Montes- » quieu (2); quelquefois elles passent au travers, et s'y » teignent; quelquefois elles y restent, et s'y incorporent. »

Plus tard le gouvernement impérial lui-même fit éprouver diverses modifications à la législation civile (3).

§. XXXVI.

Quant à l'ordre observé pour la classification des matières du Code civil, je ne saurais partager l'avis de quelques jurisconsultes qui le désapprouvent entièrement (4). Les uns auraient préféré l'ordre des Institutes; d'autres, celui que Domat et Despeisses ont observé; d'autres enfin, se fondant sur l'idée singulière que toutes les dispositions

---

(1) Pour se convaincre de la vérité de mon observation, on n'a qu'à jeter les yeux sur la partie des procès-verbaux du conseil d'état relative à l'action en rescision de vente pour cause de lésion (art. 1674). On verra avec quelle difficulté fut admis cet article, qui était en opposition directe avec les lois des 14 fructidor an 3 et 2 prairial an 7.

(2) *Esprit des lois*, liv. 29, chap. 19.

(3) *Voyez* le sénatusconsulte du 28 floréal an 12; ceux des 14 et 16 août 1806 sur les majorats, &c. &c.

(4) M. de Malleville (*Analyse du Code civil*); M. Locré (*Esprit du Code civil*); M. Bauer, jurisconsulte allemand, &c. &c.

du Code ont pour but unique la propriété, auraient voulu un ordre quelconque, pourvu que ce ne fût pas celui qu'on a suivi.

Je pense que l'ordre adopté par le Code est naturel, et conforme aux divisions indiquées par la logique et les matières mêmes du droit. 1.° Sous quelque rapport que l'on envisage ces matières, les personnes ont nécessairement plus d'importance, plus de dignité que les choses; elles devaient donc paraître en tête d'un système de lois civiles. Il est vrai que les rapports des personnes entre elles ont aussi pour but la propriété des choses; mais ce n'est que secondairement; et les rapports personnels restent toujours le principal objet de la loi. La puissance paternelle confère sans doute au père ou à la mère, après la dissolution du mariage, l'usufruit des biens de son fils mineur, jusqu'à l'âge de dix-huit ans accomplis (art. 384, Code civil); mais cette manière d'acquérir n'est qu'une disposition accessoire. Dans l'esprit bien entendu de la loi, la puissance du père sur l'enfant, sa protection, ses soins, sont le véritable objet qu'elle se propose. D'ailleurs, il peut se faire que l'enfant n'ait pas de biens; la disposition de la loi n'en subsiste pas moins dans sa partie principale. 2.° Avant d'établir les rapports que les hommes ont avec les choses, il importe d'examiner les choses en elles-mêmes, et indépendamment des droits auxquels elles donnent naissance, lorsqu'elles passent dans le commerce. De là, l'objet du livre second, *des Biens, et des différentes modifications de la propriété.*

Enfin les choses devenant l'objet des transactions civiles,

il y a lieu à régler les rapports et les droits des hommes relativement à ces choses; et c'est l'objet du troisième livre.

J'avoue néanmoins que ce plan a été souvent perdu de vue dans l'exécution; qu'on a mêlé des matières étrangères entre elles; qu'on en a omis un grand nombre qui auraient dû trouver leur place dans le Code; que plusieurs, au contraire, auraient dû être renvoyées ailleurs. Il est une foule d'autres réflexions critiques que l'on pourrait ajouter à celles-ci; mais ce serait l'objet d'un traité particulier.

SECTION II.

Sources.

---

§. XXXVII.

Les sources du nouveau droit français sont:

1.° Le droit romain;

2.° Le droit coutumier;

3.° Les anciennes ordonnances;

4.° La jurisprudence des arrêts;

5.° Le droit canonique et le droit féodal;

6.° Les doctrines des auteurs;

7.° La législation intermédiaire.

Mon but n'est pas de parcourir successivement chacune des sources que j'indique, et de démontrer que telle partie de la législation nouvelle est nécessairement empruntée de telle partie du droit ancien. Tout esprit de bonne foi et versé dans les matières de droit, s'apercevra facilement qu'il est impossible que les rédacteurs des nouvelles lois, qui ne faisaient, à proprement parler, que résumer le droit antérieur, avec dessein de le plier au temps, aux mœurs, aux opinions de leur époque, ne fissent pas, même à leur insu, usage de toutes les parties de ce droit, dans lequel ils avaient été élevés, dont les formes et les décisions leur étaient familières, et dont toutes les branches d'ailleurs, sans en excepter même les matières féodales, pouvaient leur suggérer, dans l'occasion, des solutions appropriées à la législation actuelle.

Toutes les matières de droit ont des rapports plus ou moins intimes. C'est en commentant les matières féodales et les censives, sur la Coutume de Paris, que Dumoulin a discuté et approfondi les questions les plus intéressantes de l'ancien droit français. « Ce traité est si profond, dit » Camus (quatrième Lettre sur la profession d'avocat), qu'il » contient tous les principes du droit français. C'est une » mine inépuisable, qui devient plus riche à mesure qu'on » la fouille. »

Je dois cependant indiquer, d'une manière générale, en quel sens on peut considérer comme sources les parties du droit antérieur.

§. XXXVIII.

Droit romain.

Le droit romain est la principale source du Code civil, comme il en sera toujours le plus sûr interprète pour les matières qui en ont été empruntées. Mais il faut observer, même relativement à ces matières, qu'en les employant, les rédacteurs du Code civil ont presque toujours adopté pour guides, 1.° la jurisprudence des anciennes cours, lorsqu'elle était constante; 2.° les auteurs les plus estimés sur ces matières : ainsi Dumoulin et Pothier, sur les obligations conventionnelles; Furgole, sur les testamens; le même Furgole et Ricard, sur les donations; Domat, Lebrun, Pothier, sur les successions, les ont habituellement dirigés, &c.; 3.° enfin, l'équité a dû leur servir de supplément, lorsqu'il s'est agi de tempérer la rigueur des lois romaines, ou même de bannir leurs subtilités.

§. XXXIX.

Droit coutumier.

Le droit coutumier a fourni plusieurs matières au Code civil : 1.° le régime de la communauté entre époux; 2.° la plupart des dispositions relatives à l'autorisation maritale; 3.° le principe, *Le mort saisit le vif*; 4.° celui qui le complète en le limitant, *N'est héritier qui ne veut*; 5.° *Ne dote qui ne veut*, &c. &c. Mais indépendamment des parties qu'on a matériellement extraites de ce droit, son esprit et même quelques-unes de ses dispositions se retrouvent souvent dans beaucoup d'autres matières. La règle qu'ont suivie les rédacteurs, en faisant usage des lois romaines, les a dirigés lorsqu'ils ont dû se servir du droit coutumier. Ainsi, Dumoulin, Lebrun, et sur-tout Pothier, ont été leurs interprètes pour les différentes parties de ce droit qu'ils ont employées. Les principales coutumes, entre autres celle de Paris pour *les servitudes légales, la mitoyenneté*; celles de Bourbonnais, de Nivernais, de

Berry, pour le bail à cheptel; enfin celles de Bretagne, d'Auvergne, de Normandie, &c. &c., ont été aussi pour eux des sources dont ils ont fait jaillir parfois des dispositions excellentes.

§. XL.
Anciennes Ordonnances.

Les anciennes ordonnances leur ont également fourni d'abondantes ressources.

Les ordonnances de nos rois sont les véritables monumens de la législation française. Appelées successivement *capitulaires*, *établissemens*, *édits* ou *ordonnances*, &c., elles ont embrassé toutes les branches du droit public ou privé. Elles servent en quelque sorte à constater, ainsi que je l'ai dit (§. XXXII), les progrès de la jurisprudence française; et dans la lutte qui semblait élevée entre le droit coutumier et le droit romain, on les voit, conciliant la raison écrite avec des usages barbares (1), consacrer les belles décisions des jurisconsultes romains, et ne retenir des coutumes que ce que réclamaient l'équité et les antiques mœurs de la nation.

Plusieurs de leurs dispositions ont été transportées dans les codes qui nous régissent. L'article 1341 du Code civil, sur la nécessité de constater par écrit toute obligation excédant une certaine somme, reproduit une disposition des

(1) Les institutions contractuelles, par exemple (quelques efforts qu'on ait faits pour en trouver des traces dans le droit romain), sont une conception monstrueuse aux yeux des vrais jurisconsultes. Selon Danty, la définition des institutions contractuelles renfermerait des contrariétés évidentes.

articles 54 de l'ordonnance de Moulins, et 2, tit. XX, de celle de 1667. La plupart des dispositions relatives aux actes de l'état civil sont tirées de l'ordonnance de 1667 et de la déclaration de 1736. (Le principe de la sécularisation appartient à la loi du 20 septembre 1792.) Plusieurs principes sur la mort civile sont tirés de l'ordonnance de Moulins, de celle de 1670, et de la déclaration de 1639. Les ordonnances de 1731 et de 1735 ont fourni les principales bases au titre II, chap. 1, 2, 3, 4, 5, liv. III du Code civil, relatifs aux donations et aux testamens. Les dispositions sur la contrainte par corps sont, en grande partie, tirées de l'ordonnance de Moulins, article 48, et de celle de 1667, titre XXVII et titre XXXIV (1). Enfin la plupart des dispositions nouvelles sur la procédure, les matières commerciales, &c. &c., sont empruntées des ordonnances de 1667, 1673, 1681, &c. &c.

§. XLI.

Jurisprudence des Arrêts.

La jurisprudence des arrêts a dû aussi servir de source. Les arrêts sont l'interprétation régulière et continue de la législation. C'est par eux qu'on est averti de ses vices ou de son insuffisance. Autrefois ils pouvaient s'élever jusqu'au rang de la législation même; et par-là, ils lui servaient, en quelque sorte, de supplément. Ils pouvaient dès-lors consacrer, soit comme arrêts de réglement, soit comme

(1) Quelques dispositions sont empruntées de la loi du 15 germinal an 6.

simples arrêts de cours souveraines, des solutions importantes sur toutes les matières du droit. Les rédacteurs des codes ont donc pu leur emprunter diverses décisions; telles sont celles relatives aux effets de la possession d'état, aux mariages putatifs: la règle posée par l'art. 741, qui détermine les effets de la représentation en ligne ascendante, est fondée sur la jurisprudence du parlement de Paris, &c. (1).

§. XLII.

Droit canonique.

Le droit canonique et le droit féodal n'ont pas été eux-mêmes sans influence dans la rédaction des codes.

Cette proposition, si elle était susceptible de doute, trouverait une preuve suffisante de sa vérité dans le fait seul du passage rapide d'un état où ces droits étaient en vigueur, à celui où ils ont cessé de l'être. Ce n'est pas la suppression brusque de plusieurs branches d'une législation ancienne et qui a long-temps vécu, ce ne sont pas les mouvemens convulsifs d'une révolution, qui peuvent détruire tout-à-coup les effets que cette législation a imprimés dans les mœurs d'une nation, effets qui subsistent, long-temps encore après sa destruction, dans des transactions dont les droits ne sont pas même ouverts. D'ailleurs, si les matières de cette législation cessent d'exister sous quelques rapports, une foule de décisions rendues à leur sujet

(1) *Voyez* le plaidoyer de M. le Nain, où se trouvent développés les motifs de ce principe.

peuvent se trouver éminemment justes, et mériter qu'on les érige en préceptes législatifs : elles peuvent, par l'analogie des espèces sur lesquelles elles ont statué, se rattacher essentiellement à des matières de pur droit civil en vigueur (1). N'est-il pas important alors de remonter à leur origine, et d'étudier les bases sur lesquelles elles s'appuient?

« Le christianisme nous a engagés à adopter, dit le président Bouhier (2), même dans les matières temporelles, diverses décisions du droit canonique, opposées aux lois romaines, comme à l'égard des peines des veuves qui se remarient dans l'an de deuil ; des prêts à intérêt ; des legs pieux ; des stipulations au profit d'un tiers ; des pactions nues ; &c. &c. De plus nous avons préféré les formes judiciaires des canonistes à celles du droit civil. Enfin le droit canonique est encore la source de plusieurs de nos dispositions coutumières, et nous avons cela de commun avec la plupart des peuples de l'Europe. »

Comment supposer, d'après cela, que les rédacteurs des codes n'aient pas jeté un regard sur le droit canonique, lorsqu'ils ont réglé ces matières, ainsi que celles sur la prescription (3), dans les lois nouvelles ?

§. XLIII.

Doctrine des Auteurs.

J'ai dit qu'en employant le droit romain ou le droit coutumier, les rédacteurs du Code civil avaient habituellement

(1) *Voyez* §. XXXVII.

(2) *Observat. sur la coutume de Bourgogne*, tom. I.er, pag. 368.

(3) *Voyez* art. 2260, Cod. civ. &c.

pris pour guides les auteurs les plus estimés sur ces divers droits ; quelquefois même ils ont consacré leurs doctrines. C'est ainsi que l'article 32, sur les effets de la prescription de la peine, quant aux droits civils, a été emprunté de Richer (1). La distinction entre les nullités absolues et les nullités relatives a été admise en principe d'après l'autorité du chancelier d'Aguesseau, qui la rappelle fréquemment dans ses plaidoyers (2). L'article 536 du Code civil, qui décide que les dettes actives et autres droits dont les titres peuvent être déposés dans une maison, ne font pas partie du legs de cette maison, consacre un principe émis par Domat (3). L'article 1283, relatif à l'effet de la remise de la grosse d'une obligation, admis après de longs débats, consacre une décision de Pothier (4), &c. &c.

§. XLIV.

Droit intermédiaire.

Le droit intermédiaire a fourni plusieurs dispositions au Code civil. Quelques-unes qui se trouvaient contraires soit à la religion catholique professée par l'immense majorité des Français (5), soit aux véritables principes de la monarchie (§. XXXV), soit même aux mœurs de la nation, ont été détruites ou modifiées depuis ; mais un grand nombre

---

(1) *Traité sur la mort civile.*

(2) *Procès-verbaux du conseil d'état*, tom. I.er, pag. 268.

(3) *Répertoire de jurispr.* verb. *Biens.*

(4) *Traité des Obligat.* — *Procès-verbaux du conseil d'état*, tom. III, pag. 230 *et suiv.*

(5) *Voyez* la loi du 8 mai 1816, qui abolit le divorce.

subsistent encore. 1.° Le conseil de famille, conservé au titre *de la Tutelle*, est emprunté des lois des 20 septembre 1792 et 17 septembre 1793. 2.° La prohibition de la recherche de la paternité, établie par la loi du 12 brumaire an 2, se retrouve dans l'article 346 du Code civil. 3.° La plupart des dispositions des lois des 25 octobre et 14 novembre 1792, relatives à l'abolition des substitutions, et de celles relatives à la suppression du droit d'aînesse, ont passé dans le Code civil. 4.° La représentation en faveur des neveux et des nièces, établie par la loi du 25 brumaire an 2, a été consacrée par l'article 742. 5.° L'égalité de partage des successions collatérales entre les héritiers des deux lignes, est empruntée de la loi du 17 nivôse an 2. (On en a rejeté la fiction de la représentation à l'infini, &c. &c.)

Enfin l'institution des justices de paix, établie par les lois des 16 août, 14 et 18 octobre 1790, se retrouve, avec des attributions nouvelles et plusieurs modifications, dans le Code civil et le Code de procédure, &c. &c. (1).

CHAPITRE V.

PHILOSOPHIE MORALE ET DROIT NATUREL.

§. XLV.

J'arrive à celle des sciences qui doit être la plus familière

(1) Je ne parle pas des autres branches de la législation, mon but n'étant que d'indiquer, comme je l'ai dit (§. XXXVII), d'une manière générale, l'influence et les principaux effets de la législation intermédiaire sur celle qui l'a suivie.

à l'interprète ; car elle est la base et le supplément de toutes les législations positives.

On a pu changer la dénomination de cette science (1) ; elle n'en conservera pas moins la première place dans les études du droit ; et l'instabilité des formes politiques, la diversité des méthodes employées dans l'enseignement des lois, ne diminueront rien de son utilité dans la pratique ; car cette utilité tient à la nature même des choses.

J'ai hésité d'abord à consacrer quelques développemens à ce chapitre. Je voulais me borner à indiquer rapidement les points principaux qui le recommandent aux méditations des hommes voués à l'étude et à l'interprétation des lois ; mais j'ai pensé qu'un aperçu rapide sur la science elle-même donnerait une idée plus juste et de son importance et des nombreuses ressources qu'elle offre à l'interprète.

§. XLVI.

La philosophie a directement pour but la connaissance du *vrai* et du *bien*. La partie qui dispose l'esprit à la connaissance du vrai, s'appelle *logique ;* celle qui tend à le rendre maître de toutes les vérités que le créateur a mises à sa portée, prend le nom de *théorique ;* enfin celle qui conduit l'homme au véritable bien, s'appelle *philosophie pratique*.

Celle-ci se divise en *éthique* ou morale, qui a pour objet

(1) Selon les jurisconsultes allemands, le droit naturel est *la méthaphysique du droit ;* d'après eux, il y a un *droit naturel des gens*, un *droit naturel public*, un *droit naturel privé*, &c. &c.

le bien en général; *droit naturel*, dont l'objet est le *juste*, l'*honnête* et le *beau moral*; enfin *politique et économie*, qui embrassent tout ce qui est utile.

§. XLVII.

On peut définir l'*éthique* ou la morale: connaissance du souverain bien, et science des moyens propres à nous le procurer.

Mais la recherche et la connaissance du vrai étant plus spécialement l'objet de l'*entendement* (§. XLVI), celle du bien l'objet de la *volonté*, nous dirons que la philosophie morale consiste à diriger constamment la volonté et les actions de l'homme vers le souverain bien.

§. XLVIII.

La morale ayant pour but de nous conduire au souverain bien, et de nous en faire jouir, on conçoit toute la distance qui la sépare du droit naturel, dont l'objet direct est le *juste*, l'*honnête* et le *beau moral* (1). Enfin il sera facile de sentir en quoi la morale s'éloigne de la politique et de l'économie, puisque celles-ci ont proprement pour objet ce qui est *utile* aux hommes (2): en effet, la politique embrasse tous les rapports, tous les intérêts généraux de la société; l'économie (ou la police civile), tous les rapports, tous les intérêts privés.

---

(1) Cependant Aristote, in *Ethica*, et Cicéron, in libr. *de Officiis*, les ont à-peu-près confondus.

(2) Le mot *utile* emporte ici tout ce qui s'applique aux actions extérieures de l'homme en société.

§. XLIX.

La division la plus naturelle des matières qui sont l'objet de la philosophie morale, pourra être conçue de la manière suivante :

1.° L'homme considéré dans son état d'imperfection morale.

(Cette imperfection résulte, 1.° de l'insuffisance ou du défaut de culture des facultés qui tiennent à la partie immortelle de son être; 2.° de ses organes, de sa constitution physique, et des rapports réciproques entre le corps et l'esprit; 3.° par conséquent, des desirs, des passions et des vices, &c. &c.)

2.° Le souverain bien, tel que Dieu l'a mis à la portée de l'homme.

(De là les distinctions naturelles entre le bien et le mal, en général; les qualités constitutives du souverain bien proprement dit; ses effets naturels, c'est-à-dire, le bonheur de l'homme sur la terre, &c. &c.

3.° Enfin, les moyens qui peuvent l'y conduire.

(1.° La connaissance de Dieu et de soi-même; 2.° le desir de se corriger de ses imperfections et de ses vices; 3.° le courage de les combattre, l'emploi des lumières et des secours puissans que fournit la religion, &c. &c.

§. L.

J'ai dit que le droit naturel avait spécialement pour objet ce qui est *juste*, *honnête* et *moralement beau*.

De là, la nécessité d'apprécier toutes les actions humaines, de reconnaître comme norme de toutes ces actions, et comme un signe de leur bonté, l'accomplissement fidèle de la volonté de Dieu, qui a fondé le droit naturel.

De là, les obligations et les devoirs de l'homme envers Dieu, envers lui-même, envers ses semblables.

De là, les principes généraux, 1.° *que l'homme doit aimer ses semblables comme lui-même; qu'il ne doit pas faire à autrui ce qu'il ne voudrait pas qu'on lui fît; qu'il doit lui faire, au contraire, tout le bien qu'il voudrait en recevoir;*

2.° *Qu'il n'est permis d'offenser personne; qu'il faut rendre à chacun le sien:* mais ce dernier principe suppose lui-même la notion du droit, l'idée de la propriété.

De là, la science des droits et des obligations, les principes originaires et constitutifs de la propriété parmi les hommes.

§. LI.

En résumé, on peut dire que le droit naturel a pour objet principal l'amour de Dieu, et l'amour de nos semblables comme une suite du premier (1).

Une autre conséquence qui résulte de ce principe, est que nous devons constamment chercher à faire régner une égalité *parfaite* dans tous nos rapports avec nos semblables. Tel est même le vrai sens du mot équité: *Æquitas seu æqualitas,* dit Leibnitz(2), *id est, duorum pluriumve ratio vel proportio, consistit in harmonia seu congruentia.*

Il résulte aussi de là que le droit naturel repousse tout ce qui pourrait blesser l'équité, non-seulement par suite de

---

(1) Cet amour est la source de nos obligations *parfaites* et *imparfaites* envers eux.

(2) *Meth. nov. disc. doc. jurispr.* part. II, §. 75.

la volonté injuste de l'homme, mais encore par suite des rigoureuses décisions du droit; la proportion, l'harmonie, qui doivent régner parmi les hommes, n'étant pas moins rompues par cette dernière injustice que par la première. De là cette foule de lois romaines que l'interprète doit toujours prendre pour guides, lorsqu'il lui est démontré que la loi dont il cherche le sens, serait injuste si on l'appliquait selon la rigueur de ses termes, et que le législateur n'a pas eu la volonté qu'elle fût entendue ni appliquée ainsi.

« Si la loi offre quelque obscurité, et si elle est telle » qu'on puisse l'entendre dans plusieurs sens, il vaut mieux » l'interpréter *civilement*, et conformément au droit com» mun. » *Si quid obscurum videri possit, et in alium atque alium sensum trahi, potius est ut omnia civiliter accipiantur, et secundùm terminos juris communis* (l. 9, ff. *de servit.*). De là les maximes, qu'il faut entendre les mots pour *les cas possibles* (1); qu'il faut s'attacher principalement *aux qualités et à la nature de l'affaire* (2); que les mots qui ne sont pas très-clairs, doivent *recevoir le sens que leur donnent habituellement les esprits droits et bien faits* (3); qu'il ne faut pas interpréter les mots des hommes simples *selon la subtilité du droit* (4). De là viennent ces locutions si fréquentes dans les lois: *Aliqua contra subtilitatem verborum recepta* (5); *multa contra*

---

(1) Accurs. et DD.

(2) L. 6, §. 3, ff. *comm. præd.*

(3) C. *ex litteris.* l. *de spons. et matrim.*

(4) Sim. de Prætis, *in tract.* ultim. vol. lib. II.

(5) L. 20 *et seq.* ff. *de reb. cred.*

rationem disputandi pro utilitate communi recepta (1); *bonæ fidei non congruit de apicibus juris disputare*, &c. &c. (2).

TITRE III.

MATIÈRES PLACÉES DANS LE DOMAINE DE LA LOI.

CHAPITRE I.er

---

§. LII.

Observations préliminaires.

Après avoir parlé des diverses sciences qui ont pour objet de préparer l'esprit de l'interprète à la découverte du sens des lois, il importe de dire comment il doit appliquer son esprit, ainsi préparé, aux matières soumises à ses recherches.

§. LIII.

Pour bien entendre toute la pensée du législateur sur une matière, ai-je dit (§. VI), l'interprète doit être aussi instruit que lui sur cette matière. Ainsi, par exemple, pour entendre une loi fondamentale sur les douanes, l'interprète doit avoir présentes à son esprit toutes les notions d'ordre général, d'économie politique, de commerce intérieur ou extérieur, d'agriculture et d'industrie, de relations

---

(1) L. 51 *in fin.* ff. *ad leg. Aquil.*

(2) L. 29, §. 4, ff. *mand.* &c. &c.

diplomatiques, de finances, d'assiette et de recouvrement d'impôts, toutes les difficultés que l'expérience ou la tradition atteste avoir embarrassé jusque-là cette branche de l'administration publique, les données d'amélioration, en un mot tous les motifs généraux ou particuliers qui ont servi de raison déterminante au législateur, lors de l'émission de la loi.

Cette observation est applicable à toutes les parties du droit public ou privé.

§. LIV.

Les élémens éloignés ou prochains qui déterminent le législateur, varient selon les diverses matières législatives; et l'interprétation de la loi est nécessairement fondée sur l'existence reconnue de ces élémens, et sur la manière dont le législateur les a envisagés et combinés (1).

De là la nécessité de varier les règles d'interprétation, selon les diverses matières à interpréter.

Ainsi ces deux principes, que *la bonne foi est l'ame du commerce*, que *la rapidité des transactions commerciales ne permet pas de les soumettre aux formes ordinaires*, fondés l'un et l'autre sur la nature des opérations commerciales, ameneront nécessairement des distinctions, des restrictions, en un mot des règles particulières d'interprétation pour ces matières, &c.

---

(1) Ces élémens ainsi combinés forment, à proprement parler, le motif de la loi. (*Voyez*, §. XCV ci-après, la définition que je donne des motifs de la loi.)

§. LV.

Le besoin d'admettre ce principe avait suggéré à quelques auteurs allemands l'idée de diviser l'interprétation de doctrine en autant d'espèces d'interprétations qu'il y avait de branches de droit public ou privé. Ainsi on aurait eu l'interprétation politique, administrative, commerciale, civile, criminelle, fiscale, &c. M. Thibaut (1) rejette avec raison toutes ces divisions, qui pourraient être poussées à l'infini sans utilité réelle.

En résumant ce que je viens de dire, il faudra tenir pour constant que certains principes généraux d'interprétation sont applicables à toutes les matières indistinctement ; mais qu'il en est d'autres spécialement déterminés par la nature et l'étendue de chacune d'elles, et qui leur sont exclusivement applicables.

On a abandonné à la sagacité et à l'expérience des hommes préposés à l'exécution des lois relatives à ces diverses matières, le soin d'étudier et de bien saisir leur véritable esprit, afin d'appliquer exactement ces règles.

CHAPITRE II.

§. LVI.

Tableau des Matières placées dans le domaine de la loi.

I. LES PERSONNES, comme objets de droits et d'obli-

(1) *Théorie de l'interprétation des lois*, §. 8.

gations indépendans de leur volonté et susceptibles d'être réglés par la loi.

Ainsi, 1.° *la naissance* donne lieu aux lois sur l'état politique et civil, sur le domicile, sur les successions, &c.

2.° *La minorité* amène les lois sur la tutelle et l'émancipation; les dispositions relatives à l'intervention du ministère public dans les affaires qui intéressent les mineurs; les formes particulières à l'ouverture des successions (art. 819 *et suiv.* Cod. civ.; 910 *et suiv.* Cod. de procéd.); aux partages et licitations (art. 466 et 838, Cod. civ.; 966 *et suiv.* Cod. de procéd.).

3.° Tous les Français doivent concourir à la formation de l'armée; de là les lois et ordonnances sur le recrutement, &c. &c.

4.° Tout individu est tenu de révéler les complots, &c. (art. 103 *et suiv.* Cod. pén.); de déclarer la vérité devant la justice, lorsqu'il en est requis (art. 361 *et suiv.* Cod. pén.), &c. &c.

5.° La démence, la prodigalité, amènent les lois sur l'interdiction et sur les conseils judiciaires.

6.° Enfin, la mort donne lieu aux lois sur l'état civil relatives aux décès, à des lois particulières de police, à celles des successions, &c. &c. (J'omets les lois relatives au mariage, à l'obligation d'être juré, à l'exercice de certains droits politiques, &c. &c., parce qu'elles statuent sur des matières mixtes, ou ne sont pas indépendantes de la volonté de l'homme.)

II. LES ACTIONS. Toutes les actions de l'homme sont

dans le domaine de la loi (1); de là la plupart des lois politiques, criminelles, de police et de droit civil.

III. La pensée, rendue extérieure par la parole, les écrits, les signes ou emblèmes, &c. &c., exerce une influence sur l'état social; or, tout ce qui intéresse la société est nécessairement soumis à l'action de la loi. De là les lois sur la presse, sur les réunions publiques dans le but de délibérer, &c. &c.

IV. Les choses. Par le mot *choses*, j'entends tout objet *physique* ou *moral* avec lequel l'homme peut se trouver en rapport comme être social, soit par l'effet de sa volonté, soit involontairement, et qui par suite devient *matière législative*.

Ainsi, 1.° tout avantage, toute prééminence ou distinction, lorsque l'introduction dans le système social en est jugée nécessaire pour le maintien, le bonheur ou la prospérité de l'État, donneront lieu aux rapports résultant de ces avantages ou distinctions, et, par suite, aux lois qui doivent les constituer et les déterminer. Quelques-uns de ces rapports seront conformes aux principes d'une égalité rigoureuse; d'autres la rompront, dans l'intérêt de tous.

2.° La sûreté, la prospérité de l'État, commandent des sacrifices de la part des sujets. Elles amènent par suite les lois qui ont pour but d'imposer et de régler ces sacrifices,

(1) Quoique le législateur ne s'occupe en général que des actions qui intéressent la société, il est le maître de reculer ou d'avancer la limite au-delà de laquelle il abandonne l'action de l'homme à sa propre conscience.

d'en abandonner la distribution et l'emploi à la sagesse du souverain.

3.° Tout objet auquel on pourra appliquer l'idée de la propriété, donnera lieu aux rapports relatifs à la propriété, et par suite aux lois qui en règlent l'usage et l'étendue, &c.

5.° Enfin, tous les élémens d'ordre et de bonheur public ou privé sont dans le domaine de la loi. Ainsi, le temps, les lieux, le choix des moyens, les traditions, l'expérience, les combinaisons diverses, la faculté d'embrasser tous les rapports généraux de la civilisation, ceux d'état à état, &c. &c., sont de son domaine.

Tel est le vaste cercle dans lequel se trouvent répandues les diverses matières législatives. Le tableau que j'en offre n'est qu'un léger aperçu, une simple indication; des développemens complets sortiraient des bornes de ce traité. Mais j'en ai dit assez pour faire comprendre toute l'importance que doivent avoir aux yeux de l'interprète les sciences positives comprises dans mes divisions. Son instruction dans tous les genres doit être telle, qu'il puisse sentir jusqu'à la plus légère imperfection de la loi.

LIVRE II.

INTERPRÉTATION DE DOCTRINE.

TITRE I.er

MÉTHODES GÉNÉRALES D'INTERPRÉTATION.

§. LVII.

Observations générales.

Les méthodes générales d'interprétation peuvent être considérées comme les procédés les plus naturels et les plus simples pour arriver à la connaissance du sens des lois. Elles sont applicables dans tous les cas, que les mots soient d'accord avec le sens, ou qu'ils ne le soient pas. Leur base fondamentale est la logique; et quoique le jurisconsulte en fasse un usage plus prompt et plus sûr que le simple logicien, elles n'exigent pas, comme les méthodes spéciales, des notions immédiates et approfondies sur la jurisprudence.

Elles me paraissent commodément et exactement exprimées dans ces deux vers latins :

> *Præmitto, scindo, summo, casumque figuro,*
> *Perlego, do causas, connoto et objicio.*

CHAPITRE I.er

PRÆMITTO, *ou Notions générales et préliminaires.*

§. LVIII.

Les notions générales et préliminaires consistent, 1.° à s'assurer de la nature et de l'étendue de la matière; 2.° à lui faire subir les divisions dont elle est susceptible; 3.° à reconnaître l'exactitude des intitulés; 4.° la justesse du lieu où se trouve placé le texte; 5.° enfin elles consistent dans la critique de la forme employée par le législateur pour manifester sa pensée.

Forsterus fait l'épreuve de cette méthode sur la loi 12, ff. *de acquir. possess.* « La propriété n'a rien de com» mun avec la possession, porte cette loi, §. *nihil;* c'est » pourquoi l'interdit possessoire peut être exercé par celui » qui a déjà intenté l'action en revendication. Celui qui a » intenté cette action, n'est pas censé avoir renoncé par-là » à la possession (1).

Avant d'expliquer ce texte, l'interprète devra se faire les questions suivantes : 1.° Pourquoi le titre *de acquir. vel amitt. possessione*, sous lequel se trouve placée cette loi, suit-il immédiatement celui *de acquir. rerum domin.*, lorsque cependant la propriété commence évidemment par la possession naturelle (2) ? 2.° Ce titre est-il également applicable à toutes les lois qui dépendent de lui ? 3.° Pourquoi ce titre, au Digeste, est-il ainsi conçu, *de acquirenda vel amittenda possessione;* tandis que celui du Code porte, *de acquirenda et retinenda possessione ?* 4.° Qu'est-ce que la propriété, et en quoi diffère-t-elle du *dominium ?* quels sont les élémens [ou causes] qui la constituent ? 5.° Qu'est-ce que la possession, et combien y en a-t-il d'es-

(1) *Nihil commune habet proprietas cum possessione : et ideò non denegatur ei interdictum uti possidetis, qui cœpit rem vindicare. Non enim videtur possessioni renuntiasse, qui rem vindicavit.*

(2) L. 1, §. 1; l. 20, ff. *de acquir. ver. dom.*

pèces? 6.° Comment s'acquiert, se retient et se perd la possession? 7.° Qu'est-ce que l'interdit possessoire, *uti possidetis*? 8.° Qu'est-ce que la revendication, qui peut l'exercer, et contre qui peut-elle l'être? de quelle preuve chacune de ces choses est-elle susceptible? 9.° Qu'est-ce que la renonciation? 10.° Comment est-on censé avoir renoncé? &c. Il serait facile de continuer ainsi une longue série de questions.

On voit que les notions préliminaires sur un sujet consistent à analyser toutes les parties de ce sujet, et à s'en rendre exactement compte. Cependant il faut prendre garde de tomber dans des divisions ou des subdivisions trop subtiles. Loin d'arriver à la clarté, on finirait alors par obscurcir les notions même les plus simples. *Confusum est quicquid in pulverem sectum est.*

CHAPITRE II.

SCINDO, *ou Divisions du Sujet.*

---

§. LIX.

Je viens de parler des divisions du sujet; je vais en parler encore, mais dans un but différent. Dans le chapitre précédent, elles ont été un moyen d'analyse pour arriver à l'éclaircissement et à la définition de toutes les parties du sujet : ici il s'agit de divisions logiques de ses parties principales. Cette méthode a pour but de donner la certitude que la loi a été bien conçue, que ses principaux objets ont été bien divisés, bien classés, et que l'interprétation qui résulte de cette manière générale d'envisager la loi, est aussi le sens réel qu'elle exprime (1). Ainsi, prenant toujours pour exemple la loi 12, ff. *de acquir. possess.*, on pourra diviser tout l'objet de la loi en trois parties principales : 1.° la propriété n'a rien de commun avec la possession ; 2.° la conséquence qui résulte de ce principe est que celui qui a intenté l'action en revendication, peut aussi intenter l'action possessoire ; 3.° la loi répond à une objection, et décide qu'on n'est pas censé renoncer à la possession, lorsqu'on exerce l'action en revendication. Les auteurs recommandent sur-tout, en employant cette méthode, de ne pas se méprendre sur les parties à diviser. *Voyez* Gribald. l. 1, c. 14.

CHAPITRE III.

SUMMO, *ou Résumés généraux.*

§. LX.

Une autre méthode générale d'interprétation consiste à présenter, dans un résumé général clair et précis, soit une matière entière, soit une loi, soit même une partie de loi. Cette méthode sert à lever souvent des doutes partiels, des incertitudes ou des équivoques résultant des mots ou de la construction grammaticale, et qui n'ont aucun fondement réel. Par exemple la loi 12, ff. *de acquir. possess.* déjà citée, est susceptible du résumé suivant : « Celui qui a intenté

(1) Cette méthode a des rapports prochains avec celle du paragraphe suivant.

»l'action pétitoire peut intenter encore l'interdit possessoire. » Cette manière d'entendre la loi est la seule qui convienne au texte; c'est là le principe qu'il a voulu exprimer. Qu'importent les explications diverses que l'on voudrait donner aux mots, *nihil commune habet proprietas cum possessione*, et les doutes qui pourraient en résulter pour l'ensemble de la loi? Tout esprit droit et versé dans les matières dont le texte s'occupe, s'apercevra facilement que la volonté de la loi a été d'émettre le principe énoncé dans le résumé.

Cette méthode a, comme je l'ai dit, des rapports avec la précédente; cependant il est facile de remarquer qu'elles n'ont pas le même but. La méthode par les résumés tend à nous dévoiler d'un trait toute la pensée du législateur, sa volonté intime; celle par les divisions principales est plutôt une méthode critique, dont l'objet sert à établir ou même à vérifier l'exacte application de la première.

§. LXI.

Je considérerai encore comme résumés de cette espèce, les principes généraux qui dominent toute une matière; ce sont eux qui donnent souvent la meilleure explication des dispositions partielles de la loi. Par exemple, au titre *de l'Absence* (Code civil), le principe *que l'absent n'est ni mort ni vivant, &c.*, doit servir à résoudre une foule de difficultés qui résultent de la simple lecture du texte, ou de l'ensemble de quelques articles. Le principe énoncé dans l'article 1314 (Code civil), qui répute *faits en majorité ou avant l'interdiction, les actes passés avec des mineurs ou des interdits, lorsque les formalités prescrites à l'égard de ces derniers ont été observées*, doit servir à interpréter les diverses matières dans lesquelles des mineurs ou des interdits se trouvent intéressés.

La fiction d'après laquelle, en matière de partage, *chaque cohéritier est censé avoir succédé seul et immédiatement à tous les effets compris dans son lot* (article 883, Code civil), doit donner la solution d'une foule de difficultés, qui peuvent s'élever dans l'application des différentes dispositions sur les partages.

J'en dis autant des principes suivans tirés du droit coutumier, et qui s'appliquent aux successions (Code civil): *Le mort saisit le vif, &c.; n'est héritier qui ne veut.* Ils nous apprennent la volonté générale du législateur sur toute la matière, &c.

§. LXII.

Enfin je considère comme résumé général et comme moyen d'interprétation, la méthode par laquelle on classe dans un ordre didactique les principales dispositions d'une loi.

Par exemple, les nullités de mariage (Code civil) me paraissent susceptibles de la classification suivante:

1.° Nullités principales ou majeures;

2.° Nullités moins importantes et qui peuvent se couvrir (1). Les premières sont prévues par l'article 190 et

(1) On remarque que je n'emploie pas la dénomination de *nullités absolues* et *nullités relatives*, parce qu'elle n'est pas applicable dans ce cas. Les nullités de la seconde espèce, quoique intéressant l'ordre public, peuvent être couvertes (art. 193, Cod. civ.).

les articles qu'il relate; les secondes, par les articles 193 (et 165 qu'il relate), 191, 192, &c., et autres concernant le défaut de célébration.

Les *exceptions* en matière de procédure me paraissent classées d'une manière convenable et commode dans l'ordre suivant :

1.° *Exceptions déclinatoires* ou renvois (article 169, Cod. de proc.): on les appelle aussi *fins de non-procéder;* elles sont fondées sur l'incompétence, la connexité, la litispendance;

2.° *Exceptions de nullité* ou exceptions péremptoires de forme : elles sont fondées sur des nullités absolues ou sur des nullités relatives. Les premières intéressent l'ordre public, et ne peuvent pas se couvrir; les secondes n'intéressent que les particuliers, et peuvent se couvrir;

3.° *L'exception judicatum solvi* (166, Cod. de pr.), dont l'objet est de garantir le paiement des frais du procès, et des dommages et intérêts qui en résultent (art. 16, Cod. civ.];

4.° *Les exceptions dilatoires*, qui ont pour objet de différer l'exercice de l'action. Par exemple, les demandes en garantie, celles tendant à communication de pièces, à obtenir terme et délai, &c. &c. Quelques-unes de ces exceptions sont aussi péremptoires du fond, lorsqu'elles écartent entièrement l'action; par exemple, l'exception de discussion, si le débiteur contre lequel on la dirige est solvable; l'action en déclaration d'hypothèques, &c.;

5.° Enfin *les exceptions péremptoires du fond* (appelées proprement *fins de non-recevoir*), dont l'objet est d'écarter entièrement l'action, soit parce qu'elle n'existe pas, soit parce que celui qui la dirige est sans qualité ou sans intérêt; par exemple, lorsqu'il y a prescription, autorité de la chose jugée, acquiescement, serment prêté, désistement, transaction, &c. &c.

§. LXIII.

On remarque que, dans l'ordre d'après lequel je viens de classer les exceptions, je n'ai pas consulté leur nature; car le déclinatoire, l'exception de caution *judicatum solvi*, celle de garantie, sont également des exceptions dilatoires; mais je me suis déterminé par un motif d'utilité générale en matière de procédure. L'objet de la procédure est d'amener une affaire, par les voies les plus régulières et les plus promptes, vers son terme, qui est le jugement. Rien de plus naturel que de s'assurer d'abord de la juridiction qui doit connaître de l'affaire. Ce premier point établi, on examine si l'action est régulièrement introduite; ce second point constant, le procès commence. Il importe alors de s'assurer que le demandeur, dans l'hypothèse prévue par l'article 16 du Code civil, peut répondre des frais et dommages et intérêts, en cas qu'il succombe. Ces précautions prises, on procède selon l'ordre analytique des idées. On s'assure donc, avant d'examiner l'action en elle-même, et en supposant qu'elle existe, s'il n'y aurait pas injustice pour le défendeur à le reconnaître immédiatement soumis à l'action dirigée contre lui, et à l'obliger à y répondre sur-le-champ. Enfin, si le véritable moment de l'intenter est celui choisi par le demandeur, et fait partie de ses droits, s'il est bien constant que le défendeur est réellement celui auquel s'adresse l'action, on examine si elle est fondée; et c'est alors que le juge s'occupe des exceptions péremptoires du fond.

Ces classifications ont pour objet, comme on le voit, de déterminer, aux yeux du jurisconsulte, le rang et par suite l'importance de plusieurs dispositions législatives, qui, ne formant qu'un ensemble, concourent toutes vers un même but. Ce but étant le vœu principal de la loi, l'interprétation particulière de chaque disposition devra être constamment subordonnée à ce vœu principal.

CHAPITRE IV.

CASUM FIGURO. — *Cas ou espèce servant de fondement à la Loi.*

§. LXIV.

La règle, *ex facto jus oritur* (1), citée par les docteurs comme autorisant les espèces sur lesquelles la loi est censée statuer, a besoin d'être expliquée. Cette maxime est bien plutôt une règle de jurisprudence et d'application de loi, qu'une norme pour le législateur. Des faits arrivent, se combinent et deviennent la source de droits et d'obligations; les décisions du droit leur sont appliquées, et la

(1) L. 52, §. 2, ff. *ad leg. Aquil.* et l. 1, §. divers. ff. *ad leg. Cornel. de sicar.*

justice est d'autant mieux rendue, que ces décisions sont plus exactement conformes à la nature et à la vérité des faits. De là la règle, *ex facto jus oritur*. Mais ces faits peuvent varier et se combiner diversement : alors le droit change; car la moindre variété dans les faits change aussi le droit : *Quælibet minima facti varietas jus reformat* (l. 13, Cod. *de transact.*) De là encore la grande difficulté d'appliquer la loi; car le moindre changement dans les faits ajoute aux difficultés de leur appliquer la loi. *Facti interpretatio plerùmque prudentissimos fallit*, dit Neratius, l. 2, ff. *de jur. et fact. ignor.*

Telle n'est pas la règle du législateur. Il doit élever ses regards sur tous les besoins, tous les faits, tous les actes qui ont lieu dans la société; remarquer ceux qui se reproduisent le plus souvent, et établir son précepte d'après ces faits constans ou réputés tels à ses yeux. De là la maxime fondamentale, *Jura constitui oportet ex his quæ plurimùm accidunt, non quæ ex inopinato*. L. 3, ff. *de legib.* (1). On s'aperçoit dès-lors que la base du législateur, une fois adoptée, est immuable, puisque c'est sur elle que s'est exercée sa volonté, et que ce n'est qu'à cette volonté, ainsi manifestée, que les sujets sont tenus d'obéir.

§. LXV.

Cependant on conçoit que le législateur a dû statuer sur une espèce. Cette espèce peut être une fiction, en ce sens

(1) *Voyez* les lois 4, 5 et 6, *ibid.*, qui servent à développer et à confirmer ce principe.

qu'elle ne retrace pas toujours des faits réellement arrivés, dans l'ordre de la loi; mais elle est nécessairement l'expression d'une vérité positive, puisque tous ses élémens sont pris dans l'ensemble des faits qui se renouvellent constamment parmi les hommes.

Ces observations s'appliquent au droit romain autrement qu'au droit français.

J'ai déjà eu occasion de dire que les textes dont se composent les Pandectes, par exemple, étaient des décisions rendues par les jurisconsultes sur des faits pour la plupart réellement arrivés. Il est clair que plus on se rapprochera de la position de ces faits, plus aussi on se rapprochera du véritable sens des décisions. Les commentateurs du droit romain nous fournissent deux moyens pour arriver à ce but :

1.° L'étude des intitulés [ou rubriques] de la loi, afin de savoir quel est le livre d'où elle a été extraite, et quel est l'auteur de la décision.

Par-là on connaîtra à-la-fois la secte à laquelle appartenait le jurisconsulte, les opinions qu'il affectait, le livre ou la collection d'où est extraite la décision, qui recevra souvent, en lui rendant sa place primitive, un sens qu'elle a perdu, lorsqu'on l'a fait passer dans les Pandectes (1).

Par-là encore disparaîtront une foule d'antinomies apparentes. Car Justinien, en déclarant que la collection qu'il publiait devait être réputée son ouvrage, et ne serait plus

---

(1) Russard. *in præfation. ante Corp. jur. edit. ab ipso.* Mercer. *in Conciliator.*, &c. &c. L'ouvrage du savant Labitte, intitulé *Indices juris*, est d'un merveilleux secours pour ce genre de travail.

considérée comme appartenant aux livres d'où elle était extraite, a seulement déclaré que c'était de lui que les décisions qu'elle renferme recevaient leur sanction, et que toutes seraient désormais revêtues d'une égale autorité; mais il n'a pas voulu par-là interdire la recherche du sens réel de chacune d'elles : or, le plus sûr moyen d'arriver à la connaissance de ce sens, est, sans contredit, l'étude de ces décisions dans le lieu même où, se trouvant liées à d'autres, et ne formant, pour ainsi dire, qu'un tout avec elles, elles en reçoivent l'interprétation la plus naturelle. Cette observation ne cesse d'être applicable que lorsqu'il est évident que Justinien a eu l'intention de changer la décision (1).

2.° *Le cas* ou *l'espèce* de la loi résultera encore du sens que présente la juste acception des mots qui l'énoncent, appliqué à des faits douteux et qui donnent lieu à une solution juridique; car la solution ayant été rendue sur des faits exposés, il est vraisemblable que les plus naturels et ceux qui s'adaptent le mieux à la solution, auront été les faits véritablement soumis.

CHAPITRE V.

PERLEGO, *ou Lecture du Texte.*

§. LXVI.

Il faut appliquer ici la plupart des réflexions que j'ai faites au §. XI. On doit avant tout s'assurer de la correction

(1) *Voyez* plusieurs exemples à l'appui de ces réflexions, dans Forster. *Interpr.* lib. II, cap. I, §. 4.

et de la pureté du texte : or, c'est une lecture attentive et réfléchie qui peut seule donner cette certitude. C'est en rapprochant ses diverses parties, en donnant aux mots l'acception qu'y a attachée son auteur, en se pénétrant de la nature de la matière et des circonstances au milieu desquelles a paru la loi, ou des faits généraux sur lesquels elle a statué ; enfin, c'est en conférant les manuscrits les plus authentiques et les plus estimés, lorsqu'il s'agit d'une législation ancienne, que l'on peut espérer d'interpréter avec justesse et avec fruit un texte de loi. Mais il convient de s'imposer des bornes, même dans cette recherche.

A combien de conjectures et d'hypothèses ne se sont pas livrés la plupart des interprètes du droit romain, pour rétablir ce qu'ils appelaient la vraie leçon des textes?

Haloander a tellement multiplié les corrections dans ses Pandectes, qu'on ne peut pas affirmer, dit Ménage (1), s'il n'a pas été plus nuisible qu'utile à la jurisprudence. Une foule de corrections ou de leçons adoptées par Cujas, ont été rejetées depuis lui. Rien de plus téméraire, en général, que les corrections de Noodt et du président Faber. Enfin les Godefroi, deux des plus judicieux génies qui aient éclairé la jurisprudence, ont laissé échapper peu de textes de droit romain sans offrir des conjectures nouvelles. D. Godefroi veut lire le commencement de la loi 12, §. *nihil*, *de acquirend. possess.*, autrement que ne le portent tous les textes. Au lieu de *nihil commune habet proprietas cum possessione*, ce qui offre un sens clair et

(1) *Jur. civ. amœnit.* 1677, p. 47.

parfaitement adapté au reste de la loi, il propose de lire avec la glose, *nonnihil &c.*, d'où résulterait un nouveau sens. Les interprètes ont généralement repoussé cette leçon, celle du texte n'étant combattue par aucune objection solide.

La conclusion que je tire de là, est qu'il faut sans doute exercer une critique judicieuse et sévère sur le texte à interpréter; mais qu'il est très-dangereux de s'abandonner sans guide et sans frein au délire des conjectures.

CHAPITRE VI.

DO CAUSAS, *ou Raisons de la Loi.*

§. LXVII.

Une des meilleures méthodes générales d'interprétation consiste à rechercher les raisons [ou motifs] de la loi. Les lois 20 et 21, ff. *de legib.*, sainement entendues, sont loin de s'opposer à l'emploi de cette méthode. *Non omnium quæ à majoribus constituta sunt, ratio reddi potest*, porte la première de ces lois, « On ne peut pas donner la » raison de toutes les lois établies par nos ancêtres. » Ce texte ne veut pas dire qu'il y ait des lois sans motifs, mais qu'il n'est pas toujours possible de connaître ces motifs. « Ce » n'est pas la loi qui est en défaut, disent Coraz, Connan, Duaren, &c. &c., c'est notre intelligence. » — « C'est de nous » que parle la loi 20, ff. *de legib.*, dit Alberic Gentilis, lect. 2, cap. 2, et non des lois. » Quant à la loi 21, qui défend de rechercher les raisons de la loi; parmi cette foule d'interprétations que lui donnent les docteurs, j'adopterai celle de Doneau, que j'ai rapportée plus bas (*Restriction de la loi résultant de l'équité*).

§. LXVIII.

La nécessité de rechercher les raisons de la loi étant reconnue, il faut admettre comme l'un des moyens les plus propres à vérifier et à faire connaître celles sur lesquelles elle se fonde réellement, les raisons de douter; c'est par la comparaison de celles-ci avec les raisons de décider, qu'on est assuré d'obtenir une interprétation exacte.

Les auteurs nous donnent quelques principes propres à nous diriger à cet égard.

1.° Dans l'incertitude entre les raisons de douter et les raisons de décider, il faut se prononcer pour les cas qui offrent le plus de doutes : car sans examiner, avec une foule de docteurs, s'il est de l'essence de la loi de statuer nécessairement sur des cas douteux, on peut tenir du moins pour constant ce qu'aucun d'eux ne conteste, que de plusieurs sens qu'offre une loi, celui qui résout le plus de doutes doit être préféré (1).

2.° La raison de douter et la raison de décider ont cela de commun, que l'une et l'autre sont générales, qu'elles sont également fondées sur des principes, des lois ou des règles de droit; mais elles diffèrent en ce que la raison de douter, quoique vraie en elle-même, est faussement appliquée, tandis que la raison de décider, vraie aussi,

(1) Abbas. C. *cùm in jure perit.* Forster. *Interpr.* lib. II, cap. I, §. 6.

reçoit une juste application. Voici un exemple tiré du *Traité des obligations* de Pothier, n.° 656 (article 1048, Cod. civ.), qui vient à l'appui de cette vérité : « On demande si le temps de la prescription qui a couru avant » l'ouverture de la substitution contre l'héritier, pour une » créance de la succession qui fait partie des biens compris » en la substitution, peut, après l'ouverture de la substitu- » tion, être imputé à ce substitué ? La raison de douter » est que ce substitué ne tient pas son droit aux biens » substitués, de celui qui était grevé de substitution à son » profit, et contre lequel le temps de la prescription a » couru. Néanmoins il faut décider que la prescription » commencée ou accomplie contre le grevé, a pareille- » ment effet contre lui ; car, quoique le substitué ne » tienne pas son droit du grevé, mais du testateur, cette » créance passe de la personne du grevé en celle du subs- » titué telle qu'elle se trouve, et par conséquent prescrite » en partie ou entièrement. Le grevé ayant été le vrai créan- » cier jusqu'à l'ouverture de la substitution, c'est contre lui » qu'a dû courir et qu'a couru véritablement le temps de la » prescription, &c. &c. »

L'objection était fondée en droit ; mais la raison de décider démontre qu'elle n'était pas applicable.

CHAPITRE VII.

CONNOTO, *Principes ou Axiomes remarquables.*

---

§. LXIX.

Une loi peut exprimer des principes généraux ou des

axiomes de législation dont l'analogie doit influer sur l'intelligence d'autres lois.

Ces axiomes résultent, ou des termes mêmes et de l'économie de la loi, ou de son esprit.

Par exemple, les termes de la loi 14, Cod. *de ss. eccles.*, expriment cette vérité fondamentale, qui doit s'appliquer à toute la législation, que « ce qui se fait contre » les lois doit être considéré comme non existant; » *Quæ contrà leges fiunt, pro infectis habenda sunt.* On trouve encore dans la loi 34, Cod. *de transact.*, la maxime qu'il n'y a pas de dol toutes les fois que celui contre lequel il s'exerce l'approuve : *Volenti dolus non infertur.*

L'axiome ou la règle peut résulter aussi de l'esprit de la loi. Par exemple, on fait résulter de la loi 12, *de acquir. possess.*, que la propriété et la possession sont complètement différentes; que celui qui a intenté l'action possessoire peut encore intenter l'action pétitoire; que celui qui a commencé par le pétitoire, n'a pas renoncé pour cela à *sa possession*, &c. &c.

CHAPITRE VIII.

OBJICIO, *ou Méthode par les objections.*

§. LXX.

Une des méthodes les plus généralement employées pour arriver à l'exacte connaissance du sens des lois, consiste à résoudre toutes les difficultés, à réfuter toutes les objections qui peuvent s'opposer au sens que l'on donne à la loi.

La première question que se fait l'interprète est celle-ci : Qu'a voulu le législateur? Après s'être assuré de cette volonté, qui est le sens de la loi, il doit se faire cette seconde question : Quelles objections raisonnables peut-on faire à l'admission de ce sens ?

Les contraires s'éclaircissent mutuellement, disent les auteurs (1): le premier devoir de l'interprète sera donc de rapprocher des termes de la loi et du sens qu'il en fera résulter, tout ce qui pourra leur être opposé comme directement contraire, ou même comme tendant à en combattre le sens d'une manière indirecte; car l'interprétation des lois est la recherche d'une vérité positive, et la sagesse de l'interprète consiste à lever tous les doutes directs et indirects qui s'opposent à la découverte de cette vérité.

Prenons pour exemple la loi 12, ff. *de acquir. possess.* déjà citée. Elle commence par énoncer la proposition que *celui qui a l'usufruit paraît posséder naturellement*; *naturaliter videtur possidere is, qui usumfructum habet.* Cette loi, qui est tirée du livre 70 sur l'Édit, et qui a pour auteur Ulpien, est d'accord, quant à ce principe, avec la fin de la loi *uti possidetis* ff. du même auteur (même livre) (2). Elle est aussi conforme à une loi de Papinien, 49 in principio ff. *de acquir. possess* (3). Mais Ulpien

---

(1) Aristot. 4 *Rhet.* Everhard. *in Topic. legal.* l. 79.

(2) *In summa*, dit Ulpien, *puto dicendum, et inter fructuarios hoc interdictum reddendum, etsi alter usumfructum, alter possessionem sibi defendat.... Idem erit probandum etsi ususfructûs defendat quis sibi possessionem, &c.*

(3) *Possessio quoque, per servum, cujus ususfructus meus est, ex re*

énonce un principe contraire en la loi 15, §. 1, ff. *qui satisdare cogunt* (1); savoir, que le simple usufruitier n'est pas possesseur; *eum verò qui tantùm usumfructum habet, possessorem non esse.* Le même Ulpien dit encore dans la loi 5, §. 1, ff. *ad exhibendum :* « Julien décide que ce- » lui qui possède pour conserver les objets (de l'hérédité) » ou les legs, est tenu de l'action *ad exhibendum*, ainsi » que celui qui possède à titre d'usufruit, *QUOIQUE* » *CERTAINEMENT CELUI-CI NE POSSÈDE PAS.* » *Julianus autem ità scribit :* ad exhibendum *actione teneri eum qui rerum vel legatorum servandorum causâ in possessione sit, sed et eum qui ususfructûs nomine rem teneat, quamvis nec is utique possideat.* Gaïus, l. 10, §. fin. ff. *de acquir. rer. domin.*, dit aussi que l'usufruitier ne peut pas acquérir un esclave par usucapion, *attendu qu'il ne possède pas, &c.* » *Ususfructuarius verò usucapere servum non potest, quia non possidet, &c. &c.*

Plusieurs autres textes expriment le même principe, qui est évidemment contraire à celui des premières lois rapportées, et notamment de la loi 12, ff. *de acquir. possess.* De là la grande question de savoir si en effet l'usufruitier possède ou non.

Plusieurs auteurs ont fait des distinctions : les uns sont convenus qu'il avait la possession naturelle ; mais ils ont

---

mea et operis servi adquiritur mihi, cùm et naturaliter à fructuario teneatur.

(1) Déjà Ulpien avait posé en principe (liv. 69) que celui-là seul qui possédait pouvait être poursuivi en vertu de l'édit possessoire (l. 3, §. *creditores*, 8, ff. *uti possidetis*.

nié qu'il eût la possession civile (1). D'autres ont dit qu'il possédait réellement, mais non par lui-même (2).

Ceux qui lui refusent toute espèce de possession (3), soutiennent que le mot *paraît [videtur]* de la loi 12, ci-dessus cité, n'est employé que pour désigner une manière quelconque de détenir une chose, et non la possession elle-même; que l'usufruitier est plutôt dans la possession de la chose dont il a l'usufruit, qu'il ne la possède réellement; qu'ici le mot *paraît* indique une espèce d'impropriété, comme il l'indique dans les lois 3 et seq. ff. *quib. caus. in possess. eat.* &c. &c.

Mais la plupart des jurisconsultes ont embrassé l'opinion contraire, qu'ils établissent sur les raisons suivantes :

Celui qui est dans la simple possession d'une chose sans la posséder réellement, ne peut pas intenter l'interdit possessoire (l. 3, §. 8, ff. *uti possidetis*); or, l'usufruitier peut intenter cet interdit (l. fin. ff. *uti possidet.*). Il peut intenter encore l'interdit *quod legatorum* (l. 1, §. 8, ff. *quod legat.*), et l'interdit *unde vi* (l. 3, §. 16 et seqq.), &c. &c. Il résulte d'ailleurs des termes de la loi 21, ff. *quemadm. servit. amitt.*, que l'usufruitier possède en son propre nom. *Usufructuarius licet nomine suo possideat, &c. &c.*, dit Paul, auteur de cette loi.

Donc l'usufruitier possède réellement, et en son propre nom, la chose dont il a l'usufruit.

---

(1) Forster. *Interpr.* lib. II, cap. I, §. 8.

(2) Cont. 1, disput. 9.

(3) Donell. lib. 5 *Comment.* cap. VI. — Cujas, lib. 9 *Observat.* cap. 33, &c.

Il est vrai que quelques docteurs ont prétendu que l'usufruitier ne possédait pas naturellement, parce qu'il ne possédait pas *animo domini;* mais on peut leur répondre que, quoiqu'il ne possède pas la chose même *animo domini*, il possède son droit propre *animo domini*, et par suite qu'il le possède civilement (l. 4, ff. *de usufruct.*). On sait d'ailleurs que l'usufruitier est considéré par la loi 10, au Code, *de usufructu*, sous deux rapports: 1.° sous celui du droit; 2.° sous celui de la chose (1). Partant de cette division, Lanfranc et Herm. Vulteius décident que la quasi-possession du droit de l'usufruitier est naturelle et civile; mais qu'il n'en est pas de même de la chose: tandis que d'autres, au rapport de Forster (*loc. cit.*), font résulter de cette loi, et spécialement des lois 21 et suiv. ff. *quemadm. servit. amitt.*, que l'usufruitier possède, en son propre nom, la chose elle-même.

Au milieu de cette variété d'opinions, en nous attachant à la distinction établie par la loi 10, au Code, *de usufruct.* et aux lois 21 et suiv. ff. *quemadm. servit. amitt.*, nous dirons que l'usufruitier possède naturellement et civilement son droit d'usufruit; qu'il possède aussi réellement, naturellement et en son propre nom, la chose dont il a l'usufruit.

Mais à la différence du propriétaire, qui possède *animo domini*, à titre de maître, l'usufruitier possède la chose en vue et par suite de son droit, *intuitu juris sui* (2).

(1) Voici le texte de cette loi: *Nemo ambigit possessionis duplicem esse rationem; aliam quæ jure consistit, aliam quæ corpore.*

(2 [illegible] 2, [illegible] 1, ff. *de noxal. action.*

En effet, considérée en elle-même, la possession du droit d'usufruit, de la part de l'usufruitier, ne diffère en rien de celle du propriétaire. Tous les textes et tous les auteurs attachent les mêmes effets à l'une et à l'autre. On n'aperçoit de différence que lorsqu'il s'agit de la possession *de la chose.* D'après les principes du droit, la chose n'étant pas celle de l'usufruitier, il est impossible de reconnaître dans le droit de l'usufruitier des effets aussi étendus que ceux du propriétaire; la possession de la chose entre ses mains devra donc être mesurée en quelque sorte par le droit même dont elle émane. Voilà pourquoi elle sera réelle, naturelle, au propre nom de l'usufruitier; mais non rigoureusement *civile,* puisqu'elle n'emporte pas avec elle l'idée de la propriété de la chose.

Au reste, cette solution servira à interpréter le passage même où Ulpien dit « que le simple usufruitier n'est » pas possesseur; » *eum qui tantùm usumfructum habet, possessorem non esse.* Quelle est l'hypothèse dans laquelle il donne son assertion? Il s'agit de savoir si l'usufruitier peut être contraint à fournir caution; et le jurisconsulte répond que l'usufruitier n'est pas un possesseur de chose immobilière, tel qu'il ne puisse pas être contraint à fournir caution, attendu qu'il peut facilement arriver que son usufruit soit cédé, ou finisse de toute autre manière: mais le jurisconsulte n'exclut pas, d'une manière générale et absolue, la qualité de possesseur dans la personne de l'usufruitier. Par la même raison et dans le même sens, on dourrait dire que le créancier possesseur d'un gage n'a pas la vraie possession de ce gage, car elle peut lui échapper de plusieurs manières ; cependant on ne niera pas que généralement il n'ait la véritable possession du gage ; cette vérité est établie par plusieurs textes (1).

Ainsi, il faut reconnaître qu'en principe l'usufruitier est un véritable possesseur, bien que sa possession ne soit pas, sous tous les rapports, la même que celle du propriétaire (2).

Enfin, on objecte la loi 1, §. 8, ff. *quod legator.*, qui porte que l'on ne possède ni l'usufruit ni l'usage, mais plutôt qu'on le tient; *nec ipse quidem ususfructus, nec usus possidetur, sed magis tenetur.* Il est bien facile de prouver que ce texte n'est pas en opposition avec le principe posé. On ne possède pas l'usufruit ni l'usage, dit ce texte, parce qu'aux termes des lois, les droits incorporels ne sont pas susceptibles de la possession proprement dite (3) ; leur existence est plutôt dans l'intelligence que dans la réalité des choses (4). On conçoit, par suite, une quasi-possession de ces droits, à l'imitation de la possession réelle, et qui en a les mêmes effets (5). Quant aux mots, *sed magis tenetur*, ils ne sont qu'une explication plus ou moins satisfaisante de la nature de la possession dont il s'agit. Il est évident pour moi qu'elle est incomplète ;

---

(1) L. 9, §. 2, l. 35, ff. *de pignor. action.*

(2) Je sais que M. de Savigny, jurisconsulte allemand, a émis des idées nouvelles sur la possession en droit romain; mais elles ne sont pas contraires à celles que j'expose ici relativement à l'usufruitier.

(3) L. 4, §. 27, ff. *de usucap.*

(4) *Cùm jura potiùs intelligantur quàm quid sint.* (Cicero, *in Topic.*

(5) L. 1, §. 1, ff. *de public. in rem action.*

mais du moins elle ne détruit pas la définition précédente, puisqu'elle ne paraît pas même la soupçonner ; et par la précédente, l'usufruitier est incontestablement possesseur.

Telle est la manière de résoudre des objections sérieuses proposées dans la vue de renverser l'interprétation donnée à une loi. Il est évident que plus elles auront de force réelle, et plus celui qui les aura résolues aura donné de solidité aux preuves par lesquelles il prétend établir son interprétation.

TITRE II.

MÉTHODES SPÉCIALES D'INTERPRÉTATION.

Principes généraux, Divisions.

§. LXXI.

Celui qui pense juste et qui s'exprime bien, dit précisément ce qu'il a voulu dire et ce qu'il a dû dire. Ainsi, dans une loi bien faite, ce que le législateur a dû dire, d'après les motifs qui servent de base à son précepte, doit être conforme à ce qu'il a dit en effet; comme aussi ce qu'il a dit (c'est-à-dire, les idées qu'expriment, aux yeux de la plus grande partie du peuple, les termes dont il s'est servi), doit être conforme à ce qu'il a réellement eu l'intention de dire.

Il peut arriver cependant que les termes qu'il a employés ne retracent pas exactement sa pensée.

1.° Soit parce qu'il n'a pas régulièrement déduit son précepte des motifs sur lesquels il repose;

2.° Soit parce qu'il a choisi, par erreur, des termes impropres pour exprimer ses idées;

3.° Soit parce que les termes dont il s'est servi retracent moins d'idées qu'il n'a voulu en exprimer;

4.° Soit parce qu'ils en retracent plus;

5.° Soit parce que son précepte est énoncé d'une manière équivoque ou ambiguë.

De cette différence entre l'expression et la pensée du législateur, résulte la différence des interprétations.

Celle qui aura pour objet le sens même des mots, s'appellera interprétation *grammaticale*.

Celle qui nous retracera la pensée du législateur, prendra le nom d'interprétation *logique;* elle se subdivisera en interprétation *d'après le but du législateur*, et interprétation *d'après le motif de la loi* (1).

L'interprétation qui nous fera connaître plus d'idées que les mots n'en expriment, s'appellera *extensive;* celle qui nous en fera connaître moins, *restrictive;* enfin la *déclative* sera celle qui aura pour but d'éclaircir la pensée du législateur.

§. LXXII.

L'interprétation grammaticale et l'interprétation logique étant admises, quelle est celle des deux qui, dans le doute, doit l'emporter?

(1) Thibaut, *Théorie de l'interprétation logique des lois*, §. 3.

Lorsqu'elles concourent pour nous retracer les mêmes objets, la solution est facile: le sens naturel des mots étant aussi la pensée de la loi, il suffit à l'esprit d'en obtenir la certitude (1). Mais lorsqu'elles ne concourent pas, quelle est celle des deux qui est obligatoire pour le juge? Il est évident que les mots ne font pas le droit; c'est la volonté du législateur; les mots ne servent qu'à la manifester: *Non enim lex est quod scriptum est, sed quod legislator voluit, quod judicio suo probavit et recepit.* L. *de quibus* ff. *de legibus.* Toutes les fois donc qu'il y aura une différence entre le sens des mots et la pensée du législateur, il faudra abandonner les mots, puisque ce n'est pas là qu'est le droit. De là l'obligation pour le juge de rechercher le vrai sens de la loi.

TITRE III.

INTERPRÉTATION LOGIQUE.

CHAPITRE I.er

Interprétation d'après le but du Législateur.

§. LXXIII.

J'ai dit (§. LXXI) que le législateur pouvait (soit par erreur, soit volontairement) ne pas déduire avec exactitude son précepte des motifs sur lesquels il repose, ou employer des termes impropres pour exprimer ses idées.

(1) *Voyez* plus bas, *Interprétation déclarative.*

Je dois, à cet égard, poser deux principes :

Le premier, que le législateur n'est pas présumé s'être écarté des procédés ordinaires et réguliers du raisonnement, ni de la propriété reconnue des termes. S'il en est autrement, cette exception doit être évidente et résulter de la loi elle-même ;

Le second, que si cette exception n'est pas démontrée, il faut admettre comme constant que la volonté du législateur a consacré la conséquence régulièrement déduite par tous les interprètes. Dans le cas contraire, il a consacré une conséquence fausse, qui sera néanmoins la loi, puisque c'est à elle que le législateur a attaché sa volonté.

§. LXXIV.

Je viens de dire que l'intention particulière du législateur devait résulter de la loi elle-même. Mon opinion est en cela conforme à celle de M. Thibaut (1). Ainsi l'on fera facilement résulter de l'ensemble de la loi dernière, au Code, *de legib.*, que Justinien n'a pas voulu interdire l'interprétation de doctrine; et de la fin de la loi 3, ff. *de confirm. tutor.*, que les tuteurs dont parle cette loi ne sont assimilés aux tuteurs testamentaires que sous le rapport de *la satisdation*. On fera pareillement résulter l'intention particulière du législateur, d'une loi postérieure qui, par son énoncé, expliquera implicitement une loi antérieure (2).

(1) *Théorie de l'interprétation logique*, §. 12.

(2) C'est l'interprétation par le parallélisme. Selon Eckard, il faut distinguer l'interprétation *par le parallélisme*, de l'interprétation *par*

Mais M. Thibaut enseigne (1) que, dans certains cas, elle peut aussi résulter des maximes générales de la législation. Sans blâmer cette proposition au fond, je ne puis approuver la forme sous laquelle elle est énoncée. Je ne saurais concevoir que l'intention particulière du législateur soit manifestée par les maximes générales de la législation. Ces maximes sont la règle présumée de sa volonté. Or, toutes les fois qu'elles servent à l'interpréter, que ce soit par induction ou autrement, elles consacrent nécessairement un motif d'ordre général ou de bien public, qui est la volonté principale du législateur; l'autre partie de sa volonté, explicite ou non, ne peut être considérée que comme accessoire.

CHAPITRE II.

Interprétation d'après les motifs de la Loi.

Observations préliminaires, Divisions.

§. LXXV.

Supposons maintenant ce que j'admets comme règle générale, que le législateur a raisonné juste, qu'il a choisi

---

analogie: la première a lieu lorsqu'on explique une loi ou une disposition de loi par les termes d'une autre loi; peu importe la différence des lieux où elles se trouvent, pourvu que la volonté du législateur soit la même. (Eckard, *Hermen. jur.* §. XV; Grotius, *de Jure bell. et pac.* lib. II, cap. 16, §. 7.) L'interprétation par analogie, au contraire, consiste à expliquer les lois d'après l'analogie des motifs, des doctrines ou de certains principes généraux qui les unissent. (Eckard. *ibid.* §. 30.)

(1) *Théorie de l'interprétation logique*, §. 12.

des termes propres pour exprimer ses idées, mais que ces termes étant insuffisans pour les rendre toutes (car, disent les lois, il y a plus de choses que de mots) (1); il y a lieu à rechercher la partie de sa pensée qui excède les termes, puisqu'elle n'est pas moins la loi (2) que celle qui se trouve exactement rendue par eux. Ce sera l'objet de l'interprétation *extensive* (§. LXXI).

I.re PARTIE.

De l'Interprétation extensive.

---

§. LXXVI.

J'exposerai d'abord à quels signes on reconnaît qu'il y a lieu à étendre les mots; j'examinerai ensuite quelles matières sont susceptibles de cette extension.

I.re SECTION.

Caractère de l'interprétation extensive.

---

§. LXXVII.

Avant tout il importe d'assigner un caractère à l'interprétatation extensive. Elle est du droit des gens, selon Barthol. Cœpolla (3); mais ses espèces sont du droit civil.

---

(1) L. *natura*, ff. *de prescrip. verb.* — L. *ratum*, ff, *de solut.*

(2) L. *de quibus*, ff. *de legib.*; l. *non dubium est*, eod. tit. C. — Hug. Donell. *Comm. jur. civ.* cap. XIV.

(3) *Tractat. de interpr. jur. extens.* cap. 5.

Cette pensée, juste au fond, a besoin d'une courte explication. L'interprétation extensive est autorisée par le droit des gens, parce que tous les législateurs de la terre ont besoin d'employer les mots pour exprimer leurs idées, et que les mots étant insuffisans, on est toujours obligé de rechercher la volonté obligatoire du législateur dans le sens qu'emportent virtuellement les mots, et par conséquent dans leur extension. Mais elle est de droit civil, en ce sens que l'extension aura toujours lieu conformément à la législation positive de chaque pays.

Signes auxquels on reconnaît qu'il y a lieu à étendre les mots.

§. LXXVIII.

L'interprétation extensive résulte ou de la *simple logique*, ou des *motifs mêmes* de la loi.

I.re SUBDIVISION.

Extension logique.

§. LXXIX.

1.° Une chose est virtuellement comprise dans une autre, et par suite l'extension a lieu, lorsqu'elle entre essentiellement dans sa définition; car la définition est l'image abrégée d'une chose avec toutes ses propriétés (1). Ainsi,

(1) Bald. l. 1, in principio, ff. *de just et jur.*

lorsque nous énonçons que la stipulation (en droit romain) a eu lieu, nous comprenons à l'instant que toutes les conditions requises pour sa perfection (la demande, la réponse, le consentement formel) ont été remplies; ainsi, dans le droit français, lorsque nous énonçons qu'un testament a donné ouverture à des droits, nous entendons sur-le-champ un testament tel qu'il est autorisé par les lois françaises, authentique, mystique ou olographe, &c. (1).

§. LXXX.

2.° Une chose est virtuellement comprise dans une autre, et par suite l'extension a lieu, lorsqu'elle fait partie de cette même chose. Car la loi qui statue sur le tout, statue nécessairement sur la partie. Ainsi, la loi romaine qui permettait aux Romains de faire un testament, leur permettait, par conséquent, d'instituer un héritier, d'exhéréder, de conférer des tuteurs, de faire des legs, &c. Le droit de propriété emporte le droit d'usufruit, d'usage, celui de vendre la chose, de la louer, de l'engager. La disposition de l'article 545 du Code civil, qui statue dans des vues d'intérêt public sur la propriété particulière, statue nécessairement aussi sur toutes les parties de la propriété telles que nous venons de les déduire, &c. &c.

Il convient d'établir ici quelques distinctions.

On peut envisager les parties d'un même tout de quatre manières différentes :

---

(1) Je parle des testamens faits d'après les règles du droit civil ordinaire.

1.° Il peut être divisé en espèces. Ainsi la tutelle se divise en *légitime*, *testamentaire*, *dative*, &c. &c.

2.° Il peut être divisé en parties substantielles. Dans ce cas, l'absence de l'une de ces parties ôte son existence au tout. Par exemple, les parties substantielles d'une maison sont les fondemens, les murs, le toit, &c. &c.; celles d'un fonds de terre sont le droit de propriété, l'usufruit; celles de la vente, le consentement, la chose, le prix. Supprimez l'une de ces parties, et le tout cesse d'exister.

3.° Il peut être divisé en parties aliquotes. Dans ce cas, l'absence de l'une des parties ne détruit pas le tout. Il subsiste encore, mais dans une moins grande quantité. L. *locus*, ff. *de verbor. signif.* Article 1010, Cod. civ.

4.° Il peut être divisé en parties principales et parties accessoires: par exemple, lorsqu'une maison est divisée en parties principales, *les murs*, *le toit*, &c. &c., et en parties accessoires, le chemin pour y arriver, les cours, le jardin, les parquets, &c. &c.

§. LXXXI.

3.° Une chose est virtuellement comprise dans une autre, et par suite l'extension a lieu, lorsqu'elle est de la nature même de cette chose; car toutes les choses qui peuvent être considérées comme étant de la nature d'une autre, sont nécessairement comprises dans la dénomination même de cette chose. Ainsi, celui qui s'est engagé à vendre une propriété, s'est engagé à garantir l'acquéreur des évictions de droit; car cette espèce de garantie est de la nature du contrat de vente (1). Celui qui allègue la prescription par dix et vingt ans, est censé dire aussitôt qu'il a un titre, se fonder sur la bonne foi, &c. &c. (2), et il ne serait pas admis à se prévaloir plus tard de ces conditions (3) pour appuyer sa demande, &c.

§. LXXXII.

4.° Une chose est virtuellement comprise dans une autre, et par suite l'extension a lieu, lorsque son existence est présumée par la loi ou la coutume. Ainsi la fameuse clause, *si preces veritate nitantur*, était toujours censée écrite dans les rescrits; et ils n'étaient accordés par les empereurs et par les papes, que sous cette condition. La disposition des rescrits s'étendait donc à cette condition. Ainsi lorsque les tribunaux statuent sur une contestation, c'est sur la présomption légale que tous les élémens de la contestation sont réguliers; sans quoi, il y a ouverture à requête civile, et leur décision reste sans effet.

§. LXXXIII.

5.° Une chose est virtuellement comprise dans une autre, et par suite l'extension a lieu, lorsqu'elle est une émanation naturelle et non fictive de cette chose (4); car

(1) Cependant, comme elle n'est que de la *nature* et non de l'*essence* du contrat de vente, elle pourrait, par l'effet d'une stipulation particulière, ne pas faire partie du contrat, sans que le contrat cessât d'exister. Pothier, *Traité des obligat.* n.° 7; et art. 1027, Cod. civ.

(2) Art. 2265 du Code civil.

(3) Leur non-existence une fois constatée.

(4) Steph. de Feder. *de Leg. interpr.* part. 1, n.° 37.

la loi statuant sur une chose comme principe ou origine, statue nécessairement sur tout ce qui dérive de cette chose.

Ainsi, la loi qui reconnaît le droit de propriété d'un arbre, reconnaît virtuellement le droit de propriété des petits arbres qui se renouvellent de lui (1).

Les femmes n'étant pas admises autrefois à succéder aux biens d'une certaine nature (par exemple, les fiefs mâles), leurs enfans en étaient également exclus.

L'enfant naturel légalement reconnu, n'étant appelé à recueillir, dans la succession de son père, en cas de concours avec les enfans légitimes, que le tiers de la portion qu'il aurait eue s'il eût été légitime (art. 757, Cod. civ.), son fils légitime ne pourra pas prétendre plus de droits que lui dans cette succession.

L'indigne étant privé de la succession de son père (art. 727, Cod. civ.), est privé par conséquent, et par suite de l'extension de la loi, du droit d'attaquer le testament de son père, et de se prévaloir des actions qui en découlent.

Une loi qui déroge au droit commun ne peut pas être interprétée conformément au droit commun; car le droit commun étant corrigé dans son principal (la disposition), est aussi corrigé dans sa conséquence (l'interprétation).

Mais j'ai dit que, pour que l'extension eût lieu, il fallait que la chose à laquelle on l'applique découlât de l'autre naturellement et non fictivement. Ainsi les condamnations intervenues contre un contumax n'ont pas le même effet

---

(1) L. *obligationum ferè*, §. *placet*, ff. *de action. et oblig.*

que les condamnations contradictoires, parce que le contumax n'est que fictivement coupable ; et tandis que celles-ci sont définitives et amènent directement à la condamnation ou à l'absolution, les autres n'ont pour résultat que de remettre le prévenu sous la main de la justice, avec tous les élémens du procès (art. 29, Cod. civ.).

§. LXXXIV.

6.° Une chose est virtuellement comprise dans une autre, et par suite l'extension a lieu, lorsque cette chose est le moyen direct ou détourné qui conduit à l'autre.

Ainsi la loi qui prohibe un fait quelconque, prohibe en même temps les moyens qui conduisent à l'accomplissement de ce fait (1). D'où il suit que, quelque détournés, quelque frauduleux que soient ces moyens, ils n'en sont pas moins compris dans sa disposition (2).

Ainsi la loi qui déclare révocables les donations entre époux pendant le mariage (art. 1096 du Cod. civ.), doit s'entendre non-seulement des donations, mais encore des ventes, échanges, transactions et autres actes qui tendraient au même but.

Relativement à ces moyens de fraude et de circonvention, on peut faire les distinctions suivantes :

Ils résultent, 1.° des choses.

---

(1) L. *non dubium*, Cod. *de legib.* — *Jur. pontif.* C. *cùm quid una de reg. jur.*

(2) La fraude et la circonvention consistent en ce que, tout en respectant les termes de la loi, on viole son esprit; ce qui est violer la loi elle-même. Donell., cap. 14, §. 5, *Comm. jur. civ.*

« On demande si le sénatusconsulte macédonien doit » s'entendre seulement *de l'argent prêté en espèces?* Si » l'on a usé de fraude envers la loi, dit le jurisconsulte, si » l'on a prêté du blé, du vin, de l'huile, &c., pour que » le fils de famille vendît ces denrées et en retirât de l'ar- » gent, il y a lieu à appliquer la loi (l. 7, ff. *de senat.* » *macedon.*) (1). »

2.° Des personnes.

Par exemple lorsque, par le moyen de personnes interposées, on dispose au profit de personnes incapables de recevoir (art. 911, Cod. civ.).

3.° Des actes.

Par exemple, lorsqu'on déguise une donation sous la forme de vente, échange, &c., ou réciproquement (2).

4.° Du changement de nom ou de qualité.

Comme lorsqu'on se donne un nom ou des qualités qu'on n'a pas, ou lorsqu'on les donne à autrui, dans des vues de fraude.

5.° Du changement de quantité.

Par exemple, une loi décide que les prêteurs ne pourront pas stipuler de clause pénale en cas de retard de paiement. Un emprunteur qui aura reçu 60 francs pour une année, se reconnaîtra débiteur de 100, à condition que, s'il a payé les 60 francs dans l'année, il sera quitte

(1) *Voyez* d'autres exemples dans les lois 3, §. 3, ff. *de senatuscons. maced.* et 1, ff. *de calumniator.*

(2) *Voyez* les not. de Bart. in l. *quod servus*, ff. *de stipul. servor.*

du surplus. Il est évident que ce surplus est la peine imposée par le prêteur (1).

6.° Du mode.

La loi 61 ff. décide qu'une stipulation conçue en ces termes, « *Si vous ne m'instituez pas votre héritier, » promettez de me donner une somme de. . . »*, est nulle comme contraire aux bonnes mœurs. Quelque forme que l'on donne à cette stipulation, qu'elle soit sous condition, sous une peine, pour un temps, &c. &c., elle sera nulle dans tous les cas.

Les docteurs apportent pour exceptions à cette règle,

1.° Le cas où la loi serait injuste ou déraisonnable (2);

2.° Le cas où l'on ne chercherait pas à éluder la loi, mais où, se proposant un but permis, l'inexécution de la loi aurait incidemment lieu. Par exemple, la loi municipale défend, sous une certaine peine, à qui que ce soit, d'acheter plus de blé qu'il ne lui en faut pour son usage; un habitant en achète pour sa consommation présumée pendant un an; bientôt des événemens imprévus le forcent de quitter la ville : on demande s'il a encouru la peine? Il faut répondre que non, parce qu'il n'a pas eu en vue d'éluder la loi, et que ce n'est qu'incidemment qu'elle n'a pas été exécutée. *Nemo enim dicitur in fraudem facere, qui beneficio legis uti vult.*

(1) Ces variations sur la quantité sont le vaste champ sur lequel s'exercent les nombreuses combinaisons de l'usure. *Voyez* Bald. *in* l. 1 C. *de his qui pœnæ nom.*

(2) L. 1, C. *de caduc. tollend.* — Steph. de Feder. *de Interpr. leg.* part. 1, n.° 47.

§. LXXXV.

7.° Une chose est virtuellement comprise dans une autre, et par suite l'extension a lieu,

1.° Lorsque, dans la disposition de la loi, elle est l'antécédent nécessaire et immédiat de l'autre. Ainsi la loi qui me défend d'usurper le champ de mon voisin, suppose comme accessoire nécessaire le droit qu'il a de m'en empêcher; la loi qui annulle un fait ou un acte, déclare évidemment par-là qu'elle le prohibe.

2.° Lorsque cette chose est considérée comme antécédent préparatoire, direct et nécessaire d'une autre. Ainsi l'aliénation d'un fonds suppose l'aliénation du chemin qui y conduit; le mariage suppose le consentement, la célébration, &c. &c.; la propriété suppose les titres qui l'établissent, &c.; la loi qui me permet de me défendre, me permet d'employer les armes nécessaires à cette fin, &c. Tous ces antécédens, n'ayant aucune force par eux-mêmes, n'existent que comme accessoires d'un objet principal : or, la loi statuant sur le principal, statue nécessairement sur l'accessoire. Ainsi la loi qui interdit à un homme la preuve d'un fait, lui refuse par conséquent tous les avantages qui pouvaient résulter de cette preuve; la loi qui prohibe le mariage à un certain degré ou entre certaines personnes, prohibe nécessairement les publications et autres actes préparatoires et essentiels à la célébration du mariage, &c. &c.; la loi qui défend aux mineurs d'aliéner, leur défend par-là tous les actes qui amènent à l'aliénation, &c. &c.

3.° Lorsqu'elle est la conséquence immédiate et nécessaire de cette chose, et que celle-ci ne peut subsister sans l'autre. Ainsi, le pouvoir de conclure un traité entraîne, comme conséquence nécessaire, celui de stipuler une peine pour le cas d'inobservation; la loi qui m'accorde un droit, m'accorde nécessairement l'action qui en découle; celui qui n'a pas la capacité de contracter, n'a pas celle de ratifier ou de faire valoir le contrat par des aveux (1).

§. LXXXVI.

8.° En général, une chose est virtuellement comprise dans une autre, et par suite l'extension a lieu, lorsque cette chose peut être considérée comme l'accessoire de l'autre; car l'accessoire ne pouvant pas subsister sans le principal, il est évident que les dispositions de la loi s'étendront aussi à l'accessoire. C'est le cas de la maxime : *Accessorium sequitur causam naturæ rei principalis.*

Mais une chose est l'accessoire d'une autre de différentes manières :

1.° Comme émanation de celle qui lui sert de principe ou de source (n.° 5);

2.° Comme antécédent préparatoire (n.° 7);

3.° Comme accessoire de parties substantielles (n.° 2);

4.° Comme chose ajoutée à une autre dans le même but que la première. Ainsi les intérêts sont les accessoires de la somme principale, &c. &c.;

5.° Comme incident dans une question principale. Par

---

(1) L. *cùm quis*, Cod. *de decu.* lib. II.

exemple, un individu réclame la succession de son père; son adversaire prétend qu'il n'est pas le fils de celui dont il réclame la succession : question *préjudicielle* sur la qualité du demandeur, *incidente* et *accessoire* à la question principale. La demande en garantie est incidente et accessoire à la demande principale. De là la nécessité de la faire juger par le tribunal saisi de la demande principale (art. 181 du Cod. de proc.).

La connexité qui existe entre deux demandes, rend souvent l'une accessoire de l'autre; et c'est aussi au tribunal devant lequel est pendante la demande principale, que doit être jugée la demande accessoire (art. 171 du Cod. de proc.);

6.° Comme suite ou dépendance d'une précédente. Ainsi l'acceptation de la succession entraîne, comme conséquence, l'obligation de payer les créanciers, les legs, &c. Les biens sont un accessoire de la personne; la caution est accessoire du principal obligé; l'hypothèque, de l'obligation, &c. &c. &c.

7.° Enfin une chose est accessoire d'une autre comme tacitement renfermée dans celle-ci. La substitution vulgaire, dans le droit romain, était tacitement comprise, comme accessoire, dans la substitution pupillaire. La donation faite aux enfans à naître du mariage, est, aux termes du Code civil (art. 1082), tacitement comprise, comme accessoire, dans celle faite à leurs père et mère.

§. LXXXVII.

9.° Une chose est virtuellement comprise dans une

autre, et par suite l'extension a lieu, lorsqu'elle est subrogée à la première.

Une chose est dite subrogée à une autre de plusieurs manières :

1.° Par forme de *supplément*. Ainsi, dans le droit romain, l'action utile avait lieu dans plusieurs cas où l'action directe n'était pas admise, et suppléait celle-ci.

2.° Par forme de *remplacement*. Par exemple, celui qui, dans l'un des cas prévus par l'article 1251 du Code civil, paie la dette d'un autre, est subrogé de plein droit aux lieu et place du créancier.

3.° Par forme de *cumul*. Par exemple, il résulte du principe de la solidarité, que le créancier d'une obligation contractée à ce titre, peut s'adresser à celui des débiteurs qu'il veut choisir (art. 1203 du Cod. civ.) (1). Il en est de même d'une lettre de change protestée, ou d'un billet à ordre causé pour opération de commerce, change, &c. et protesté : le porteur a son recours vis-à-vis du tireur ou des endosseurs, à son gré (art. 140, 164 et 187 du Cod. de comm.). Enfin, aux termes de l'article 1681 du Code civil, l'acquéreur a deux manières (qui peuvent être considérées comme subrogées l'une à l'autre) d'exécuter

---

(1) On remarquera que je cite indistinctement les lois romaines ou le Code civil à l'appui de mes principes. Cependant je dois avertir que lorsque je cite le Code civil ou d'autres lois en vigueur, il ne résulte pas toujours de là que les lois romaines renferment les mêmes décisions. Lorsqu'au contraire je cite les lois romaines, leurs dispositions sont habituellement consacrées par les codes; seulement elles s'y trouvent moins développées.

le jugement ou l'arrêt qui prononce la rescision de la vente.

4.° Par forme de *prorogation* ou de *renouvellement.* Lorsqu'à l'expiration d'un bail écrit, par exemple, le preneur reste et est laissé en possession, le bail est renouvelé (art. 1738 du Cod. civ.) : c'est la tacite récon-duction.

5.° Par forme de *translation.* Lorsqu'une chose est convertie en une autre; ou lorsque ce qui subsiste sous une forme est reproduit sous une autre. Dans le premier cas, la maxime, *subrogatum sapit naturam subrogati*, a lieu en ce sens, que la chose subrogée remplace entièrement la première, quant à l'effet seulement (1). Dans le second cas, la même maxime s'applique en ce sens, que la subrogation est entière, quant à la nature même des choses, mais non quant à leurs qualités accidentelles. Ainsi, en matière d'obligation, il n'y aura pas de subrogation quant aux clauses pénales, aux intérêts, aux cautions (2), &c.

§. LXXXVIII.

10.° Une chose est virtuellement comprise dans une autre, et par conséquent l'extension a lieu, lorsqu'elle est attachée à cette chose et la suit comme sa dépendance. Ainsi, dans le droit romain, les modifications apportées au droit de disposer par testament, soit qu'on accordât ce

(1) L. 1, §. *hæc actio*, ff. *si quis liber*, &c.

(2) L. *emptione* et l. *novat.* ff. *de novation.*

droit à plus de personnes, soit qu'on l'accordât à moins, s'appliquaient également à celui de déférer la tutelle, puisque ce droit était comme une annexe du premier (1). Quoiqu'un frère, dans le droit romain, ne pût être contraint à déposer contre son frère; lorsqu'il déposait en sa faveur, on pouvait l'obliger à déposer contre (2). L'indivisibilité de l'aveu, en matière civile, tient à cette règle. Si vous recueillez mon aveu dans la partie qui tend à m'obliger, vous devez le recueillir dans la partie qui tend à me libérer. Celui qui promet une chose purement et simplement, est censé avoir stipulé en sa faveur le temps nécessaire et le lieu propre à l'exécution de l'engagement; car ce sont des dépendances naturelles de l'obligation (3).

§. LXXXIX.

11.° Une chose est virtuellement comprise dans une autre, et par suite l'extension a lieu, lorsqu'elle s'adapte ou s'unit à l'autre, de manière à ne faire qu'une seule et même chose avec elle; car deux choses ainsi unies ne peuvent pas être régies par des droits différens.

Ainsi l'accroissement par alluvion formant un seul tout avec la chose principale, sera compris dans les dispositions de la loi relatives à cette chose (4). Une pierre précieuse formant, par le droit d'accession, un seul tout avec l'objet

---

(1) Bartol. *in* leg. 3, principio, ff. *de leg. tut.*

(2) Gloss. et Doctor. in C. *cùm nuncius* et in C. *fraternitatis*, *de testibus*, Cod.

(3) L. *si mihi et tibi*, ff. *de legat.* 1.

(4) L. *si ergo*, ff. *de public.* &c.

principal auquel elle est unie, est régie par les mêmes droits que cet objet (1).

§. XC.

12.° Une chose est virtuellement comprise dans une autre, et par suite l'extension a lieu, toutes les fois que l'une se mesure sur l'autre, soit dans des proportions égales, soit dans des proportions inégales, et que ce qui se trouve statué à l'égard de l'une l'est nécessairement à l'égard de l'autre (2). Ainsi, dans le droit romain, la loi qui changeait l'époque à laquelle les Romains pouvaient tester, changeait implicitement celle à laquelle ils pouvaient faire des codicilles. La loi qui étend ou restreint les démarcations territoriales d'une juridiction, étend ou restreint nécessairement la juridiction elle-même (3). On décide, dans le droit canonique, que si la loi nouvelle considère comme première église une église qui ne l'était pas, celle qui l'était déjà devient la seconde, la seconde devient la troisième, et ainsi de suite (4).

Cependant les docteurs apportent quelques conditions à l'application de cette règle.

La première est que les deux choses s'adaptent entre elles, par leur propre nature et d'une manière convenable. Ainsi l'adoption faite par une femme, dans le droit romain, ne lui aurait pas conféré la puissance paternelle, parce qu'elle n'était pas capable de ce droit (5).

---

(1) L. *gemma*, ff. *ad exhibendum*.

(2) L. 1, ff. *de legat.* 1.

(3) L. *fin.* ff. *de jurisd.*

(4) Everhard. *Loc. argum. leg.* 79, n.° 34.

(5) L. 1, §. *lex*, ff. *ad leg. Falcid.*, et Bartol. ad hanc. leg.

La seconde, que la loi nouvelle ne dise pas expressément que sa disposition ne s'étend pas à la chose comprise dans celle sur laquelle elle statue (1).

La troisième, que la loi nouvelle soit une loi de droit commun, et non une loi particulière, exceptionnelle et exorbitante du droit commun. Par exemple, la loi attache la peine d'infamie à certains crimes : quoique le contumax prévenu de ces crimes soit réputé coupable, la peine d'infamie ne l'atteindra pas (2).

La quatrième, qu'il n'y ait pas d'absurdité à étendre la disposition de la loi à la chose qui est censée comprise dans la première. Ainsi, la loi qui répute père de famille le fils de famille exerçant des fonctions publiques, ne pourrait pas être entendue en ce sens, qu'il fût entièrement assimilé au véritable père de famille; car il serait à-la-fois *sui juris* (pour les affaires publiques), et *alieni juris* (pour les affaires privées), ce qui serait absurde (3). De plus, le fils de famille, dans ce cas, est bien père de famille quant *au droit* déterminé par la loi; mais il serait absurde de dire qu'il est père de famille *quant au fait* d'où résulte véritablement cette qualité.

§. XCXI.

13.° Une chose est virtuellement comprise dans une autre, et par suite l'extension a lieu, lorsqu'elle est sa cor-

(1) L. *ædiles*, §. *loquuntur*, et l. *doli clausula*, ff. *de verb. oblig.* &c.
(2) L. *infamem*, ff. *de public. judic.*
(3) L. *quæritur*, ff. *de statu homin.*
(4) L. *bello*, §. *facti*, ff. *de capt. et postlim. rever.*

relative. Ainsi, la loi qui défend de vendre une chose, défend par-là de l'acheter (1) ; celle qui défend de la louer, défend en même temps de la prendre à loyer ; celle qui défend d'enseigner la magie, défend aussi de l'apprendre. Cependant cette règle n'a lieu que lorsqu'elle s'applique aux actes ou aux choses ; il en serait autrement si elle s'appliquait aux personnes (2).

§. XCII.

14.° Une chose est virtuellement comprise dans une autre, et l'extension a lieu, lorsqu'elle est la contraire de cette chose d'une manière absolue ou avec réciprocité (3). La loi qui ordonne de tenir ses engagemens, défend de les violer ; celui qui affirme que le jour existe, affirme en même temps que la nuit n'existe pas. La proposition réciproque ou contraire sera vraie, parce qu'il n'y a pas d'intermédiaire entre la première et la seconde ; mais cette règle n'aurait pas lieu dans le cas où l'on ne pourrait pas établir la proposition réciproque. Par exemple, si l'on affirme qu'une chose est noire, on affirme par-là qu'elle n'est pas blanche : mais la réciproque ne serait pas vraie, parce que les deux propositions admettent des intermédiaires ; car de ce qu'elle n'est pas blanche, il ne s'ensuit pas qu'elle

---

(1) L. 1, C. *de cupress.* lib. 11. — et Bartol. *in* Leg. final. ff. *de accept.*

(2) Gloss. *in* leg. 1, C. *de serv. comm.*

(3) Un contraire, dit Aristote, 5. *Etich. ad Nicom.*, nous fait connaître, même malgré nous, l'autre contraire. — Les contraires, selon Cicéron, lib. 2 et 5 *Tuscul.*, sont la conséquence nécessaire l'un de l'autre.

soit noire, &c. Il suit de là que la concession de l'usage entraîne la défense de l'abus (1), la concession de l'administration des biens entraîne la défense de la dissipation (2). Pareillement, si la loi accorde à une personne identiquement la même chose qu'elle avait déjà accordée à une autre, elle l'enlève nécessairement à cette dernière (3).

§. XCIII.

15.° Une chose est virtuellement comprise dans une autre, et par suite l'extension a lieu, lorsqu'elle est censée répétée ou sous-entendue dans une autre.

A cet égard on distingue : ou il s'agit d'une loi qui a plusieurs chapitres, ou il s'agit de plusieurs lois séparées.

Dans le premier cas, on distingue encore : s'il s'agit de l'exposé du fait, ces derniers chapitres, présentés dans des divisions différentes, ne sont pas censés répétés dans les suivans. L. *prætor.* §. *eritque*, ff. *vi bonor. rapt.* S'ils sont présentés dans une seule division, ils sont censés répétés. L. 1, in principio.

Ou il s'agit du point de droit, et alors ils sont censés répétés dans les suivans (4).

Cette dernière règle admet néanmoins deux exceptions :

---

(1) L. *qui sine*, ff. *de negot. gest.* &c.

(2) L. *si cùm dotem*, §. *si non*, ff. *solut. matrim.*

(3) L. *quod in rerum*, *de legat.* 1. L. *fin.* C. *de verb. sign.*

(4) L. *quemadmodum*, in fin. ff. *ad leg. Aquil.*

La première, dans le cas où les antécédens se trouvent contraires au droit commun (1);

La seconde, lorsque ces chapitres sont séparés par d'autres, et ne sont pas censés répétés.

Dans le second cas, lorsqu'il s'agit de plusieurs lois séparées, la répétition n'est pas censée avoir lieu, à moins, 1.° qu'il n'y eût injustice à l'exclure; 2.° que la première loi n'exprimât la règle, la seconde un cas singulier; 3.° que l'une ne servît à interpréter l'autre.

Quant au principe que nous avons posé, savoir, que les termes d'une loi sont susceptibles de plusieurs sortes d'extensions, il faut excepter le cas où la loi serait formellement contraire à la raison : par exemple, celle qui encouragerait au crime.

§. XCIV.

16.° Enfin on peut faire résulter l'extension d'une ou de plusieurs parties de la loi à de certaines personnes ou à de certaines choses non exprimées; par exemple, lorsque la loi pose une définition générale, qui précède ou suit une espèce donnée uniquement comme exemple. Dans ce cas, il faut considérer toutes les parties de la loi pour appliquer son dispositif, qui est la définition, aux choses sous-entendues. De là la règle de droit : *Incivile est, nisi totâ lege perspectâ, unâ aliquâ particulâ ejus propositâ judicare, vel respondere.* (L. 24, ff. *de legib.*)

(1) *Argum. leg. uxor. de legat.* 3.°

II.e SUBDIVISION.

Extension résultant des Motifs de la loi.

§. XCV.

M. Thibaut examine la question de savoir si l'on peut faire usage de l'histoire pour découvrir le motif de la loi (1). Après avoir rapporté plusieurs auteurs qui ont raisonné pour et contre, et s'être mis lui-même du nombre, il finit par s'en tenir à ce principe, que l'histoire ne saurait être consultée que dans deux cas : le premier, *lorsque le législateur a fait un devoir au jurisconsulte d'y recourir;* le second, *lorsqu'il résulte du contenu même de la loi, que l'interprète doit consulter l'histoire pour saisir et développer toutes les dispositions de la loi;* et il cite à l'appui de son principe les lois 20 et 21, ff. *de legib.* Il ajoute cependant que *toute l'interprétation grammaticale repose uniquement sur l'histoire de la loi.*

M. Thibaut me paraît avoir posé ici le véritable principe, savoir, que l'interprète ne doit recourir à l'histoire *que lorsque cela résulte de la loi elle-même.* Ce sera donc dans ce sens que j'admettrai celui d'Eckard (2), qui reconnaît aussi l'histoire comme source légale.

Cet auteur admet comme sources directes de la loi, et par conséquent comme motifs nécessaires, 1.° les occasions qui lui ont donné naissance, 2.° la constitution politique

(1) *Théorie de l'interprétation des lois*, §. 9.

(2) Eckard. *Hermeneut. jur.* lib. 1, c. 1.°, §. 34.

de l'état, 3.° les mœurs du peuple, 4.° l'importance des circonstances au milieu desquelles elle a été rendue. Or, qui peut faire connaître tous ces élémens générateurs de la loi, si ce n'est l'histoire ?

Après avoir admis ce principe, examinons comment le dispositif de la loi sera susceptible d'extension d'après son motif. Nulle part, dit Thibaut, on ne rencontre plus de contradictions entre la pratique et la théorie ; et la cause de ces contradictions vient, selon lui, du défaut de détermination précise *du motif de la loi*, opposé *au motif légal de décision*. Il peut arriver, en effet, qu'un souverain érige en lois des préceptes ou des principes qui jusque-là *n'avaient pas reçu force de loi ;* comme il peut arriver que ces préceptes ou principes soient déjà des lois, et qu'ils se trouvent énonciativement rappelés dans la loi nouvelle. Dans le premier cas, les simples préceptes, convertis en lois par le législateur, sont proprement les motifs de la loi. Dans le second, les lois antérieures, rappelées par la loi nouvelle, sont sa *raison de décider*.

Les conséquences que l'on peut tirer de ce qu'on appelle proprement *motifs de la loi*, font l'objet de l'interprétation logique ; et lorsqu'il s'agit de les admettre, elles reçoivent beaucoup de modifications, parce qu'en les consacrant, *ce qui n'est pas loi en soi, le devient*. Mais lorsque le souverain rend une loi, accompagnée des motifs législatifs sur lesquels elle repose, et que le juge doit tirer des conséquences de ces motifs, dont la connaissance lui parvient d'une manière énonciative, ces conséquences ne peuvent pas être considérées comme résultant des nouvelles dispositions législatives; elles sont la juste application de la loi antérieure.

§. XCVI.

On peut faire sortir de là d'importantes vérités. La première est que les diverses modifications que reçoivent les conséquences tirées des simples motifs de la loi, cessent lorsqu'il s'agit d'appliquer un *motif légal de décision.* Ainsi, les règles suivantes, propres à l'interprétation logique; savoir, que les lois dérogatoires ne *doivent* pas être interprétées d'une manière contraire au droit ancien, qu'elles n'ont pas *dû* changer, que les droits particuliers ne sont pas en général susceptibles d'extension, que le prétexte unique de la cessation du motif d'une loi ne suffit pas pour lui refuser son application, disparaissent entièrement lorsqu'il s'agit d'appliquer un motif *légal de décision.* Dans ce cas, le juge ne fait pas proprement extension de la loi nouvelle à des cas différens de ceux qu'elle a prévus; il fait uniquement rentrer, à l'aide du raisonnement, sous l'empire de cette loi, un cas qui n'était pas prévu par elle, mais qui se trouvait déjà déterminé par la loi antérieure.

Deux exemples suffiront pour donner à cette doctrine toute la clarté dont elle a besoin.

Le droit canonique décide, dans deux cas seulement, que le serment peut rendre valable un contrat nul aux termes du droit civil (1); on a cependant toujours considéré ces deux décisions comme règles applicables à toutes

(1) Cap. 28, x, *de jurejurando*, cap. 2, *de pact.* in 6.

sortes de cas. Si c'était là un résultat de l'interprétation logique, il faudrait nécessairement soutenir que cette extension donnée au droit canonique (extension contraire au droit romain) doit être formellement rejetée, d'après les principes sur l'interprétation des lois dérogatoires. Cependant la pratique a raison au fond, quoiqu'elle se serve mal-à-propos du mot d'extension; car, les papes rapportent, dans les textes où se trouvent les deux cas *décidés*, comme motifs de leurs décisions, *la loi* qui à cette époque gouvernait la matière du serment d'après les principes de la religion catholique, et qui même fut reconnue par les empereurs (1). Ces deux textes ne sont donc que l'application d'une loi générale, rappelée d'une manière énonciative à deux cas proposés, et ils abandonnent, pour tous les autres cas, l'application de cette même loi, à la décision du juge.

La loi 63, ff. *pro socio*, nous offre un cas semblable. Ulpien, dans cette loi, décide que le bénéfice de compétence est dû au co-sociétaire; il se fonde sur la raison que *la société établit une espèce de fraternité entre ses membres; Hoc enim summam rationem habet, quum societas jus quodammodo fraternitatis in se habeat.* De là la question de savoir si les frères peuvent jouir du même bénéfice. La difficulté résulte de ce que le bénéfice de compétence est un droit particulier, et que les droits particuliers ne sont pas susceptibles d'extension: mais si l'on veut s'attacher à la distinction rapportée

(1) Auth. *sacram. pub.* Cod. *si advers. vend.*

plus haut entre *le motif de la loi* et *le motif légal de décision*, on reconnaîtra que les frères sont fondés à jouir de ce bénéfice. Ulpien, en décidant que le bénéfice de compétence appartenait aux sociétaires, a évidemment fait l'application d'une loi : or, cette loi se trouvait dans le principe que les frères ont le bénéfice de compétence ; et ce principe est rapporté par lui, d'une manière énonciative, comme motif de décision relativement aux sociétaires, dans la loi 63 citée. Il n'a donc donné aucune extension à la loi ; il n'a fait qu'appliquer une disposition législative énonciativement rappelée.

§. XCVII.

Après avoir établi la différence qui existe entre *le motif de la loi* et *le motif légal de décision*, examinons dans quels cas a lieu l'extension résultant des motifs de la loi. Je commencerai par quelques distinctions.

1.° Il ne faut pas confondre le motif de la loi avec la circonstance ou l'occasion qui lui a donné naissance ; celle-ci éveille, en quelque sorte, l'idée de la loi dans l'esprit du législateur ; elle dépend de l'événement, et peut n'être pas très-importante.

2.° On distingue entre le motif ou la raison de la loi [*ratio legis*], et le sens, la volonté ou le dispositif de la loi [*mens legis*].

Le motif de la loi est l'ensemble de toutes les causes éloignées ou prochaines qui lui ont donné naissance. Le sens de la loi est la volonté du législateur, manifestée par des mots régulièrement entendus.

La volonté de la loi est tellement liée à son motif, que les auteurs l'identifient sans cesse avec lui, et les prennent indistinctement l'un pour l'autre (1); et en effet la première sert en quelque sorte de mesure au second. Cependant, je les distinguerai toujours, afin de conserver à l'enseignement de cette matière toute la clarté dont elle a besoin.

Cicéron expose, dans ses Topiques, un principe simple, d'où sortent naturellement les meilleures distinctions à faire sur ce sujet. « *Il y a équité*, selon lui, *à étendre à des cas semblables des droits semblables*. Doneau commente ainsi ce principe : Il y a équité, parce que la volonté de la loi existe indépendamment des mots qui ne suffisent pas pour l'exprimer; or, il y aurait iniquité à ne pas reconnaître sa volonté, par la raison seule que les mots n'ont pas pu l'exprimer, lorsqu'elle est d'ailleurs évidente. Mais d'où résultera cette évidence? Du motif même de la loi. Ainsi du motif de la loi résultera sa volonté, et de cette volonté, l'équité dont parle Cicéron. D'où nous tirerons ces conclusions importantes, que la volonté de la loi est la véritable cause de l'extension; que cette extension peut néanmoins être attribuée à l'équité, en ce sens que l'extension indiquée par le motif de la loi est commandée par l'équité.

§. XCVIII.

Ces définitions et ces principes posés, examinons com-

(1) Donell. *Comment. jur. civ.* cap. 13, n.° 9 et seq. — Everhard. *Loc. argum. leg.* 79, n.° 19. Or, la volonté de la loi est la loi elle-même. Donell. *ibid.* cap. 14, n.° 6. L. 5, Cod. *de legib.* et l. 32, ff. eod.

ment doit être entendue la fameuse règle sur laquelle on fonde ordinairement toute la doctrine de l'extension d'après les motifs de la loi : *Ubi eadem ratio, ibi idem jus statuendum* (1).

On remarquera d'abord que la similitude peut porter sur les motifs de la loi, ou sur les cas auxquels on veut étendre sa disposition. De la confusion qu'on a faite souvent des motifs avec les cas de la loi, est née, en grande partie, l'extrême divergence des auteurs sur les effets de la similitude.

Commençons par définir ce qu'on entend par *similitude*. Il y en a de trois espèces, selon Stephan de Federicis (2) : 1.° celle qui est prise pour *l'identité*. Tel est le cas de la loi 8, ff. in principio *de vulgar. et pupill. substitut.* « Celui qui substitue à ses enfans impubères, porte » cette loi, substitue ou purement et simplement ou sous » condition. Dans le premier cas, il substitue de cette ma» nière : *Si mon fils meurt dans l'âge de puberté, Seïus* » *sera mon héritier*. Que Seïus, ajoute la loi, soit institué » et substitué à l'impubère, ou qu'il lui soit simplement » substitué, peu importe ; il le sera sans condition. » Et les cas seront identiques.

Une autre espèce d'identité résulte de la loi 23, ff. *de usurpat. et usucap.* « Celui qui a acheté ma maison, dit » Javolenus dans cette loi, ne possède, selon moi, autre » chose que la maison même. En effet, si l'on veut admettre

(1) L. 32, ff. *ad leg. Aquil.*

(2) *De Leg. interp.* part. 4, n.° 8 et seq.

» qu'il possède chacune des parties qui la composent, il ne » possédera plus la maison; car, si vous séparez ces parties, » la maison même, considérée comme être individuel, » n'existe plus. Ajoutez à cela que si l'on pouvait concevoir » la possession séparée des parties, la conséquence serait » qu'il faudrait appliquer à la possession de la surface, le » temps relatif à la prescription des meubles, et à celle du » sol, celui relatif à la prescription des immeubles; or, il » serait absurde et contraire au droit civil, qu'une même » chose pût se prescrire par des temps différens, &c. &c. »

On voit par-là que le jurisconsulte considère comme deux choses identiques la maison et toutes les parties qui la composent. D'ailleurs deux choses sont dites les mêmes, quoiqu'elles puissent différer sous le rapport de la quantité et de la qualité (1).

2.° La similitude, qui est prise pour *la parité* ou *l'égalité*. Il n'est pas nécessaire alors que les deux cas soient de même nature, ni qu'ils soient renfermés l'un dans l'autre ou présentés sous la même forme; il suffit qu'ils tendent au même but et obtiennent le même résultat. Par exemple, d'après la loi *Velleia* (cap. 1), les petits-fils nés après la mort de leur père, mais du vivant de leur aïeul, devaient être institués ou exhérédés; sinon ils rompaient le testament (2). Le même droit était réservé aux petits-fils qui, nés avant le testament de leur aïeul, devenaient héritiers siens à la mort de leur père (3). On demandait ce qu'il

(1) L. 14, §. 1, ff. *de except. rei judic.*

(2) L. 29, §. 12, ff. *de liber. et posthum. hered. instit.* &c.

(3) L. *Velleia*, cap. 2.

fallait décider dans le cas où le fils était mort civilement ou émancipé ; car la loi *Velleia* n'en parlait pas. Le jurisconsulte répond qu'il en sera de même, parce que les cas sont semblables, attendu qu'ici l'effet de la mort civile ou de l'émancipation du fils est le même que celui de la mort naturelle « . . . *Ex sententiâ legis Velleiæ, et hæc omnia* » *admittenda sunt, ut ad similitudinem mortis, cæteri* » *casus admittendi sint* (1). »

3.° Enfin la similitude proprement dite existe, lorsque deux ou plusieurs cas comparés entre eux offrent des ressemblances dans un certain ordre : ainsi, l'esclave est au maître dans un rapport semblable à celui du fils au père, de l'affranchi au patron (2) ; le rapport du soldat spirituel à la milice céleste, est semblable à celui du soldat de terre à la milice terrestre (3). Cependant il importe de ne pas voir de similitudes là où elles n'existent pas.

M. Thibaut cite plusieurs auteurs modernes qui admettent l'extension de la loi sur une simple similitude de motifs (4) ; mais ce jurisconsulte combat très-bien cette fausse doctrine.

« Il est de la nature de la similitude, dit-il, que les » objets semblables ne se ressemblent pas sous quelques » rapports, et qu'ils n'aient rien de parfaitement identique » dans leur partie principale. Jusqu'à quel point devra

(1) L. 29, §. 5, ff. *de liber. et posthum. hered. instit.* &c.

(2) *Instit. de legitim. patron. tutel.*

(3) L. 1, Cod. *de jur. et fact. ignor.*

(4) *Théorie de l'interprétation des lois*, §. 17.

» exister la similitude, pour qu'on puisse appliquer l'inter-
» prétation extensive ? Quel est le jurisconsulte qui nous
» donnera une règle certaine sur l'application du principe
» de la similitude ? &c. &c. »

Ainsi donc, en me résumant, pour que l'extension soit autorisée, il faudra toujours qu'il y ait *identité* dans les motifs, et *similitude* dans les cas, c'est-à-dire, identité dans leur partie principale. C'est là le sens de la règle *ubi eadèm ratio, ibi idem jus statuendum.*

§. XCIX.

Ces derniers principes sont néanmoins susceptibles de quelques restrictions.

S'il y a identité de motifs, l'extension aura lieu, pourvu néanmoins que le motif de la loi à étendre soit fondé sur la raison naturelle et l'utilité commune. Ainsi, la loi 24, ff. *solut. matrim. dos quemad. petat.*, décide que pendant le mariage, la femme pourra réclamer sa dot de son mari, *propter inopiam mariti*, la dot se trouvant en péril. La Glose et Den. Godefroi étendent avec raison cette loi au cas où la dot serait entre les mains du beau-père, attendu que le motif est le même. Il est contre l'équité naturelle qu'une personne soit dépouillée de son bien sans son propre fait. *Id, quod nostrum est, sine facto nostro ad alium transferri non potest* (1).

Pareillement, selon la loi première, au Code, *de his qui ante apert. tabul.*, la succession testamentaire passe aux

(1) L. 11, ff. *de divers. reg. juris.*

héritiers institués, même avant l'ouverture du testament, par conséquent avant *l'adition d'hérédité.* Tous les docteurs prononcent l'extension de cette loi au cas de la succession *ab intestat*, et décident que la succession est transférée à l'héritier légitime avant *l'adition*, en vertu de son simple droit d'héritier: *Quia talibus hereditas* (1), *jure quasi etiam naturali, debetur* (2).

Mais si le motif de la loi est contraire à l'équité, quoique *identique* avec un autre, la loi ne recevra pas d'extension. *Mala restringenda sunt; non amplianda et multiplicanda. (Cap. odio. extra. de reg. jur.).*

Ainsi, la loi qui permettrait de se venger, ne recevrait pas d'extension en ce sens, que l'on pût rassembler ses amis pour accomplir sa vengeance, ni même confier le soin de cet acte à un autre, attendu que la vengeance est contraire à la loi divine et à l'équité naturelle (3).

Si le motif de la loi est en partie conforme au droit naturel et y déroge en partie (4), les auteurs admettent généralement l'extension, car les lois de cette nature sont, à proprement parler, les lois civiles.

§. C.

J'ai dit aux §§. III et XCVII que le motif de la loi était en quelque sorte la loi elle-même; il me reste à examiner quatre choses.

---

(1) Gloss. *ad leg. de his qui ante, suprà*, &c.

(2) On peut voir des cas semblables dans la loi fin. Cod. *de codicill.*, l. 1, Cod. *de interd.* &c. &c.

(3) L. *non est singul.* ff. *de reg. jur.*

(4) L. 6, ff. *de instit. et jur.*; l. fin. Cod. *ad leg. Falcid.*

1.° Comment connaîtra-t-on le motif de la loi ?

2.° Ce motif connu, quels effets auront les changemens qu'on lui fera subir sur le dispositif de la loi ?

3.° D'après quelles règles devra-t-on appliquer le dispositif de la loi aux cas non prévus ?

4.° L'extension de la loi aura-t-elle toujours lieu, lorsque le motif du cas auquel on veut l'étendre est plus fort que celui de la loi ?

§. CI.

Comment connaîtra-t-on le motif de la loi ?

Ce motif devra être présenté par la loi elle-même; cependant il n'est pas nécessaire qu'il soit présenté en termes formels; il suffit qu'il résulte clairement de la loi, et qu'il soit le seul qu'on puisse lui assigner (2). Si la loi est fondée sur plusieurs motifs en même temps, l'extension n'aura lieu qu'autant que tous ces motifs se réuniront simultanément dans le cas non prévu, ou qu'il sera démontré que la loi qui repose sur différens motifs aurait été déterminée, même par les seuls motifs existans dans le cas non prévu.

§. CII.

Quels seront les effets des changemens apportés aux motifs de la loi ?

La maxime de droit, *correctâ ratione legis, censetur*

---

(2) Everhard. *Loc. arg. leg.* 79, n.° 21. — Thibaut, *Théorie de l'interprétation des lois*, §. 18. *Voyez* plus bas (§. CV).

correcta lex ipsa (1), répond à cette question. Mais cette maxime a besoin d'être expliquée.

Pour arriver à ce but, Éverhard fait une distinction. Si la correction porte sur le motif *éloigné*, la loi n'est pas changée, et son sens reste le même. Il en est autrement lorsqu'elle porte sur le motif prochain ou *déterminant* (2) : alors la maxime que je viens de citer a lieu ; mais la correction peut avoir pour effet, ou de supprimer entièrement le motif de la loi, ou simplement de le modifier. Dans le premier cas, la loi est supprimée avec son motif, s'il n'est pas remplacé par un autre. C'est le cas de la maxime, *cessante ratione legis, cessat lex ipsa*. Mais si le motif supprimé est remplacé par un autre (3), ou si la modification qu'il

(1) Everhard, *Loc. argum. leg.* 8, n.º 3.

(2) *Loc. argum. legal.* 79, n.º 6. Selon cet auteur, le motif est simplement *éloigné*, lorsque le dispositif de la loi est plus général et plus étendu que lui. Il est *déterminant*, lorsqu'il est moins étendu. Il cite à l'appui de sa distinction la loi 1, ff. *de postulando*, §. 5. Cette loi consacre la disposition de l'édit qui défendait aux femmes de postuler pour autrui. Ulpien donne pour origine et pour cause de cette disposition, la hardiesse et l'effronterie d'une certaine Carfanie, qui se vouait aux affaires judiciaires. Mais ce n'est-là, ainsi que le remarquent tous les commentateurs, que la raison *éloignée* (ce que M. Thibaut appelle l'occasion de la loi, *Théorie de l'interpr.* §. 16). La raison *déterminante* est celle donnée au commencement même de la loi, *ne contra pudicitiam sexui congruentem, alienis causis se immisceant; ne virilibus officiis fungantur mulieres*; « afin qu'elles [les femmes] n'aillent pas, contre les » convenances de leur sexe, s'immiscer dans les affaires d'autrui, ni » qu'elles ne remplissent pas des fonctions qui sont proprement celles » des hommes. »

(3) On remarquera que le motif de la loi peut être supprimé, et la loi néanmoins subsister (Thibaut, *Théorie de l'interprétation des lois*,

éprouve en augmente ou en diminue la gravité, alors, comme je l'ai dit plus haut, la loi subsiste, et elle reçoit l'extension ou la restriction qui résulte de son nouveau motif ou de ses modifications, attendu qu'il devient la nouvelle mesure de sa disposition.

Par exemple, selon l'ancien droit romain, le père était obligé d'instituer ou d'exhéréder nommément le fils de son fils émancipé. Mais la différence entre les héritiers siens et les émancipés, fondement de l'obligation de l'aïeul, ayant été supprimée par l'authentique *de hered. ab intest. §. nullam &c. &c.*, cette disposition obligatoire se trouva aussi supprimée.

Pareillement, selon cet ancien droit, les cognats n'étaient pas appelés à la tutelle, parce qu'ils ne pouvaient pas succéder. Mais la différence entre l'agnation et la cognation ayant été supprimée par le droit postérieur (1), les cognats purent être appelés à la succession, et par suite à la tutelle. On voit que, dans ces cas, la suppression entière du motif entraîne la suppression entière de la loi.

Mais si le motif, au lieu d'être supprimé, devient plus étendu, plus grave, alors il donnera plus d'étendue ou de gravité au dispositif de la loi, et de là son extension.

---

§. 22); ce ne sera pas alors le cas d'appliquer la maxime, *cessante ratione legis, cessat lex ipsa.* Si la loi subsiste, elle n'est pas sans motifs; il n'y a pas de loi sans motifs (Everhard, *ibid.* n.° 22, et les docteurs par lui cités); seulement le motif primitif a été remplacé par un autre. Ainsi, la maxime rapportée doit s'entendre du cas où la loi n'aurait absolument aucun motif; alors elle cesse évidemment d'exister.

(1) L. 1, ff. *de conjung. cum emancip. liber.* §. *ex his autem.*

§. CIII.

D'après quelles règles devra-t-on appliquer le dispositif de la loi aux cas non prévus ?

1.° Les cas non prévus ne doivent présenter aucune circonstance particulière qui puisse empêcher l'application extérieure du motif de la loi. Par exemple, on demande si le prêteur à usage peut, pour cause d'événement imprévu, contraindre l'emprunteur à restituer avant le temps la chose empruntée? Ceux qui soutiennent l'affirmative citent une loi qui parle du locataire ; mais il est évident que cette loi, fondée d'ailleurs sur l'équité, ne saurait s'étendre au commodataire, attendu que leur position n'est pas la même : le locataire reçoit une sorte de dédommagement, en ce qu'il est libéré de l'obligation de payer le prix de son loyer ; le commodataire n'en reçoit aucun.

2.° L'interprétation extensive doit amener à un résultat certain, applicable au cas dont il s'agit, et qui découle uniquement du motif de la loi ; de plus, l'objet sur lequel l'application a lieu doit être clairement indiqué ; car un raisonnement arbitraire n'est pas un raisonnement puisé dans la loi ; et là où aucun objet ne se trouve indiqué, on ne saurait concevoir une extension de la loi. Par exemple, on demande si la disposition de la loi Rhodia *de jactu*, qui détermine un mode de répartition pour former l'indemnité accordée à ceux qui ont éprouvé des pertes dans le cas qu'elle a prévu, peut être appliquée par extension au cas d'un incendie? On décide que non, par la raison que l'avantage qui résulte de la démolition dans le cas de l'incendie, est plus considérable pour le voisin plus rapproché de la maison incendiée, que pour celui qui l'est moins, &c. D'où il suit que le mode de répartition admis par la loi Rhodia, est inapplicable ici. Or, le juge, dans le cas proposé, ne peut *déterminer* l'objet dont il s'occupe (ce serait proprement la mission du législateur); il suit de là que la loi ne saurait recevoir d'extension (1).

3.° Enfin, on doit rejeter indistinctement toute interprétation extensive, lorsqu'elle est interdite par le législateur lui-même, soit expressément, soit tacitement.

§. CIV.

J'ai examiné, §. CII, le cas où la loi nouvelle modifiait le motif de la loi antérieure et les effets qui en résultaient. Je vais m'occuper de celui où le motif de l'espèce à laquelle on veut étendre la loi, est plus fort que celui de la loi elle-même.

On distingue : ou ce motif est plus fort que celui de la loi, par suite de la règle, *non debet cui plus licet, quod minus est, non licere* (2); ou il est plus fort pour toute autre cause.

Dans le premier cas, l'extension est permise. Ainsi la loi nouvelle qui permettait au mari de tuer indistinctement l'adultère (par dérogation à la loi *nec in ea*, in fin. ff. ad leg. Jul. *de adulter.*), s'étendait naturellement au

(1) Thibaut, *Théorie de l'interprétation des lois*, §. 18. — Voët, *Comment.* lib. 14, tit. 2, §. 18.

(2) L. 21, ff. *de divers. reg. jur.*

cas de la simple blessure (1). Ainsi les dispositions de l'article 762 du Code civil, qui accordent des alimens aux enfans adultérins et incestueux, s'appliquent par extension et à plus forte raison aux enfans naturels légalement reconnus; car ils sont plus favorables aux yeux de la loi que les adultérins et les incestueux.

Cependant cette règle reçoit quelques exceptions.

La première a lieu lorsqu'il s'agit de lois rendues d'après une exposition de faits. On ne pourrait pas étendre la disposition de ces lois à des cas dont les motifs paraîtraient plus forts que ceux de ces lois, en vertu de la règle, *cui licet quod plus est &c. &c.*; car puisque des faits exposés ont précédé et amené ces lois, il est évident qu'elles sont plutôt des jugemens ou décisions ayant caractère de lois, que des lois proprement dites, et qu'elles ne sont pas susceptibles d'extension (2).

2.° Les lois exceptionnelles qui prononcent des dispenses ou des priviléges ne sont pas susceptibles de l'extension résultant de cette règle (3).

3.° Cette règle souffre encore exception, lorsque le motif qui lui sert de fondement ne se rencontre pas dans le cas auquel on veut étendre la loi; car quelquefois ce qui paraît être moindre sous quelques rapports, est dans la vérité plus fort ou différent (4).

---

(1) Les docteurs appellent cette extension *passive*, attendu qu'elle a lieu par la seule force de la loi, tandis que l'extension *active* résulte d'un procédé de l'entendement, par conséquent du fait de l'homme.

(2) L. *si pupillor.* §. *si pater*, ff. *de rebus eorum &c.*, et DD.

(3) Federic. *de Senis consil.* 14.

(4) L. *fin.* C. *de translat. prælat.*

§. CV.

Mais si le motif du cas auquel on veut étendre la loi est plus fort que celui de la loi, pour toute autre cause que la règle, *non debet cui plus licet, quod minus est, &c. &c.*, l'extension n'a pas lieu (1), à moins cependant qu'il ne résulte évidemment de la loi que le législateur a voulu déroger au droit antérieur (2).

Ainsi, par exemple, une loi décide que s'il existe un oncle paternel du défunt, sa mère ne lui succédera pas ab intestat; supposez maintenant qu'au lieu de l'oncle paternel ce soit un frère, *quid juris?* Le motif ici paraît plus fort, car le frère est plus rapproché du défunt que l'oncle; mais l'extension n'aura pas lieu, d'après les docteurs, attendu qu'il s'agit de déroger à une loi (Authent. *defuncto*); ce qui ne peut se faire, dans ce cas, par extension.

1.re Exception. J'ai dit cependant (*suprà* et §. CI) que l'extension aurait lieu si le motif était positivement exprimé dans la loi, ou résultait évidemment de ses termes, comme, par exemple, lorsqu'il est tiré de la loi divine, naturelle, &c. &c.; car il s'offre plus facilement

---

(1) Les docteurs fondent cette décision sur une foule de textes, mais entre autres sur ce principe, tiré de la loi unique au Cod. *de inoffic. dot.*, que *jura sunt juribus concordanda;* or, la dérogation dans ce cas détruirait l'unité dont parle la loi.

(2) Everhard, *Loc. argum. leg.* 79, n.º 16. — Jo. de Imol. in l. *si verò*, §. *de viro*, ff. in 5 et 6 col.

que celui tiré de la loi positive (1); mais alors il faut qu'on ne puisse en assigner qu'un.

Everhard néanmoins donne plusieurs restrictions même à cette exception. La première, que la loi soit simplement dérogatoire; si elle était *pénale* en même temps, quoique son motif soit exprimé et qu'on ne puisse en assigner qu'un, l'extension n'aura pas lieu.

La seconde, que la loi dérogatoire ne s'exprime pas d'une manière *taxative* ou *limitative;* comme, par exemple, si elle prononçait qu'elle sera exécutée *seulement* dans un cas, ou *spécialement* pour de certains objets, ou *jusqu'à une certaine époque*, &c.; dans tous ces cas, elle ne recevra pas d'extension.

La troisième, que le motif de la loi dérogatoire soit *déterminant;* s'il n'est qu'*éloigné*, la loi ne pourra recevoir d'extension (2).

La quatrième, qu'il n'existe pas dans la loi un autre motif non exprimé qui s'oppose directement ou indirectement à l'extension.

La cinquième, enfin, que le cas auquel on veut étendre la loi, soit aussi favorable que la loi.

2.e EXCEPTION. La seconde exception à cette règle a lieu toutes les fois que deux cas se trouvent exactement conformes, et en vertu du droit ancien, et d'après la ma-

---

(1) Everhard, *ibid.* n.º 22. — Dans ce cas, l'extension n'a pas lieu par le fait de l'homme, mais bien par le fait de la loi; elle est censée parler par son motif.

(2) *Voyez* la note de la page 137, où j'explique ces termes.

tière qu'ils ont l'un et l'autre pour objet. Par exemple, la loi 2, ff. *de legat.* 1.°, décide que celui qui ne peut pas tester, ne peut pas faire de codicilles : supposez maintenant qu'une loi nouvelle décide que les mineurs de vingt ans ne pourront tester, et déroge par-là au droit ancien, qui leur permettait de tester à quatorze. Certainement la disposition de cette loi s'étendra aux codicilles ; cependant on limite en général cette exception au cas où l'extension aurait lieu entre les mêmes personnes (1).

3.e EXCEPTION. Cette règle souffre encore exception, lorsque la loi nouvelle qui déroge à la précédente, a pour effet de ramener au droit anciennement observé ; car, comme toute chose tend à rentrer dans son état naturel (2), la matière est favorable.

4.e EXCEPTION. Une quatrième exception a lieu dans le cas où il y aurait absurdité à ne pas donner extension à la loi : par exemple, le droit canonique exigeait la représentation des lettres du légat du pape pour de certains bénéfices ; il eût été absurde de dire que les lettres du pape lui-même n'eussent pas pu remplacer celles du légat ; de là l'extension (3).

5.e EXCEPTION. Une cinquième exception a lieu lorsqu'il s'agit du salut de l'ame ; car la matière est favorable,

---

(1) Everhard, *Loc. arg. leg.* 79, n.° 27. — Jo. de Imol. &c. Outre la raison que donnent ici les docteurs, il y a celle tirée de la règle, *non debet cui plus licet &c.*

(2) L. *si unus*, §. *pactus ne peteret*, ff. *de pactis*. Everhard, *ibid.*

(3) Gloss. *in clement. fin. de rescript.*

et la loi reçoit extension, bien que cette extension soit préjudiciable aux choses (1). Ainsi, par exemple, si les féries qui avaient lieu aux fêtes des Apôtres s'étendaient à la fête de la Ste Vierge (2), à plus forte raison lorsqu'il s'agira du salut de l'ame, l'extension aura lieu (3).

6.e Exception. Une autre exception a encore lieu lorsque les termes de la loi nouvelle, pris dans leur acception la plus étendue, comprennent un cas qui présente un motif plus fort que celui de la loi. Par exemple, la loi nouvelle exclut la fille de la succession paternelle, tant qu'elle a des frères; il est évident que cette exclusion s'étendra à la petite-fille, qui est comprise dans la dénomination de fille (4).

7.e Exception. Une septième exception a lieu lorsque le cas auquel on veut étendre la loi est renfermé dans celui de la loi, selon l'usage commun du langage (5).

8.e Exception. Une huitième exception a lieu lorsque la loi nouvelle déclare que ce qu'elle dit est donné comme exemple : alors il y a lieu à extension; car les exemples ne restreignent ni la règle, ni la disposition (6).

9.° Enfin on excepte le cas où la loi resterait sans effet si elle ne recevait pas d'extension (7).

---

(1) Bartol. et DD. in leg. 4, §. *Cato*, col. 6, ff. *de verb. oblig.*

(2) Gloss. in leg. *omnes* 2, Cod. *de feriis.*

(3) Gloss. in l. *sciant cuncti*, Cod. *de judic. crim.*

(4) L. *filii appellatione*, ff. *de verbor. signif.*

(5) Jo. de Imol. et Everhard, *ibid.* l. 79, n.° 37.

(6) L. 1, §. *quod vulgò*, ff. *de vi et vi armat.*

(7) C. *si civitas* 17 *de sentent. excomm.*

SECTION II.

Quelles sont les Lois susceptibles de l'interprétation extensive.

---

§. CVI.

Ici s'offre l'une des matières les plus abstraites et les plus difficiles du droit. La plupart des jurisconsultes sont partagés sur les principes propres à diriger l'esprit au milieu des doutes et des subtilités dont elle est hérissée.

Cependant ils s'accordent généralement à diviser les matières dans lesquelles l'interprétation extensive peut avoir lieu, en trois classes :

1.° Les lois dérogatoires (parmi lesquelles il faut placer les lois particulières, ou droits singuliers et exorbitans du droit commun) ;

2.° Les lois pénales ;

3.° Les lois communes, ou qui n'appartiennent à aucune des classes ci-dessus.

I.re SUBDIVISION.

Lois dérogatoires.

---

§. CVII.

Les anciens docteurs Constant Roger, Matthæ. Matthesselanus, Éverhard, &c. &c. établissent comme règle générale que les lois dérogatoires ne sont pas susceptibles d'extension ; mais ils donnent à cette règle tant d'exceptions et de restrictions, qu'on est tenté de la rejeter.

Coraz, Balde, Paul de Castro, et plusieurs autres, l'ont en effet rejetée ; ils ont admis comme règle l'exception, savoir, qu'en principe l'extension des lois dérogatoires était permise; mais ils ont, à leur tour, chargé cette règle d'une telle foule d'exceptions, qu'on est forcé de la méconnaître comme l'autre. Forsterus, qui donne l'analyse de leurs opinions, remarque que ce qui a servi à fonder la règle des uns, est précisément la série des exceptions des autres.

M. Thibaut a posé un principe qu'il croit propre à nous expliquer ces contradictions (1). Son principe est bon sans doute, et j'en ferai usage; mais il est loin de remplir le but qu'il s'est proposé.

Il distingue deux cas :

Ou le motif de la loi dérogatoire s'applique à des cas prévus par les dispositions de l'ancien droit qu'elle laisse subsister; ou il s'applique à des cas non prévus par lui.

Dans la première hypothèse, l'extension n'a pas lieu; car bien que les motifs de la loi dérogatoire conviennent aux cas du droit antérieur, cependant, comme ce droit régit les cas qui lui sont soumis, il est évident que la loi nouvelle n'aura pas pour effet de faire entrer sous son empire des cas déjà placés sous celui du droit antérieur, puisque ce serait y déroger, et nous supposons le contraire.

Dans la seconde hypothèse, les cas dont il s'agit n'étant pas prévus par le droit antérieur, que la loi nouvelle laisse subsister, rien ne s'oppose à ce que celle-ci étende jusqu'à eux sa disposition.

Cette doctrine est fondée sur le raisonnement suivant : « L'expérience ne met pas le législateur à portée de voir tous les cas; lors donc que des cas *non prévus par le législa-*

(1) *Théorie de l'interprétation des lois*, §. 20.

teur, et qu'il n'a pu prévoir, se présentent à la décision et dans le cercle des attributions du juge, il est du devoir de ce dernier de suppléer par l'extension à l'imprévoyance de la loi. Or, ce raisonnement ne saurait s'appliquer aux lois dérogatoires qui laissent subsister quelques-unes des dispositions de l'ancien droit; car le législateur qui connaît ou est présumé connaître toutes les lois existantes, et qui cependant n'en abroge que quelques-unes, laisse subsister *sciemment* celles qu'il n'abroge pas. »

Mais ce principe ne réfute pas la doctrine de ceux qui prétendent que les lois dérogatoires sont susceptibles d'extension, même aux cas prévus par le droit antérieur (1); et c'est-là le véritable siége de la difficulté.

Quand la langue d'une matière est bien faite, cette matière est à-peu-près éclaircie. Si l'on eût demandé aux savans docteurs qui ont traité de l'interprétation extensive, ce qu'ils entendaient par *lois dérogatoires*, certainement ils n'auraient pas été d'accord sur la définition. C'est donc au moment même du départ qu'il faut s'entendre.

Toute loi qui change le droit antérieur est nécessairement abrogatoire ou dérogatoire. Si elle le change en totalité, elle l'abroge; si elle ne le change pas en totalité, elle y déroge seulement; mais elle peut y déroger plus ou

(1) Forster. *Interpr.* lib. 2, cap. 2, §. 2, n.os 8, 9, 10, &c., et DD. ibi allegat.

Voici leur principal argument : Si une coutume particulière reçoit extension *contre le droit commun*, par identité de motifs à des cas semblables (l. 32, ff. *de legib.*); à plus forte raison devons-nous étendre une loi postérieure, *contraire au droit ancien*, aux cas semblables. (Coraz, in l. 40, §. fin. *de pactis.*)

moins. Si la dérogation est telle, que la partie de l'ancien droit qu'elle laisse subsister ne soit plus qu'une exception, la loi nouvelle sera loi générale, et néanmoins dérogatoire; dans le cas inverse, la loi nouvelle sera exceptionnelle, mais toujours dérogatoire. Au reste, la dérogation emporte nécessairement abrogation de toute la partie du droit antérieur qu'elle a pour objet (1).

Ces notions préliminaires suffiront pour l'intelligence de la doctrine suivante.

Les lois exceptionnelles dérogatoires sont-elles susceptibles d'extension? Je pose en principe que non.

Une loi exceptionnelle suppose une loi générale ou le droit commun de la matière. Or, plusieurs lois romaines défendent formellement l'extension de toute disposition contraire au droit commun. *Quod contra rationem juris receptum est, non est producendum ad consequentias.* L. 14, ff. *de legib.* — *Quæ propter necessitatem recepta sunt, non debent in argumentum trahi.* L. 152, ff. *de reg. jur.* — *Jus singulare*, dit la loi 16, ff. *de legib.*, *est quod contra tenorem rationis, propter aliquam utilitatem, auctoritate constituentium introductum est*, &c. &c.

Ici l'on doit remarquer deux choses: la première que les

---

(1) L'abrogation de la loi est ou formelle, ou tacite: elle est formelle, lorsque la loi nouvelle prononce d'une manière générale l'abrogation des lois précédentes relatives à la matière dont elle s'occupe, ou nommément telle et telle loi; elle est tacite, 1.° lorsque les dispositions qu'elle renferme sont évidemment contraires à celles des lois antérieures; 2.° lorsque l'ordre de choses pour lequel la loi antérieure avait été établie a cessé d'exister. C'est le cas d'appliquer la maxime, *cessante ratione legis, cessat lex ipsa.*

jurisconsultes romains emploient les mots *ratio juris* pour désigner le droit commun, la loi générale; car les motifs des lois sont, à leurs yeux (ainsi que je l'ai démontré plus haut, §. XCVII), les lois elles-mêmes : la seconde est la manière dont la dernière loi caractérise le droit commun, *tenor rationis*. Ce mot, comme l'explique fort bien Doneau (1), nous donne l'idée de la constance, de la perpétuité d'une chose, de telle sorte que tous les élémens qui la constituent, soient étroitement liés entre eux, et paraissent ne faire qu'un tout homogène et continu. C'est dans ce sens qu'il faut entendre le *tenor jurisdictionis* de la loi 5, au Code, *quod metûs causâ;* ce qui veut dire la manière uniforme et constante dont le droit est rendu sur une matière. De même Cicéron a dit (2) *tenor dicendi*, pour signifier la manière constante et égale de parler sur un sujet. Ceci posé, les mots *ratio juris* des jurisconsultes romains signifiant le droit constant et habituel, le droit commun, nous regarderons comme une conséquence naturelle et nécessaire que les dispositions de ce droit commun s'étendent généralement aux cas semblables. D'où nous tirerons la conséquence ultérieure que tout ce qui n'est pas ce droit commun sera droit exceptionnel, dont les dispositions ne sont pas susceptibles d'extension; car, puisque le législateur, maître de changer le droit, ne déroge à l'ancien que quant aux exceptions qu'il introduit, il laisse évidemment subsister l'ancien avec toutes ses qualités, par conséquent, comme droit commun susceptible

(1) *Commentar. jur. civ.* cap. XIV, n.° 9.

(2) *In Orator. ad Brutum.*

seul d'extension. Voilà pourquoi la loi 14, ff. *de legib.*, dit: *Quod contra rationem juris* (c'est-à-dire le droit commun) *receptum est, non est producendum ad consequentias.*

§. CVIII.

Avant de citer des exemples à l'appui de ma doctrine, je classerai les lois dérogatoires.

Au premier rang des lois exceptionnelles dérogatoires, je mettrai les privilèges proprement dits; personne ne les a jamais considérés comme susceptibles d'extension.

2.° Les lois exceptionnelles dérogatoires à un principe rigoureux de droit naturel ou de droit positif [*jus singulare* ou *jus exorbitans*]. C'est à cette espèce de lois que s'appliquent directement les maximes du droit romain que je viens de rapporter, et elles ne sont pas davantage susceptibles d'extension (1).

3.° Les lois exceptionnelles dérogatoires au droit commun, *rationi juris* ou *tenori rationis derogantes*. C'est au sujet de ces lois qu'est née la grande controverse des docteurs.

Je mets en tête des lois dérogatoires de cette espèce, en droit romain, les restitutions en entier, les sénatusconsultes Velleïen, Macédonien, &c. &c. Quel était le droit commun relativement aux engagemens? que chaque contractant observât religieusement les clauses du contrat.

---

(1) Un petit nombre de jurisconsultes, à la vérité, au nombre desquels est Conrad, appuyés sur quelques textes de droit, se sont écartés de ce principe. Mais M. Thibaut (*Théorie de l'interprétation des lois*, §. 10) démontre la fausseté de cette opinion. Forster, Jean d'Imola, et une foule d'anciens docteurs, l'avaient démontrée avant lui.

Mais le législateur, par des considérations d'ordre public et d'équité générale, tirées de la déception, de la faiblesse de l'âge, du sexe, &c. &c, a jugé à propos d'introduire des exceptions, et de déroger ainsi au droit commun. De là la restitution en entier qui rédime les majeurs d'engagemens onéreux dont l'équité avait à souffrir; le sénatusconsulte Velleïen, qui défend aux femmes de s'obliger pour autrui; le sénatusconsulte Macédonien, qui annulle tous les engagemens souscrits par les enfans de famille au profit des prêteurs, &c. &c. Mais ces lois exceptionnelles dérogatoires seront-elles susceptibles d'extension? non sans doute. *Quod contra rationem juris receptum est, non est producendum ad consequentias. Quæ propter necessitatem recepta sunt, non debent in argumentum trahi.* D'ailleurs, *in his quæ contra rationem juris constituta sunt, NON POSSUMUS SEQUI REGULAM JURIS.* (L. 15, ff. *de legib.*) Ces derniers mots sont remarquables. Dans les lois exceptionnelles au droit commun, dit cette loi, *nous ne pouvons pas suivre la règle du droit commun;* c'est-à-dire, comme l'explique très-bien Doneau, nous ne pouvons pas donner extension à ces lois comme on la donnerait au droit commun: *Regulam juris hic accipimus, non regulam quidem juris communis, sed regulam de interpretatione juris et legum, quâ placet, jus constitutum porrigi ad eas causas, in quibus sit eadem ratio* (1).

Mais sur quoi se fondent les jurisconsultes qui défendent

(1) *Commentar. jur. civ.* cap. 14, n.° 10.

l'opinion contraire ? principalement sur la loi 12, ff. *de legibus*. « Tous les cas, porte cette loi, ne peuvent pas être » exactement prévus par les lois et les sénatusconsultes ; » mais lorsqu'il s'en offre quelqu'un auquel leur sens con» vient d'une manière évidente, il est du devoir du magis» trat d'étendre à ce cas leurs dispositions, et de rendre le » droit en conséquence (1). »

Ce texte, excellent lorsqu'il est bien entendu, a besoin d'être appliqué avec discernement. Sans doute la loi ne peut pas tout prévoir ; elle s'exprime d'une manière générale, et abandonne ensuite aux hommes chargés de l'appliquer le soin d'interpréter toute sa pensée ; mais c'est toujours d'une manière conforme aux règles du droit, et selon les matières à interpréter : car, si la loi permet que, dans certains cas, on aille au-delà des termes dont elle se sert, ce n'est pas pour autoriser la violation des principes généraux.

Quant aux exemples tirés des lois du Code (2), ils sont sans force dans la question actuelle. Les empereurs qui les ont rendues n'interprétaient pas en jurisconsultes, comme le remarque très-bien M. Thibaut (3), mais en législateurs, maîtres de changer la législation à leur gré, et par conséquent de donner extension aux droits exceptionnels. On

---

(1) *Non possunt omnes articuli sigillatim, aut legibus, aut senatusconsultis, comprehendi : sed cùm in aliqua causa sententia eorum manifesta est, is, qui jurisdictioni præest, ad similia procedere, atque ita jus dicere debet.*

(2) L. 5, Cod. *de bonis quæ liber.* L. fin. Cod. *de indict. vid. toll.* L. fin. Cod. *ad leg. Falcid.* &c.

(3) *Théorie de l'interprétation logique*, §. 20.

cite la loi 23, ff. *de legibus*, pour appuyer l'opinion des docteurs; mais cette loi, qui accorde à l'usage la faculté d'abroger la loi (in fine), est formellement contraire à la loi 2, au Code, *quæ sit longâ consuetudo*. Les nombreuses controverses auxquelles cette antinomie a donné lieu, prouvent au moins que la loi 32, ff. *de legib.*, doit être appliquée avec discernement; et les interprètes aujourd'hui ne l'entendent pas dans le sens de Forsterus, savoir, qu'une coutume spéciale puisse recevoir extension de manière à abroger le droit antérieur. (*Voyez* plus bas, liv. III, *Interprétation d'usage ou de jurisprudence.*)

Au reste, si l'on apercevait dans le Digeste quelques textes d'où l'on pût induire que les jurisconsultes romains ont donné extension aux lois exceptionnelles dérogatoires, on pourrait regarder cette espèce d'interprétation comme une *innovation législative* qu'auraient amenée le temps, les circonstances et les besoins de la civilisation, et non comme un procédé légitime de l'interprétation. La preuve de mon opinion à cet égard se tire du raisonnement que fait Forsterus lui-même, l'un des défenseurs les plus zélés de la doctrine que je combats. « Ainsi, dit ce jurisconsulte, lorsque le changement des lois est demandé par » les mœurs de l'état, les circonstances, &c. &c., les lois » dérogatoires sont favorables; en conséquence, elles SONT » SUSCEPTIBLES D'EXTENSION, autant que le réclame cette » utilité (1). »

§. CIX.

Mais je viens de raisonner pour le cas où la loi déroga-

(1) Forster. *Interpr.* lib. 2, cap. 2, §. 2, n.° 10.

toire est exceptionnelle, et laisse par conséquent subsister le droit commun antérieur : le cas contraire peut arriver ; et la loi dérogatoire peut abroger une partie si considérable du droit antérieur, que celle qui reste ne soit plus que l'exception, et la loi nouvelle le droit commun ; car, disent les auteurs, le droit commun est ce qui reste après le droit particulier ou l'exception. *Jus commune accipere debemus id, quod pòst istud singulare adhuc manet.* Il importe peu, d'ailleurs, que l'exception résulte du droit ancien ou du droit nouveau. Selon une ingénieuse fiction de Doneau (1), toutes les branches de la législation peuvent être considérées comme les parties séparées d'un même tout, qui agissent réciproquement les unes sur les autres, et auxquelles on peut appliquer les principes propres à une loi composée de plusieurs clauses ou paragraphes (2).

Dans l'hypothèse que j'examine, il est évident que le droit nouveau devenant droit commun, et le droit antérieur droit exceptionnel, les règles que j'ai tracées plus haut pour l'extension de la loi aux cas semblables, resteront les mêmes ; c'est-à-dire que l'extension sera permise pour les dispositions du nouveau droit commun qui le

---

(1) *Hoc saltem efficere omnes intelligeremus, ut priores cum posterioribus, posteriores cum prioribus conjungantur ità, ut, his conjunctis, una lex efficiatur ex duabus, eòque res deducatur, quasi una sit pars alterius. . . . . Nempè hoc valet, ut quod juris esset in una lege pluribus clausulis constante, id servandum sit in legibus prioribus et posterioribus inter se conjunctis. (Comment. jur. civ. cap. 13.)*

(2) *Voyez* plus bas, *Interprétation restrictive*, les effets qui résultent des rapports que les lois ont entre elles.

comporteront; mais elle sera interdite pour les dispositions du droit antérieur devenu exceptionnel. Deux exemples tirés du droit français éclairciront ce principe.

Avant le Code civil, le régime dotal était *droit commun* dans les pays *de droit écrit;* les stipulations de communauté, de société d'acquêts, &c. &c., étaient l'exception. Aujourd'hui c'est le régime de la communauté légale qui forme le droit commun (art. 1393, Cod. civ.); le régime dotal n'est plus que l'exception (art. 1392 et 1393, Cod. civ.).

Supposons maintenant un contrat de mariage qui n'admette pas le régime dotal, mais bien des conventions particulières obscures et susceptibles d'être interprétées par extension de l'un des droits en vigueur: ce serait assurément procéder d'une manière contraire aux vrais principes du droit et aux saines méthodes d'interprétation, que de donner extension aux dispositions du régime dotal, régime exceptionnel, pour interpréter des clauses qui, ne recevant pas de leurs termes mêmes, ou de l'ensemble du traité auquel elles appartiennent, un sens suffisant, sont par-là nécessairement abandonnées aux règles d'interprétation du droit commun, supplément naturel de toutes les conventions incomplètes, inexactes ou obscures qui ne se trouvent pas placées dans l'une des catégories des droits exceptionnels.

Mon second exemple est tiré du droit relatif aux successions. Autrefois la succession testamentaire formait la règle ou le droit commun; la succession légitime était l'exception. Aujourd'hui, c'est la succession légitime qui forme la règle ou le droit commun ; la succession testamentaire n'est plus que l'exception. On doit appliquer encore ici le principe que je viens de poser.

Au reste, il est une espèce d'extension que j'appellerai intérieure, et qui a pour but d'assurer l'exécution de chaque droit exceptionnel ; celle-là est permise, et ce n'est pas d'elle que je m'occupe en ce moment (1).

Pour terminer ce que j'ai à dire sur le droit commun, j'ajouterai que j'appelle de ce nom le droit commun propre à chaque matière de législation. Ainsi, le droit commun sur les engagemens civils, l'état des personnes, les choses, en un mot sur les différentes parties du droit public ou privé, sera le droit commun propre à chacune de ces matières, qui pourront elles-mêmes subir quelquefois de nouvelles divisions.

Quant aux cas particuliers où les lois dérogatoires exceptionnelles admettent l'extension, *voyez* ci-dessus §. CV. Il faut y ajouter encore celui où le législateur aurait expressément déclaré que le droit exceptionnel recevrait extension.

§. CX.

Mais quels sont les principes d'après lesquels on doit décider qu'une loi déroge à une autre, ou même l'abroge ?

---

(1) Par exemple, lorsque les époux ont déclaré se marier sous le régime dotal, ou sous tout autre régime formant exception au droit commun, les obscurités qui résultent de leurs conventions matrimoniales doivent être interprétées par les règles spéciales au régime exceptionnel qu'ils ont adopté, et par conséquent, aussi par extension des dispositions particulières de ce régime.

Je fais remarquer d'abord que les lois peuvent paraître contraires, sans l'être au fond (1).

En effet, il peut arriver, 1.° que la loi nouvelle ne fasse qu'expliquer la loi antérieure qui était obscure, ou sur le sens de laquelle les interprètes étaient partagés (2); 2.° que la loi nouvelle établisse simplement des distinctions sur la loi antérieure (3), ou même la supplée (4); 3.° ou enfin qu'elle y déroge et la limite (5). D'ailleurs, on ne doit pas présumer que la loi nouvelle innove ou déroge à la loi ancienne. *Lex nova, nonnisi evidentissimâ æquitate, constituenda est, quia novitates solent scandala parturire.* (L. 2, *de constitut.* princip.)

§. CXI.

Pour s'assurer de la dérogation et bien l'apprécier, il importe de comparer exactement les lois.

Entre deux lois contraires, l'une est préférable à l'autre pour trois causes principales.

La première de ces causes résulte du *sujet* même de la loi, ou de la matière qu'elle traite; la seconde, du *mode* ou de la forme de la loi; la troisième, de sa *qualité*.

Lorsque la contrariété des lois doit être résolue par la supériorité de la matière qu'elles traitent l'une et l'autre, il faut suivre les règles suivantes :

1.° La loi qui dispose sur la religion ou sur les matières

---

(1) 1 Constit. §. *quibus.*

(2) L. *apud antiquos*, C. *de fur.*; l. fin. C. *de serv. et aq.*

(3) Instit. *de rer. divis.* §. *cùm ex aliena.*

(4) L. *prætor.* §. *hæc differentia*, ff. *vi bonor. raptor.*

(5) L. fin. C. *quib. caus. in integr. restit. non est necess.*

religieuses, déroge à celle qui ne dispose que sur les matières profanes, et doit lui être préférée ; car la loi qui dispose sur les matières religieuses ou sacrées, a pour but le bien public par excellence (1). Or, de deux causes qui concourent, celle d'un ordre supérieur doit l'emporter sur l'autre (2).

2.° La loi qui dispose des biens de l'ame, déroge à celle qui ne dispose que des biens du corps, et doit lui être préférée (3) ; car l'ame est la partie la plus précieuse de notre être, et nous devons endurer mille tourmens plutôt que de la souiller (4). La loi qui dispose des biens du corps, déroge à celle qui ne dispose que des choses extérieures ; attendu que la première est dite *de droit naturel* (5), et que la moindre des peines corporelles est réputée plus grave que la plus grande des peines pécuniaires (6).

Il suit de là que la loi qui consacre un principe de droit naturel, doit être préférée à celle qui ne consacre qu'un principe d'équité simple. Par exemple, quoiqu'il soit noble, conforme à la religion et à l'équité, que le fils nourrisse le père dans le besoin, néanmoins le père est tenu de nourrir son fils par tous ces motifs, et en outre par celui tiré de la loi naturelle, qui l'oblige de nourrir l'enfant auquel il a donné le jour. De là les docteurs

(1) L. *sunt personæ*, ff. *de relig. et sumpt. fun.*; l. *locum*, ff. *de usufruct.*; l. 1, §. *hujus studii*, ff. *de justit. et jur.*, &c.

(2) Cap. *si à sede*, et cap. *quamquàm de præb.* lib. 6.

(3) L. *sancimus*, C. *de ss. eccles.*

(4) L. *isti quidem*, ff. *quod metûs causâ.*

(5) L. *ut vim*, ff. *de just. et jure.*

(6) L. *in servorum*, ff. *de pœnis*, et ibi Gloss.

décident que si un individu pauvre a un père et un fils également riches, il doit demander des alimens plutôt à son père qu'à son fils.

La loi qui me dit de défendre ma propriété, déroge à celle qui m'ordonne de défendre celle d'autrui; car la charité bien ordonnée commence par soi-même (1).

3.° La loi qui statue sur le bien public, déroge à celle qui ne statue que sur le bien particulier (2).

4.° La loi qui renferme un précepte d'équité, déroge à celle qui statue d'après la rigueur du droit (3); car l'équité n'est autre chose que l'acte d'un jugement sain, conforme à l'équité naturelle (4).

5.° La loi disposant pour un cas de nécessité, déroge à celle qui ne statue pas sur un cas pareil (5).

6.° La loi qui consacre un droit volontaire, doit être préférée à celle qui établit un droit contraire à la volonté des hommes (6).

7.° La loi qui renferme un droit ordinaire, déroge à celle qui ne renferme qu'un droit extraordinaire ou subsidiaire (7).

---

(1) L. *præses*, C. *de servit. et aqua*, et l. 1, §. *officio*, ff. *de tut. et rat. distrah.*

(2) L. *veluti*, ff. *de just. et jur.*, et l. *minimè*, ff. *de relig. et sumpt. fun.*

(3) L. *placuit*, C. *de judic.*; l. 1, C. *de legib.*

(4) L. 1, §. *quod quis*, ff. *si quis test. lib. esse juss.*

(5) L. fin. C. *qui testam. facere poss.*, et l. 2, C. *ad leg. Rhod. de jact.*

(6) Argum. leg. *admonendi*, l. *ex duobus*, ff. *de jurejur.*, et l. 1, §. 1, *de oper. nov. nunc.*

(7) L. *in causæ*, ff. *de minorib.*

8.° Le droit que l'on a directement pour soi est plus fort que celui que l'on tient d'autrui (1) ;

9.° Enfin la loi contenant une disposition favorable, déroge, toutes choses égales d'ailleurs, à celle qui renferme une disposition odieuse (2).

§. CXII.

Lorsque la dérogation entre deux lois contraires doit être déterminée par le *mode* ou la forme même de la loi, il faut dire, 1.° que la loi qui ordonne ou *défend*, déroge à celle qui permet ou tolère (3) : par exemple, dans le droit romain, la règle qui permettait à tout individu d'accuser comme suspect (ou infidèle) un tuteur, était limitée par cette autre règle, qu'un affranchi ne peut pas accuser son patron ; dans le droit français, l'article 967 du Code civil porte que *toute personne pourra disposer par testament, &c. &c.* ; mais l'article 901 dit que, *pour faire une donation entre vifs ou un testament, il faut être sain d'esprit.* D'où il suit que celui qui n'est pas sain d'esprit, ne peut pas faire de testament. La disposition de l'art. 967 étant simplement permissive ou déclarative d'un droit, et celle de l'article 504 prohibitive ou limitative, celle-ci dérogera nécessairement à la première. Ajoutez que, selon

(1) L. *si augustæ*, ff. *de legat.* 2 ; l. *in libello*, ff. *de captiv. et postl. revers.*

(2) Arg. cap. *odia de reg. jur. in* 6, et l. fin. §. *si Titius*, ff. *de vulgar. et pupill. substit.*

(3) *Hac consultissima*, C. *qui testament. facere poss.* L. 1, ff. *ad leg. Falcid.*, et l. *tutor.* ff. *de susp. tutor.*

Bartole ; lorsqu'une chose peut être considérée comme accessoire en même temps à la disposition qui permet et à la disposition qui prohibe, elle doit être censée prohibée (1) ;

2.° Il faut tenir comme règle que la loi qui ordonne, défend ou permet, déroge à celle qui invite ou conseille (2) ; car il est plus conforme à la nature de la loi de commander que de conseiller, &c. &c. (3) ;

3.° La loi qui dispose principalement et directement sur une chose, déroge à celle qui ne dispose que sur des accessoires ou indirectement sur cette même chose (4) ;

4.° Enfin, la loi dont l'exécution a pour fondement essentiel la vérité, déroge à celle qui procède d'après de simples présomptions (5).

§. CXIII.

Lorsque la dérogation doit être déterminée par la *qualité* même de la loi, il faut dire,

1.° Que les lois du for extérieur dérogent à celles du for intérieur devant les tribunaux (6) ;

2.° Que la loi constamment observée déroge à celle qui ne l'est pas ou qui l'est moins (7) ;

(1) Bartol. in leg. *ambitiosa* circa fin. vers. *quinta regula*, ff. *de decret. ab ord. fact.*

(2) L. *is quibus*, *de rei vindic.* ; l. *pacto*, ff. *de transact.*

(3) Argum. leg. *cùm quid*, ff. *si certum petat.*

(4) Bartol. in leg. *ambitiosa*, ff. *de decret. ab ordin. fact.*

(5) L. fin. ff. *de probat.* ; l. *contin.* §. *illud*, ff. *de verbor. oblig.*

(6) C. *tua*, Extrav. *de sponsal.* C. *inquisitio*, *de sent. excom.*

(7) L. *minimè* ; l. *de quibus* in fin., et l. *si de interpret.* ff. *de legib.*

3.° Que la loi nouvelle déroge à la loi antérieure (1);

4.° Que lorsque deux lois contraires sont promulguées en même temps, la plus récente déroge néanmoins à la précédente, d'après leur ordre (2);

5.° Que la loi spéciale déroge à la loi générale, en vertu de la règle : *In toto jure, generi per speciem derogatur* (3);

6.° Que la loi qui renferme une clause dérogatoire, par exemple, *que la présente loi soit observée nonobstant toute disposition contraire; que tout ce qui sera fait contre la présente loi, sera considéré comme nul et non avenu*, &c. &c., déroge à la loi contraire, même postérieure (4);

7.° Que la loi fondée sur une cause plus utile, plus privilégiée ou plus favorable, est préférable à la loi fondée sur une cause moins utile, moins privilégiée ou moins favorable (5).

II.e SUBDIVISION.

Lois pénales.

§. CXIV.

La question de savoir si les lois pénales sont suscep-

---

(1) L. *non est novum*, cum leg. seq. ff. *de legib.*

(2) L. *sed et posterior*, ff. *de leg.*

(3) L. 80, ff. *de reg. jur.*

(4) L. *sed et posterior*, ff. *de legib.*

(5) L. *quoties*, *de reg. jur.*; l. 1, C. *de privileg.*, et l. *verùm*, §. *seq.* ff. *de minorib.*

tibles d'extension, n'a pas moins partagé les auteurs que celle relative aux lois dérogatoires.

M. Thibaut reconnaît l'extension de ces lois; voici le résumé de sa doctrine.

Les auteurs qui refusent toute extension aux lois pénales, s'appuient, les uns sur les lois 42 ff. *de pœnis* (1), et 155, §. 2, ff. *de reg. jur.* (2); les autres, principalement sur la raison qu'un droit particulier ne saurait recevoir d'extension : or, disent-ils, chaque loi pénale, comme l'ouvrage propre du droit civil, renferme toujours un droit particulier; d'ailleurs, comment affirmer d'une manière positive que les motifs d'une loi pénale, applicables dans un cas, se rencontrent parfaitement dans un autre?

Mais d'abord les deux lois citées à l'appui de cette opinion, répond M. Thibaut, n'ont pas trait à la matière (l'extension des lois pénales); elles ne s'occupent que du cas où la loi présente *plusieurs sens*, et elles décident que, dans le doute, on doit préférer le sens le moins rigoureux : mais on ne saurait faire résulter de cette décision que le motif d'une loi pénale ne s'applique pas aux cas non prévus (3).

Quant à la raison tirée de la nature des lois pénales, il est vrai que la philosophie moderne voit un droit particulier dans chaque loi pénale; mais les jurisconsultes romains n'avaient pas admis ce principe; et ils ne ba-

(1) *Interpretatione legum pœnæ molliendæ sunt potiùs, quàm asperandæ.*

(2) *In pœnalibus causis benigniùs interpretandum est.*

(3) *Théorie de l'interprétation des lois*, §. 21.

lancent pas à donner extension aux lois pénales, toutes les fois que les motifs de ces lois peuvent s'appliquer aux cas non prévus. Ainsi, aucune raison plausible ne saurait nous déterminer à considérer les lois pénales comme exclues de la règle posée par les lois 10—14, ff. *de legib.* (1).

Quelque imposante que soit l'opinion de M. Thibaut, je ne puis la partager. Forsterus lui-même, l'un des premiers qui a embrassé cette opinion, ne l'admet qu'avec une sage restriction. Selon lui, l'extension des lois pénales a lieu toutes les fois qu'il s'agit d'empêcher qu'un crime ne reste impuni (2). Il se fonde principalement sur la loi 7, au Code, *de pœnis* (3); c'est dans ce sens qu'il explique les maximes suivantes : « Lorsqu'il s'agit de » punir un crime, la loi pénale doit être prise dans un » sens large ; » *Interpretatio lata sumi debet, cùm agitur de delicto puniendo.* Menoch. *de Arbitr.* q. 69, n.° 24. « Lorsque les paroles énoncent un délit, d'une ma» nière quelconque, elles doivent être interprétées plutôt » en mauvaise part ; » *Quando verba sonant aliqualiter in delictum, tunc potiùs interpretanda sunt in malam*

(1) *Neque leges, neque senatusconsulta, ità scribi possunt, ut omnes casus qui quandoque inciderint, comprehendantur : sed sufficit et ea quæ plerùmque accidunt, contineri.* (L. 10, ff. *de legib.*) &c. &c.

(2) Il cite la loi 108, ff. *de reg. jur.* *Ferè in omnibus pœnalibus judiciis et ætati et imprudentiæ succurritur*, porte cette loi; il ajoute ensuite, *non quidem quoad impunitatem, nam id vetat lex 7, C. de pœnis*, &c.

(3) *Impunitas delicti propter ætatem non datur, si modo in ea quis sit, in quam crimen, quod intenditur, cadere potest.*

quàm in bonam partem. Prosper Farinac. *Consil.* 25, n.° 13.

C'est aussi dans ce sens qu'il faut entendre l'aphorisme suivant de Bacon (le 13.°) : *Durum est torquere leges,* « *ad hoc ut torqueant homines. Non placet igitur* » *extendi leges pœnales, multò minùs capitales, ad* » *delicta nova. Quòd si crimen vetus fuerit, et legibus* » *notum, sed prosecutio ejus indicat in casum novum* » *à legibus non provisum, omninò recedatur à placitis* » *juris, potiùs quàm delicta maneant impunita.* »

Mais lorsqu'il s'agit d'appliquer la peine, la loi doit être prise dans son sens étroit, selon Forsterus; et ici s'appliquent les diverses lois romaines et les décisions des auteurs qui prescrivent la modération des peines (1).

§. CXV.

Cette doctrine, meilleure sans doute que celle de M. Thibaut, ne me paraît pas satisfaisante. Je préfère en tout celle d'Éverhard, que je vais retracer rapidement, après lui avoir fait subir quelques modifications.

Cet auteur pose en principe que les lois pénales ne sont pas susceptibles d'extension (2). Il se fonde principalement sur la similitude qu'il aperçoit entre les lois pénales et les lois dérogatoires. La maxime *odia restrin-*

(1) L. 37, ff. *de minorib.* Philip. Decius in l. *imperium* 3, ff. *de jurisd.* *Voyez* Forster. *Interpr.* lib. 2, cap. 2, §. 4, n.° 9.

(2) *Loc. argum. leg.* 70, n.° 63. Const. Roger, Matthæ. Mattessell. et autres adoptent le même principe. (*Voyez* Forster, *ibid.*)

genda, favorabilia ampliandia (l. 19. ff. *de lib. et posth.*), et quelques textes du droit romain, paraissent aussi autoriser son opinion; mais il donne plusieurs exceptions à cette règle.

1.° L'extension de la loi pénale a lieu, lorsqu'on l'applique à un cas semblable en tous points à celui qu'elle a prévu, et dans lequel se trouvent mêmes motifs ou motifs plus forts que celui de la loi, pourvu que ce soit entre les mêmes personnes (1). Par exemple, la loi 7, §. 2, ff. *de jurisdictione*, porte que *si quelqu'un altère frauduleusement ce qui est écrit comme disposition permanente de loi, soit sur l'album, soit sur du papier, soit sur toute autre matière exposée aux regards du peuple*, il sera condamné à payer cinq cents pièces d'or (2). On demande si la peine sera encourue par celui qui aura altéré la loi, soit avant l'exposition de l'album ou autre objet sur lequel elle est écrite, soit pendant qu'on l'expose? Pomponius décide qu'il y a lieu à étendre la loi à ce cas, et que la peine sera encourue. *Quod, si dum proponitur, vel ante propositionem, quis corruperit, edicti quidem verba cessabunt, Pomponius autem ait sententiam edicti porrigendam esse ad hæc.* Il y a ici évidemment identité de motifs, et entre les même personnes. Pareillement, dans le droit français, l'article 145 du Code pénal porte: « Tout fonc-

(1) *Vid.* Gloss. *in Clement.* 2, in verbo *Bonum*, &c. &c.

(2) *Si quis id, quod jurisdictionis perpetuæ causâ, non quod prout res incidit, in albo, vel in charta, vel in alia materia propositum erit, dolo malo corruperit; datur in eum quingentorum aureorum judicium, quod populare est.*

» tionnaire ou officier public qui, *dans l'exercice de ses* » *fonctions*, aura commis un faux,

» Soit par fausses signatures,

» Soit par altération des actes, écritures ou signatures,

» Soit par supposition de personnes,

» Soit par des écritures faites ou intercalées sur des re» gistres ou d'autres actes publics, depuis leur confection » ou clôture,

» Sera puni des travaux forcés à perpétuité. »

On demande si la disposition de cet article s'étendrait au cas où l'officier public, à la veille d'entrer en fonctions, aurait commis un faux, dans la qualité qu'il va prendre, avec une date appartenant à l'époque où il serait en fonctions? La loi n'en parle pas; elle prévoit seulement le cas où l'officier public commettrait le faux *dans l'exercice de ses fonctions*. Or, il n'exerçait pas ses fonctions lorsqu'il l'a commis. Mais qui est-ce qui s'aviserait de donner cette interprétation à la loi? N'est-il pas évidemment dans son esprit comme dans sa volonté, que sa disposition s'étende au cas proposé? et ne serait-ce pas tromper son vœu que de se refuser à l'extension?

2.° La règle cesse et l'extension a lieu lorsqu'il s'agit d'empêcher que la loi ne soit illusoire. Par exemple, la Clémentine 1.re prononçait des peines contre ceux qui ensevelissaient les usuriers dans des cimetières; on étendait avec raison cette disposition à ceux qui les ensevelissaient dans les églises, car il y avait motif plus fort. Si l'on n'eût pas donné extension à la loi dans ce cas, elle devenait illusoire.

L'article 301 du Code pénal définit ainsi l'empoisonnement : « Est qualifié empoisonnement tout attentat à la » vie d'une personne, par l'effet de substances qui peuvent » donner la mort plus ou moins promptement, de quelque » manière que ces substances aient été employées ou » administrées, et quelles qu'en aient été les suites. » Certainement cette loi doit s'étendre au cas où le coupable aurait employé, pour consommer le crime, du verre pilé, de petites épingles répandues dans des mets, &c. &c. ; car, quoiqu'on ne puisse pas rigoureusement comprendre ces objets sous la dénomination de *substances*, ce serait donner une interprétation judaïque à la loi, que de borner au sens propre le mot qu'elle a employé, lorsque son esprit en réclame évidemment l'extension. *Non enim sermoni res, sed rei sermo subjectus est.* (Quintil. lib. 8 *Instit. orat.* c. 1.) — *Leges magis rebus, quàm verbis, videntur impositæ.* (L. *omne commun. de leg.*) ; et *In legem committit, qui verba legis amplexus, contra legis nititur voluntatem.* (L. 5, Cod. *de legib.*)

3.° L'extension a lieu entre deux matières égales aux yeux de la loi, ou assimilées par elle. Par exemple, la loi 12, ff. *ad leg. Juliam de adulteris*, décide que ces termes de la loi pénale, *ne quis posthac stuprum, adulterium facito sciens dolo malo*, s'étendent à celui qui a conseillé le crime ; *ad eum qui suasit* (1), *et ad eum qui stuprum*

(1) La loi 1, ff. §. 12, *de vi et de vi armata*, pose le même principe. *Dejecisse autem etiam is videtur, qui mandavit vel jussit ut aliquis dejiceretur : parvi enim referre visum est, suis manibus quis dejiciat,*

vel adulterium intulit, pertinent : car, aux yeux de la loi, la matière est la même dans les deux cas.

L'article 381 du Code pénal porte : « Seront punis de la peine de mort les individus coupables de vols commis avec la réunion des cinq circonstances suivantes :

1.° Si le vol a été commis la nuit ;

2.° S'il a été commis par deux ou plusieurs personnes ;

3.° Si les coupables ou l'un d'eux étaient porteurs d'armes apparentes ou cachées ;

4.° S'ils ont commis le crime, soit à l'aide d'effraction extérieure ou d'escalade ou de fausses clefs, dans une maison, appartement, chambre ou logement habités ou servant à l'habitation, ou leurs dépendances, &c. &c. &c. ;

5.° S'ils ont commis le crime avec violence ou menace de faire usage de leurs armes. »

On demande s'il y aura lieu à appliquer l'article dans le cas où, au lieu de consommer directement et matériellement un vol, le coupable aurait, avec toutes les circonstances prévues, contraint un individu à lui souscrire des billets ou des quittances tendant à le libérer ? Il faut décider que la loi s'étend aussi à ce cas. En se faisant souscrire des billets ou des quittances, avec les circonstances prévues, le coupable a consommé le même crime que s'il eût volé réellement le montant de ces billets ou de ces quittances ; car, *qui actionem habet, rem ipsam habere*

---

an verò per alium. Quare et si familia mea ex voluntate mea dejecerit, ego videor dejecisse. Voyez l'article 60, Code pénal.

videtur; il n'est pas permis d'ailleurs d'examiner si le souscripteur des billets était solvable ou non.

4.° L'extension a lieu, lorsqu'une loi interprétative ou déclarative d'une loi antérieure, ne s'exprime que pour un cas qu'elle donne comme exemple; elle doit s'entendre également de tous ceux qu'elle n'a pas exprimés, et qui se trouvent compris dans la disposition de la loi précédente. Tel serait le cas où elle déclarerait que sa disposition pénale ne doit pas s'entendre du meurtre commis par un fou (1); il est évident que cette exception s'étendrait au cas de blessures ou d'injures de la part du fou, quoique la loi ne s'en fût pas expliquée.

5.° L'extension a lieu, lorsque la loi pénale emploie, dans de certains cas, le singulier, et qu'il est dans son esprit qu'elle s'entende au pluriel, et réciproquement. Par exemple, l'article 364 du Code pénal porte : « Le faux » témoin, en matière correctionnelle, de police ou civile, » qui aura reçu de l'argent, une récompense quelconque » ou des promesses, sera puni des travaux forcés à temps.

» Dans tous les cas, ce que le faux témoin aura reçu » sera confisqué. »

On doit entendre cet article du cas où il y aurait plusieurs faux témoins, comme de celui où il n'y en a qu'un seul.

Réciproquement, l'article 365 suivant porte : « Le cou- » pable de subornation de témoins sera condamné à la » peine des travaux forcés à temps, &c. &c. » Il est évident

(1) L. 13, ff. §. 1, *de offic. præsid.* — Code pén. art. 64.

que cette disposition s'étendra au cas où un seul témoin aurait été suborné.

6.° Enfin l'extension des lois pénales sera généralement autorisée, lorsqu'elles auront été rendues, soit pour la conservation et le repos de la société (1), soit pour réprimer les crimes et délits contraires à l'équité naturelle, comme le vol, l'adultère, l'homicide (2), &c. &c., pourvu qu'il y ait identité de motifs, ou motifs plus forts, quoique entre personnes différentes (3).

Je sais que l'article 4 du Code pénal porte que « nulle » contravention, nul délit, nul crime, ne peuvent être » punis de peines qui n'étaient pas prononcées par la loi » avant qu'ils fussent commis (4). »

Cet article, bien entendu, signifie qu'on ne peut pas appliquer le Code pénal à des cas non prévus par lui; disposition fondée sur ce principe, que la loi permet ce qu'elle ne défend pas. Mais il ne résulte pas de là qu'on ne puisse pas donner extension à la loi pénale, en ce sens que tout ce qui est autorisé par le raisonnement, par la légitime interprétation des mots, enfin par la volonté même de la loi, explicitement ou implicitement renfermée dans son énoncé, ne doive être exactement observé. C'est dans

(1) L. 13, ff. *de offic. præsid.* Everhard, *Loc. arg. leg.* 79, n.° 71.

(2) L. *ut vim*, ff. *de just. et jur.*; l. 1, ff. *de furtis* &c. Steph. de Federic. 4 part. n.° 90.

(3) Everhard, *ibid.*

(4) Cet article répète les dispositions de l'article 8 de la constitution de 1791, et des articles 2 et 3 du Code des délits et des peines.

ce même sens que je crois fondées les diverses espèces d'extensions que je viens d'établir.

III.e SUBDIVISION.

Lois de Droit commun (ou qui n'appartiennent à aucune des Classes ci-dessus).

§. CXVI.

Relativement aux lois de droit commun, les interprètes décident unanimement qu'elles reçoivent extension aux cas semblables, lorsqu'il y a identité de motifs, ou motifs plus forts. Ils se fondent particulièrement sur les lois 10 et suivantes, ff. *de legib.* (1); car le motif de la loi étend ou restreint le dispositif de la loi, ainsi que je l'ai dit §. CII (2),

(1) Forster. *Interpr.* lib. 2, cap. 2, §. 5. — Everhard, *Loc. argum. leg.* 79, n.o 74.

(2) La loi 27 ff. *de acquir. possess.*, par exemple, décide que le furieux ne peut pas perdre l'intention de posséder, par extension du principe d'après lequel il ne peut pas avoir l'intention de posséder. *Si is qui animo possessionem saltùs retineret, furere cœpisset, non potest, dum fureret, ejus saltùs possessionem amittere, QUIA FURIOSUS NON POTEST DESINERE ANIMO POSSIDERE.* D'un autre côté, la loi 6, §. 2, ff. *de jure patronatûs*, décide que, quoique la loi qui défend au patron de contraindre par serment son affranchi à ne pas se marier, sous peine de perdre ses droits de patron, soit générale et ne fasse aucune distinction, il faut l'entendre néanmoins en ce sens, qu'elle s'applique aux affranchis qui peuvent avoir des enfans, et non aux autres. *Quamvis nulla persona lege excipiatur, tamen intelligendum est de his legem sentire, qui liberos tollere possunt.* (*Voyez* un autre exemple dans la loi 11, §. 1, ff. *de munerib. et honorib.*) C'est ainsi que le motif de la loi en restreint le dispositif.

et la généralité du motif rend générale la disposition de la loi (1).

Cette règle a lieu, 1.° lorsque le motif se trouve exprimé dans la loi; car alors c'est moins une *extension*, selon l'acception propre du mot, qu'une compréhension (2), et le motif exprimé dans la loi est réputé loi générale (3), comme le cas semblable dont il s'agit est censé exprimé dans la loi, dès qu'il se trouve compris dans son motif (4).

2.° Lorsque le motif ne se trouvant pas exprimé dans la loi, on ne peut cependant lui en assigner qu'un (5).

3.° Enfin dans tous les autres cas où a lieu l'extension des lois dérogatoires. (*Voyez* ci-dessus §. CV).

§. CXVII.

Cependant cette règle reçoit quelques exceptions. La première a lieu, lorsqu'il s'agit de donner extension à des termes purement énonciatifs; car régulièrement les énonciations ne renferment aucune disposition (6).

La seconde, lorsqu'il s'agit de donner extension aux paroles purement narratives; car les choses qu'elles expriment, sont plutôt de nature à être prouvées qu'elles ne servent à prouver elles-mêmes (7). Cette exception a lieu

(1) Riminald. *Consil.* 183, n.° 3.

(2) DD. in Authent. *quas actiones*, &c.

(3) Decius in leg. fin. Cod. *de pact.*

(4) L. 6, §. 1, ff. *de verbor. signif.* — *Parisiens. Consuetud.* lib. 3, 66, n.° 63.

(5) Forster, *ibid.* — Everhard, *ibid.*

(6) L. 7, Cod. *de testam. milit.*

(7) Bald. in leg. *non epist.* 13, Cod. *de probat.*

sur tout lorsque le dispositif a plus d'étendue que la partie narrative ; car alors cette dernière n'est plus considérée que comme la cause impulsive de la loi (1). (*Voyez* ci-dessus §. CII.)

IIe PARTIE.

§. CXVIII.

Interprétation restrictive (§. LXXI).

L'interprétation restrictive a été repoussée par une foule d'auteurs (2); elle repose néanmoins sur les mêmes principes que l'interprétation extensive. Si la règle, *scire leges, non est earum verba, sed vim ac potestatem tenere*, est vraie pour l'une, elle est nécessairement vraie pour l'autre : car, que recherche-t-on? la volonté du législateur, le sens obligatoire de la loi ; or, si le premier devoir de l'interprète est de rechercher ce sens, même au-delà des termes, il n'est pas moins de son devoir de le rechercher en deçà des termes, puisque tous les auteurs reconnaissent que ce sens est la loi toute entière (§§. LXXII et XCVII).

Seulement nous conviendrons que l'usage de l'interprétation restrictive doit être soumis à des conditions plus sévères que celui de l'interprétation extensive. Nous en déduirons les causes plus tard.

Quelque grande que soit la variété des opinions sur les signes propres à autoriser l'interprétation restrictive, je

(1) Jean André, in cap. *quoniam* 4.

(2) Ils sont cités par Forster, *Interpr.* lib. 2, cap. 3, n.º 3.

m'en tiendrai à ce principe simple : toutes les fois qu'il sera démontré à ma raison que les mots employés par le législateur disent plus de choses qu'il n'a voulu leur en faire dire, que par conséquent le sens de ces mots n'est pas le sens de la loi, je m'attacherai, par tous les procédés que suggèrent le raisonnement et l'expérience, à découvrir ce dernier sens, le seul obligatoire pour moi.

J'admettrai donc quelques principes propres à me diriger dans cette recherche.

Ainsi, je reconnaîtrai qu'on peut faire résulter l'obligation de restreindre la loi,

1.° De ses différentes parties ;

2.° De ses motifs ;

3.° De l'équité ;

4.° De la raison naturelle ;

5.° Des autres lois positives.

§. CXIX.

Restriction de la Loi, résultant de ses différentes parties.

Il peut arriver que le législateur donne une définition ou qu'il s'exprime d'une manière générale, en commençant la loi, et qu'il rejette ensuite cet énoncé, soit en totalité, soit en partie, ou qu'il y déroge seulement et le modifie en vertu de la règle : *in toto jure, generi per speciem derogatur.*

Il peut arriver, au contraire, qu'il commence la loi par un énoncé particulier, et la termine par un énoncé général. Dans ce cas, comme dans l'autre, il y aura lieu à appliquer la même règle, et l'énoncé particulier dérogera au général.

La loi 7, au Digeste, *de supellect. leg.*, nous offre un exemple du premier cas. Celse rapporte, dans le 1.er §., l'opinion de Tubéro, et paraît l'approuver ; mais il la repousse entièrement vers la fin de la loi.

« Tubéro essaie de définir ainsi ce qu'on entend par » meuble : tout instrument du père de famille propre aux » usages ordinaires de la vie, et qui n'est pas susceptible » d'être classé dans une autre espèce d'objets ; par exemple, » les provisions alimentaires, l'argent, les vêtemens, les or- » nemens, les instrumens aratoires, ou qui servent dans la » maison. Et il ne faut pas s'étonner (1) (ni par conséquent » changer la définition), si le temps et les usages de la cité » ont fait varier l'acception de ce mot ; car autrefois on se » servait de meubles de terre, de bois, de verre, d'airain ; » aujourd'hui les meubles sont en ivoire, en écaille de » tortue, en argent, même en or et en pierres précieuses : » en sorte que c'est plutôt la forme que la matière que l'on » considère dans les meubles ; on ne demande pas tant si » c'est un vêtement, que s'il est en or. Servius avoue qu'il » faudrait examiner dans quel sens celui qui a légué des » meubles, est habitué à employer ce mot. Cependant s'il » était dans l'usage de l'employer pour désigner des choses » qui appartiennent évidemment à une autre classe d'ob- » jets, comme, par exemple, la vaisselle d'argent, des » manteaux, des toges, &c. &c., il ne pense pas que ces » choses fussent comprises dans le legs des meubles : car » on doit interpréter les mots, non pas selon l'opinion

(1) Ici c'est le sentiment de Celse.

» particulière de chacun, mais bien d'après le commun » usage. Tubéro, ajoute Celse, ne partage pas ce senti» ment; car, quel est l'office des mots, selon lui, si ce » n'est de rendre les idées de celui qui parle? Et certes » je ne crois pas (c'est toujours le sentiment de Tubéro) » qu'une personne dise autre chose que ce qu'elle pense, » parce qu'elle aura employé, pour dire cette chose, le mot » qu'elle emploie habituellement. En effet, les mots sont » faits pour exprimer les idées, et personne n'est censé » avoir dit ce qu'il n'a pas eu réellement dans l'esprit. Mais, » continue Celse, quelque imposantes que soient pour moi » l'autorité et la sagesse de Tubéro, je me range à l'avis » de Servius: je ne puis concevoir que quelqu'un ait parlé » (juste), lorsqu'il n'a pas employé, pour désigner l'objet » dont il parle, le mot qui lui est propre; car, bien que » son intention doive certainement prévaloir sur les mots » dont il s'est servi, il n'en est pas moins vrai que per» sonne n'est censé s'exprimer sans le secours des mots, à » l'exception de ceux qui ne peuvent parler, &c. &c. »

Ici l'on voit que Celse justifie d'abord la définition de Tubéro, ce qui supposerait qu'il l'adopte. La conséquence de cette définition serait que le mot *meuble*, employé comme objet d'un legs, devrait s'entendre des objets précieux dont parle la loi, puisque autrefois ces objets, formés de matières communes, étaient comptés parmi les meubles; cependant, par les motifs exprimés dans la loi, on voit que le jurisconsulte se prononce pour une opinion différente, qui est celle de Servius.

Autre exemple: La loi 20, au Digeste, *de rebus credi-*

tis, &c. &c., porte : « Si je vous avais donné une somme » d'argent pour que vous me fissiez le prêt de cette somme, » on demande si cette somme serait (réellement) prêtée ? » J'ai répondu, dit Julien, auteur de la loi, que, dans de » tels énoncés, nous ne faisions pas usage des mots propres; » un pareil contrat n'est ni une donation, ni un prêt. Il » n'est pas une donation, car l'argent n'a pas été remis avec » l'intention qu'il devînt la propriété pleine et entière de » celui qui le recevait ; il n'est pas un prêt, car ce contrat » avait plutôt pour objet de libérer l'acceptant de son obli- » gation, que d'engager l'autre à titre d'emprunteur. Ainsi » donc, si celui qui a reçu la somme, à condition qu'il me » la prêterait, en a ensuite donné quittance à l'autre, cette » somme n'est pas (réellement) prêtée ; je suis plutôt censé » avoir reçu mon propre argent : mais, ajoute le juriscon- » sulte en terminant, toutes ces choses ne sont vraies » que quant à la subtilité des mots ; il est plus naturel de » décider que les deux contrats sont valables. »

On voit que le jurisconsulte, après avoir consacré le texte presque tout entier à discuter et à approfondir la question proposée, de manière à ne laisser aucun doute sur la solution à rendre, rejette tout-à-coup cette solution, et embrasse une opinion contraire, qui est la loi.

J'ai dit que les dernières parties de la loi pouvaient contenir des énonciations générales, et les premières des énonciations spéciales qui dérogeaient aux dernières ; voici un exemple de ce cas : La loi 10, au Code, *fam. ercisc.*, porte : « Toutes les fois qu'un testateur a partagé sa suc- » cession entre ses héritiers, et a voulu que chacun d'eux

» se contentât des portions qui lui étaient assignées ainsi » que des esclaves qui en dépendaient, il est évident que » sa volonté doit être suivie (sauf le réglement de la quarte » falcidie) : les clauses suivantes, par lesquelles il recom» manderait ses esclaves en général et sans distinction à » ses héritiers, ne changent pas cette disposition ; car la » division est suffisamment indiquée dans les paroles » mêmes par lesquelles il l'établit entre ses héritiers. »

Cet exemple, quoique tiré d'une disposition testamentaire, s'applique néanmoins à la loi, en ce sens que des énonciations spéciales peuvent précéder des énonciations générales et y déroger (1). On fait aussi résulter de la loi 3, §§. 3 et 4, *de liber. et posth.*, et de la loi 1.re Cod. *de liber. præter.*, &c., qu'une clause insérée soit au commencement, soit au milieu d'un texte, se réfère à tout ce qui précède et à tout ce qui suit. Mais il est bon de remarquer que les énonciations qui suivent se réfèrent plutôt aux énonciations précédentes *exprimant des dispositions générales et principales*, qu'à celles qui ne renfermeraient que des exceptions, ou qui sont purement démonstratives (2).

La conclusion naturelle qui résulte de cette première méthode de restriction, est la nécessité d'appliquer constamment, en interprétant les lois, l'importante règle de Celse : *Incivile est, nisi totâ lege perspectâ, unâ aliquâ*

---

(1) On peut voir d'autres exemples dans la loi fin. ff. *de hæred. instit.* L. 34, §. 1, ff. *de verb. oblig.* &c. &c.

(2) Arg. de la loi *nam quod liquidæ* 4, §. fin. ff. *de pen. leg.*

particulâ ejus propositâ judicare, vel respondere. L. 24, ff. *de legib.* (1).

§. CXX.

Restriction de la Loi, résultant de ses motifs.

J'ai dit (§§. III et XCVII) que le motif de la loi était la mesure du sens de la loi, ce qui l'avait fait considérer par les auteurs comme la loi elle-même; de là plusieurs conséquences.

---

(1) La rédaction des lois modernes ne permet pas de leur faire l'application de ces principes d'une manière exactement conforme à celle que l'on peut faire au droit romain.

Toutes les dispositions d'une même loi se trouvant aujourd'hui subdivisées en une foule d'articles plus ou moins courts qui appartiennent eux-mêmes à des divisions souvent très-étendues, il est rare qu'un seul article se trouve composé de parties différentes et tendant à présenter des sens divers.

J'appliquerai donc ces principes à l'ensemble des dispositions rendues sur un même objet dans plusieurs lois, titres ou chapitres, lorsque les divers énoncés qui s'éclaircissent mutuellement, peuvent être considérés comme appartenant à une même loi.

Par exemple, la dernière partie de l'article 193, Cod. de procéd., reçoit de la disposition finale de l'article 194, un éclaircissement qui aide à lever les doutes que l'on pourrait concevoir à la lecture du premier article. (Une loi du 3 septembre 1807 a donné l'explication complète que réclamait cette matière.)

Pareillement, l'article 477 du même Code, porte « que le tribunal » devant lequel le jugement attaqué (par la tierce opposition) aura été » produit, pourra, suivant les circonstances, passer outre ou surseoir. » Il est évident que cet article ne peut s'entendre que du cas où la tierce opposition est *incidente*, ce qui résulte du rapprochement des articles précédens, et de la nature des choses.

1.° Le motif de la loi cessant, la loi cesse avec lui (1);

2.° Le motif de la loi se trouvant limité, l'effet est limité avec lui (2);

3.° Le motif de la loi étant corrigé, la loi sera aussi corrigée (3).

Il résulte encore de là que l'on devra abandonner même l'acception propre et régulière des mots, pour s'attacher au motif de la loi (4), et que ce qui serait douteux quant à l'expression, cessera de l'être par la connaissance du motif de la loi.

Voyons des exemples.

L'édit des édiles impose comme obligation à ceux qui vendent des bêtes de somme, de faire connaître à l'acheteur les maladies ou les vices dont se trouvent atteints les animaux qu'ils vendent; s'ils ne remplissent pas le vœu de la loi, l'acheteur a contre eux l'action rédhibitoire (5). On demande si la loi doit s'entendre du cas où le vendeur vendrait un cheval boiteux ou borgne, car elle n'en a pas parlé? On répond que non (6). Cependant on objecte que les termes de l'édit n'exceptent aucun cas; mais le jurisconsulte réfute ainsi l'objection: Quel est le motif de l'édit?

---

(1) L. *quod dictum*, ff. *de pactis*; L. *de eo*, et L. *quid enim* et seq. ff. *de judic.*

(2) L. *cancellaverat*, ff. *de his quæ in testament. del. facit.*

(3) L. 1, in principio, ff. *de legitim. tutel.* — Authentic. *ingressi*, in fin.; L. *generali*, C. *de ss. eccles.*;

(4) L. 63, ff. *de ædilit. edict.* (*Voyez* Forster, *Interpr.* lib. 2, cap. 3, n.° 15.)

(5) L. 1, ff. *de ædil. edict.*

(6) L. 1, §. *si intelligitur*, ff. eod.

d'empêcher que l'acheteur ne soit trompé (1); or, l'acheteur n'est pas trompé toutes les fois qu'il peut voir par lui-même le vice dont est atteint le cheval. Ici le motif de la loi cessant, il est évident que la loi cesse avec lui. Autre exemple : il résulte des termes du sénatusconsulte Velléien qu'aucune femme ne peut valablement s'obliger comme caution d'un tiers (2); cependant le même sénatusconsulte (3) déclare que cette disposition n'est pas applicable à la femme qui a trompé le créancier, en déclarant qu'elle s'obligeait pour son propre compte, tandis qu'elle s'obligeait réellement pour un tiers, attendu que le motif de la loi n'est plus applicable. Quel a été le but de la loi ? de venir au secours de la faiblesse du sexe, et non d'aider la fraude : *Infirmitas*, dit Ulpien, *non calliditas auxilium meruit* (4).

De là est née la règle particulière: *Quod favore aliquorum introductum est, non debet unquàm contra ipsorum commodum produci* (5). « Ce qui a été introduit pour l'avantage de quelques personnes, ne peut pas être tourné à leur préjudice. » En effet, il est telle loi qui, entendue selon ses termes, devrait avoir son effet même contre celui pour lequel elle a été faite : mais le motif de la loi, par conséquent sa volonté, s'y opposent; car elle a

(1) §. 1 eod.

(2) L. 2, ff. *ad senatusc. Velleian.*

(3) §. 3.

(4) Ibid. *Voyez* d'autres exemples dans les lois *pactum*, ff. *de pactis*; — *de eo*, ff. *de judic.* &c. &c.

(5) L. *quod favore*, C. *de legib.*; l. *nulla*, ff. eod. tit.

eu pour but de venir au secours et non de nuire. Par exemple, la loi *juris gentium*, §. *ait prætor*, ff. *de pactis*, porte que les pactes faits de mauvaise foi ne sont pas obligatoires (1). En suivant rigoureusement les termes de cette loi, on devrait dire que tout pacte, toute transaction de cette nature, sont absolument sans valeur, même sur la demande formelle de celui qui a été trompé ; cependant on décide le contraire, et l'on écoute celui qui a été trompé lorsqu'il demande le maintien d'un pareil pacte ou d'une pareille transaction (2). Quel est le fondement de cette décision, qui paraît en opposition avec les termes de l'édit ? Le motif même de la loi. Elle a voulu venir au secours de celui qui a été trompé, et non du trompeur; or, ce qui a été conçu dans le but de secourir une personne, ne doit pas être tourné contre elle, &c. &c. La même règle de décision s'applique, dans le droit romain, aux engagemens contractés par les mineurs. Ces engagemens étaient nuls quant aux mineurs, en cas de lésion; ils étaient valables, si leur condition en devenait meilleure. C'est ainsi qu'on fait résulter du motif de la loi la nécessité de la restreindre.

Mais on ne doit pas abandonner facilement les termes, et l'on doit toujours présumer qu'ils représentent exactement la pensée du législateur (3).

---

(1) *Pacta conventa, quæ neque dolo malo, neque adversùs leges, plebiscita, senatusconsulta, edicta principum, neque quò fraus cui eorum fiat, facta erunt, servabo.*

(2) L. *transact. finit.* C. *de transact.*

(3) *In dubio, si de ratione non planè certi simus, melius est verbis legis servire.* (L. 1, §. *licet autem*, 20, ff. *de exercit. action.*) *In re igitur*

Que si le motif et par conséquent la volonté de la *loi* sont évidens, alors il faut suivre cette volonté et s'attacher à ce motif; « car, dit la loi 13, §. 2, ff. *de excusat. tutor.*, » quoique les paroles de la loi présentent un sens véri» table, cependant le législateur veut autre chose (1).

§. CXXI.

Mais comment s'assurera-t-on que le motif de la loi est assez clair, assez précis, pour qu'on doive lui sacrifier les mots ?

On en aura la certitude, toutes les fois, 1.° qu'on le trouvera exprimé dans l'une des parties de la loi; 2.° dans les autres lois positives; 3.° enfin, lorsqu'on pourra le faire résulter d'argumens décisifs tirés de la législation ou d'ailleurs (2). Ainsi les auteurs (3) considèrent comme un motif suffisamment exprimé, l'intention contraire du législateur; car, ce qui a été introduit par lui dans un certain but, ne saurait être appliqué à un but contraire. C'est d'après ce principe que le fisc qui succède n'est pas tenu de venger la mort du défunt, comme y aurait été tenu celui

---

dubia melius est verbis edicti servire; cùm ea præsumatur legis sententia, quam verba demonstrant, (L. *Labeo* 7, §. fin. *de supell. legat.*) *Etiamsi lex dura videatur.* (L. *prospexit* 12, ff. *qui et à quibus manumit.*)

(1) *Etsi maximè verba legis hunc habeant intellectum, tamen mens legislatoris aliud vult.*

(2) Confer. Gloss. in l. *quamvis*, C. *de fideicomm.* — Arg. leg. 2, C. *de liber et posth.*

(3) Stephan. de Federic. pars 1, n.° 152. — Donell. *Comment. jur. civ.* cap. 13, n.° 10.

auquel il enlève la succession (1). De même celui qui n'use pas du bénéfice introduit par une loi, ne contrevient pas à cette loi (2). Ce qui a été établi en haine de certains actes ou de certaines personnes, ne saurait être entendu dans un sens favorable à ces actes ou à ces personnes (3), et réciproquement.

C'est d'après le même principe qu'il faut entendre le sénatusconsulte Velléien dont j'ai déjà parlé, et le sénatusconsulte Macédonien, fait principalement en haine des usuriers. Il est évident que l'intention du législateur, et par conséquent le motif de la loi, résultent du but direct qu'il s'est proposé; car il veut nécessairement par-là éviter le but contraire.

Un autre argument qui décèle le motif de la loi, résulte de la parité. Par exemple, on demande si un individu, parent à un certain degré, peut être entendu dans une affaire? La loi décide que non. Cependant on limite cette décision en ce sens, que si l'individu est parent au même degré des deux parties, il pourra être entendu (4); car il y a parité. De même, aux termes de la loi *si mora*, ff. *de solut. matrim.*, celui qui est en retard est tenu des événemens fortuits, des accidens, &c. &c.; mais il faut en

---

(1) L. *quia poterat*, §. fin. ff. *ad Trebell.*

(2) L. *speciem*, ff. *de his quæ in fraud. credit.*

(3) L. *eleganter*, ff. *de dolo*; l. *Julianus*, §. *si quis colludente*, ff. *de action. empti*, et l. *cùm profitearis*, C. *de revocand. donat.*

(4) Cap. postremo Extrav. *de appell.* L. *non solùm*, §. *adoptivus*, ff. *de ritu nuptiar.*

excepter le cas où la partie adverse serait elle-même en retard; il y a encore parité.

On considère aussi comme argumens propres à déceler le motif de la loi et à autoriser la restriction,

1.° Le raisonnement qui conduirait à l'absurde, si la loi n'était pas restreinte (1);

2.° Le préjudice qu'éprouverait un tiers, si la restriction n'avait pas lieu (2);

3.° Le dommage qu'il souffrirait injustement;

4.° La qualité de la matière; par exemple, si elle est odieuse. *(Consil. Marpurg. 9.)*

Au reste, la restriction cesse, même dans ces cas, 1.° lorsque le législateur a formellement prescrit que la loi serait entendue et appliquée selon ses termes et sans interprétation (3); 2.° lorsque la loi n'exprime pas de motif, et qu'on ne peut lui en assigner aucun (4); 3.° lorsqu'il s'agit d'empêcher la perte d'un gain légitime (Clém. 1 et Gloss.); 4.° lorsqu'il importe à l'intérêt public que la loi soit entendue sans restriction (5); 5.° lorsque la loi, redoublant ses expressions, paraît s'opposer à toute restriction (6): cependant Coraz n'admet cette dernière res-

---

(1) L. *scire oportet*, §. *aliud*, ff. *de excusat. tut.* — Everhard, *Loc. arg. leg.* 5, n.° 10.

(2) L. *si quando*, in principio, C. *de inoff. testam.*

(3) L. *prospexit*, ff. *de legib.*

(4) L. 1, §. *si quis navem*, ff. *de exercitor.*

(5) L. *si quis in gravi*, §. *utrum*, ff; l. 1, §. *nunciatio*, ff. *de nov. oper. nunciat.*

(6) L. *pluribus*, 6, ff. *de accept.*

triction que lorsque l'ensemble du texte l'autorise d'une manière évidente. (Arg. l. *illud*, ff. *ad leg. Aquil.*)

§. CXXII.

Restriction de la Loi, résultant de l'équité.

Pour exposer des principes clairs sur cette matière, il importe d'adopter de bonnes divisions, et de s'exprimer correctement.

Il y a trois espèces d'équité :

1.° L'équité naturelle proprement dite ;

2.° L'équité civile ;

3.° L'équité d'interprétation ou d'application.

L'équité naturelle est définie par le président Bouhier: *Lueur de raison que la nature a imprimée dans tous les hommes* (1).

L'équité civile est définie par les jurisconsultes : « Raison » probable qui n'est pas naturellement connue de tout le » monde, mais bien d'un petit nombre d'hommes qui, » doués de sagesse, de lumières, et consommés dans l'ex» périence des affaires humaines, ont appris à connaître » les choses les plus convenables à la conservation de la » société (2). »

Ainsi, par exemple, l'équité naturelle veut que tout possesseur de la chose d'autrui soit forcé de la lui rendre, en quelque temps qu'il la lui demande ; mais l'équité civile

---

(1) *Observat. sur la Coutum. de Bourgogne*, chap. 11, n.° 44.

(2) Calvin. *Lexic. jurid.* et Tulden. *de Caus. corrupt. judic.* lib. 2, cap. 8.

modifie ce principe; et, considérant le danger qu'il y aurait à laisser les propriétés perpétuellement incertaines, elle veut qu'après un certain nombre d'années, le possesseur soit présumé propriétaire et ne puisse plus être recherché: de là la prescription.

On voit par-là que ces deux sortes d'équité sont exclusivement du domaine du législateur, et qu'elles ne peuvent être confondues avec l'équité d'interprétation, dont je vais parler.

§. CXXIII.

Une loi étant rendue, il s'agit de savoir si, par des motifs tirés de l'équité, on pourra en restreindre le sens.

Les lois romaines semblent se contredire sur ce point.

Cependant, si on les classe bien, si on les explique bien, les contradictions disparaissent.

J'ai établi dans les paragraphes précédens que la loi était susceptible d'extension ou de restriction, selon que son motif devenait plus ou moins grave, plus ou moins étendu; car le motif de la loi en est la mesure. D'où il suit que la loi est inapplicable dans les cas où son motif a cessé. On pourra, par une analogie exacte, décider que, dans les cas où il y aurait iniquité à appliquer la loi, elle ne saurait l'être; et que, quelque étendus que soient les termes, la loi sera restreinte et cessera dans ces cas. C'est proprement le vœu et le sens des règles suivantes: *In omnibus quidem, maximè tamen in jure, æquitas spectanda est* (l. *in omnibus*, ff. *de reg. jur.*). *Benigniùs leges interpretandæ sunt, quò earum voluntas conservetur* (l. *beni-*

gniùs, ff. *de legib.*). *Benignè temperare, et æquitate, seu naturalis juris moderamine temperare* (l. *non sine*, C. *de bonis quæ liber.*).

Mais on remarque à quelle condition l'équité est permise par ces règles. *L'humanité, l'équité,* dont elles parlent, doivent servir à tempérer, à modérer le droit, et non à le détruire. « Nous voulons que, dans toutes les affaires, » disent les empereurs (1), on suive plutôt la justice et » l'équité que la rigueur du droit. » C'est-à-dire, lorsque le droit s'exprime en termes généraux, et que des cas se présentent où il serait injuste et inique de l'appliquer; comme alors il y a opposition évidente entre la justice, l'équité, et le droit tel qu'il est écrit, nous suivons l'équité et nous abandonnons le droit, qui n'est plus que le droit strict fondé sur la seule autorité des mots, contraire au sens et à la volonté de la loi.

Par exemple, le sénatusconsulte relatif à la pétition d'hérédité dispose que le possesseur de l'hérédité doit restituer, après la demande, tout ce dont il était redevable au moment même de la demande (2). Les termes de ce sénatusconsulte s'appliquent au possesseur de bonne foi comme au possesseur de mauvaise foi (3). On demande si le possesseur de bonne foi devra néanmoins être tenu des pertes (en bêtes de somme, troupeaux ou autres), sur-

(1) L. *placuit*, C. *de judic.*

(2) L. *illud* 20, ff. *de hered. petit.* — *Ut post acceptum judicium id actori præstetur, quod habiturus esset, si eo tempore, quo petit, restituta esset hereditas.*

(3) L. *sed etsi*, §. *si antè*, ff. *de petit. her.*

venues depuis la litiscontestation (ou le commencement de l'instance). Mais le jurisconsulte Paul décide que non, parce qu'il y aurait dureté et injustice (1). *Nec enim debet possessor, aut mortalitatem præstare, aut propter metum hujus periculi temerè indefensum jus suum relinquere.* Pareillement, d'après la loi *nemo*, §. 1, ff. *de verb. oblig.*, si la chose a péri entre les mains du débiteur après qu'il a été mis en demeure, il n'est pas moins tenu de la rendre que si elle existait encore. A s'en tenir aux termes de cette loi, il faudrait décider qu'une fois le débiteur mis en demeure, s'il offre ensuite la chose au créancier, que celui-ci la refuse sans motifs, et qu'elle périsse, le débiteur n'en sera pas moins tenu; mais Celse repousse cette décision, comme contraire à l'équité, quoique conforme aux termes de la loi (2). « Celui qui a été en retard de payer » l'esclave qu'il avait promis, peut réparer ce retard en of» frant ensuite l'esclave; car c'est là une question de pure » équité : or, dans cette matière, dit le jurisconsulte, on » commettrait de graves erreurs si l'on ne consultait que les » principes du droit (3).

§. CXXIV.

Je viens d'établir que l'interprétation dans laquelle l'équité est employée pour tempérer la rigueur du droit,

(1) L. *illud*, ff. *de petit. hered.*

(2) L. *si servum*, §. *sequitur*, ff. *de verb. oblig.*

(3) *Eum, qui moram fecit in solvendo stico quem promiserat, posse emendare eam moram posteà offerendo : esse enim hanc quæstionem de bono et æquo; in quo genere* PLERÙMQUE SUB AUCTORITATE JURIS SCIENTIÆ PERNICIOSÈ ERRATUR.

était conforme au sens de la loi; je vais prouver que telle est la volonté de la loi.

Benigniùs leges interpretandæ sunt, dit Celse, *quò earum voluntas conservetur*. C'est donc se conformer au vœu de la loi que d'interpréter avec ce tempérament, car la loi est précisément ce qu'elle a voulu, *Lex est, id quod lex voluit* (1); et cette volonté est fondée sur les définitions mêmes du droit: *Jus est ars æqui et boni* (2); *est ars ad justitiam ferens* (3). Or, nous ne pouvons pas concevoir que le législateur veuille modifier le droit naturel, de telle sorte que le droit civil ne puisse pas, dans de certains cas évidemment contraires à l'équité, recevoir des exceptions (4).

Mais cette doctrine, qui est appuyée sur plusieurs lois romaines, paraît contraire à la loi première au Cod. *de legib.*, qui porte: *Inter æquitatem jusque interpositam interpretationem, nobis solis et oportet et licet inspicere.* « En matière d'interprétation, lorsqu'il s'agit d'examiner si l'on doit suivre le droit ou l'équité, c'est à nous seuls qu'il appartient de prononcer. » Une explication judicieuse de cette loi fera disparaître, ainsi que je l'ai dit en commençant, l'espèce d'antinomie qu'elle paraît présenter.

---

(1) L. *non dubium*, C. *de legib.*

(2) L. 1, ff. *de just et jur.*

(3) Ibid.

(4) *Civilis ratio naturalia jura corrumpere non potest.* L. 8 *de cap. minut.* ff.

Quel est le vœu des lois précédentes? que l'équité tempère, modère le droit. *Benigniùs leges interpretandæ sunt, quò voluntas earum conservetur* (1). *Placuit præcipuam esse æquitatis scriptæ, quàm scripti juris rationem* (2), &c. Or, que supposent ces lois? qu'un droit quelconque existe. Que veulent-elles? qu'il soit interprété conformément à l'équité. Il résulte de là que, tant que le droit existe, il doit être interprété d'après les règles de l'équité, car tel est le vœu de la loi. Mais si, sous le prétexte de faire prévaloir l'équité, on allait jusqu'à détruire le droit en totalité ou dans ses principales parties, alors sans doute on usurperait les fonctions du législateur; on irait contre le vœu de la loi; et ce serait le cas d'appliquer la loi 1.re au Cod. *de legib.* Telle est la conciliation naturelle de ces textes.

Ainsi, en faisant un usage légitime de l'équité dans l'interprétation des lois, nous suivons le véritable sens de la loi, nous accomplissons sa volonté, qui est la conservation de ce sens dans toutes ses parties.

Au reste, les auteurs apportent une sage restriction à l'usage de l'équité, même dans ce cas. En effet, quel est le premier devoir de l'interprète? de rechercher la volonté du législateur (§§. LXX et LXXII). Or, s'il résulte des termes de la loi que le législateur a voulu qu'on lui obéît dans tous les cas, et que tout accès à l'équité fût interdit, l'interprète doit respecter sa volonté, et appliquer la loi

---

(1) L. *benigniùs*, ff. *de legib.*
(2) L. *placuit*, ff. *de legib.*

dans toute sa rigueur. C'est le sens de la loi *prospexit*, ff. *qui et à quibus manumiss. liber.*

Ainsi, la loi *Julia, de adulteris*, dispose qu'une femme soupçonnée d'adultère, qui est en instance de divorce, ne peut affranchir ni aliéner absolument aucun de ses esclaves, pendant les soixante jours qui suivent le divorce (1). D'après les termes de cette loi, la femme ne peut aliéner ni les esclaves qui ne sont pas à son service, ni ceux qui sont dans les champs ou à la campagne, ou qui, dans tout autre éloignement, seraient hors d'état de rendre un témoignage utile sur le fait de l'adultère. Ulpien avoue que cela est, non-seulement dur, mais très-dur, *quod quidem perquàm durum* (2); car, on lui ôte par-là le droit de disposer de ses esclaves, qui sont sa propriété (3). *Sed lex ità scripta est*, ajoute Ulpien (4); par conséquent il faut l'exécuter dans toute sa rigueur. *Ipsa igitur quæ divertit, omnes omnimodo servos suos manumittere vel alienare prohibetur: quia ità verba faciunt, ut ne eum quidem servum qui extra ministerium ejus mulieris fuit, vel in agro, vel in provincia, possit manumittere vel alienare. Quod quidem perquàm durum est: sed ità lex scripta est. (*L. *prospexit*, §. 1, ff. *qui et à quib. manumiss.)* Quel est le fondement de l'opinion d'Ulpien? C'est que les termes de la loi lui paraissent exclure tout moyen d'interprétation par

---

(1) L. 3, C. *de adulter.* D. l. *prospexit* ff.

(2) D. l. *prospexit*; l. *illud*, ff. *de petit. hered.*

(3) L. 2, ff. *de his qui sui vel alien. jur. sunt.*

(4) D. l. *prospexit*, §. 1.

l'équité ; car, lorsque la loi se prononce pour tous les cas, il est évident que sa volonté est qu'elle s'applique dans tous les cas (1). Quant à l'observation que la loi est inique, qu'elle n'aurait pas dû être ainsi rendue, que toute loi doit avoir pour résultat nécessaire de consacrer les principes éternels de la justice et non de les violer, ces observations et autres semblables sont hors des attributions de l'interprète, et rentrent dans le domaine du législateur. De là est née évidemment la maxime de Julien: *Non omnium quæ à majoribus constituta sunt, ratio reddi potest.* Cependant il importe de bien entendre cette maxime elle-même :

(1) Je trouve, dans une dissertation récente d'un jurisconsulte hollandais, M. Cock *(Disputatio de argumento ab analogia)*, une opinion contraire à celle que j'ai plusieurs fois professée dans ce traité, savoir, que le motif de la loi est la loi elle-même. Ce jurisconsulte fait résulter des termes dont se sert Ulpien dans la loi que je viens de rapporter, que les motifs de la loi et sa volonté ne sont pas les mêmes; d'où il faut tirer la conséquence, selon lui, que ce motif n'est pas non plus la loi. « *Quòd* » *si verò sententiam legis et rationem iisdem finibus circumscriptam* » *esse credidisset, nequaquàm ità respondere potuisset Ulpianus.* »

Mais qui ne voit que la loi a ici deux motifs, l'un exprimé, l'autre non exprimé? Ce dernier est la crainte de la fraude. Il ne serait pas toujours très-difficile, en effet, de faire passer un esclave présent pour absent; car la position de la femme doit lui suggérer tous les moyens possibles de se soustraire à l'action intentée contre elle. La loi n'a pas voulu embarrasser la preuve du fait capital de l'adultère, de toutes les difficultés particulières relatives au témoignage. L'importance de ce but même lui a paru supérieure à l'inconvénient éventuel de blesser la femme dans son droit de propriété. Ainsi la loi, dans ce cas, aura deux motifs.

On sent maintenant que de la réunion de ces deux motifs (qui ont l'un et l'autre le même objet), résulte la volonté réelle du législateur, et comment j'ai eu raison de dire avec Doneau, Everhard et autres, que le motif ou les motifs de la loi étaient la loi elle-même.

elle ne signifie pas qu'il puisse y avoir des lois dépourvues de motifs ; car la loi étant définie le précepte (réfléchi) des hommes sages (1), comment concevoir qu'elle ne soit pas toujours accompagnée d'un motif ? (*Voyez* § LXVII *suprà.*) Mais cela signifie que le motif ne nous est pas toujours connu, quelque excellent qu'il soit d'ailleurs ; c'est-là même ce qui nous donnera le vrai sens de la loi *prospexit* (2). En effet, ce qui nous parait injuste, inique d'après les termes, peut au fond être juste et équitable d'après le motif. Or, ce motif n'en existe pas moins, quoiqu'il ne nous soit pas connu ; car, il ne nous est pas toujours possible de déduire le motif des lois. De là cette conséquence exprimée par la loi 21, ff. *de legib.*, qu'il ne faut pas rechercher le motif des lois : *Et ideò, rationes eorum quæ constituuntur, inquiri non oportet ; alioquin multa ex his quæ certa sunt, subvertuntur.* Enfin cette dernière loi elle-même demande une explication. Entendue dans son sens simple et direct, elle énonce un principe faux. Loin qu'il ne faille pas rechercher le motif des lois, cela est nécessaire pour plusieurs raisons ; d'abord, pour ne pas faire l'application d'un sens qui serait contraire au motif de la loi, motif que nous avons dit être la loi elle-même ; ensuite, pour donner à la loi, et d'après son propre vœu, l'extension ou la restriction qui résulte de son motif. Mais le véritable sens de cette loi est que, dans l'impossibilité réelle de trouver ce motif, ou jusqu'à ce que nous en

(1) L. 1, ff. *de legib.*
(2) ff. *qui et à quibus manumiss.*

ayons trouvé un autre différent de celui que nous connaissons, nous ne pouvons nous refuser à faire l'application de la loi; car, sans cela, le droit n'aurait plus aucune certitude: *alioquin multa ex his quæ certa sunt, subvertuntur.*

§. CXXV.

Restriction résultant de la Raison naturelle.

Quelque affinité que paraissent avoir entre elles la raison naturelle et l'équité, j'ai trouvé des nuances très-prononcées entre les méthodes spéciales de restriction qu'elles fournissent l'une et l'autre, et c'est ce qui m'a déterminé à les séparer.

En principe, une loi générale est toujours restreinte, sous quelques rapports, par la raison naturelle, qui est réputée loi écrite (1). Ainsi, de même qu'on n'est pas censé comprendre dans l'obligation générale ce qu'il n'est pas vraisemblable que l'un des contractans eût exigé de l'autre (2), de même qu'un mandat général n'est pas censé embrasser ce qui sort des limites naturelles du mandat (3); de même aussi le législateur n'est pas censé avoir compris dans la loi ce qu'il n'eût pas voulu y insérer, si on l'eût interrogé sur ce point (4) : car la loi est le précepte réfléchi des hommes sages, avons-nous dit. Or, elle n'est pas

---

(1) L. *scire oportet*, §. *sufficit*, ff. *de excusat. tutor.*; l. *indebitam*, ff. *de condict. indeb.*

(2) L. *obligatione generali*, ff. *de pignor.*

(3) L. *si filius*, ff. *de donat.*

(4) Arg. l. *tale pactum*, §. fin. ff. *de pactis.*

censée renfermer, selon Aristote (1), ce que désapprouverait un homme sage et juste.

Les conséquences de ce principe sont qu'une loi, quelque générale qu'elle soit, est toujours présumée exclure ce qui serait honteux ou contraire aux bonnes mœurs (2) : ainsi, dans le legs des vêtemens, on ne doit pas comprendre ceux que les lois ou les bonnes mœurs défendent de porter (3) ; tels seraient, par exemple, ceux qui paraîtraient destinés à l'exécution d'un crime, à la pratique de la fraude, &c. &c. (4). Ainsi les lois romaines décident que tout ce qu'acquiert le fils de famille ou l'esclave, est acquis au père ou au patron (5) ; cependant elles en exceptent ce qui résulte d'un gain illicite ou honteux. Le locataire qui a promis de n'avoir pas de feu dans la maison qu'il a louée, n'est pas censé s'être interdit la faculté d'avoir le feu nécessaire pour le nourrir (6). Ainsi la loi qui s'en remet au serment du demandeur pour fixer la quotité de la demande, doit être entendue avec cette restriction que, si la fixation est excessive, le juge puisse la réduire (7) ; ainsi le père qui a confié au tuteur le soin de marier sa fille, est présumé avoir interdit au tuteur de se marier avec elle. La décence et l'honnêteté, disent les lois romaines,

(1) 2 *Ethic.*
(2) L. 28, ff. *de liber. et posth.*
(3) L. *cùm sponsæ*, §. *si res*, ff. *de public.*
(4) L. *in fundo*, ff. *de rei vindicat.*
(5) L. *placet*, ff. *de acquir. hered.*
(6) L. *videamus*, ff. §. *locati.*
(7) Arg. leg. *qui restituere*, ff. *de public. in rem action.*

ne sont jamais placées sous une supériorité quelconque (1). Pareillement la loi générale doit être restreinte en ce sens, que personne ne retire un bénéfice de son dol ou de sa faute (2); que personne n'éprouve ni peine ni dommages par suite d'actions louables ou justes (3); que la condition du méchant ne soit pas meilleure que celle de l'homme de bien, celle de l'imprudent meilleure que celle du sage, celle du contumax meilleure que celle de l'homme qui se confie à la loi (4). Ainsi, celui qui tient du juge le droit de se mettre en possession d'une chose, est réputé possesseur de plein droit de cette chose, toutes les fois que le détenteur se refuse à la lui livrer, par dol ou par force (5). Ainsi, la loi générale n'embrasse pas les cas où la piétié filiale serait blessée (6), ni les cas injustes; car il serait absurde que la loi, qui est réputée essentiellement juste, pût être étendue à des cas injustes (7) : ainsi la loi doit toujours être restreinte en ce sens, qu'un homme ne préfère pas le gain d'autrui au sien propre; car, jamais la personne de celui qui parle n'est comprise dans son énoncé général (8) : ainsi le testateur qui substitue un tiers à son fils ou à sa fille s'ils

---

(1) L. *quamquàm*, ff. *de ritu nuptiar.*; l. *quod ex liberta*, Cod. *de oper. liber.*, et l. *Quintus Mutius*, ff. *mandatis*. Ce motif n'est pas la cause directe de la défense; mais on sent qu'il en est la cause éloignée.

(2) L. 1, ff. *de dolo*; l. *uxori*, ff. *de usufruct. legat.*

(3) L. *Gracchus*, C. *de adulter.* &c. &c.

(4) L. *quod servus*, ff. *quod vi aut clàm.*

(5) Extrav. *de dol. et cont.*

(6) L. *minimè*, ff. *de religios.*

(7) Arg. leg. *pœn.* ff. *ad exhib.*

(8) L. *inquisitio*, C. *de solution.*

meurent sans enfans, est censé parler d'enfans légitimes (1). Je n'étendrai pas davantage cette série d'exemples ; il est facile de les multiplier dans la pratique, en prenant pour règle constante que le droit naturel est réputé droit écrit (2) (*car*, dit Sénèque, *il est des choses non écrites qui sont préférables aux choses écrites*), et qu'il est le supplément du droit positif.

§. CXXVI.

Restriction résultant des Lois positives.

J'ai déjà dit (§. CIX) que toutes les lois positives agissaient les unes sur les autres, de manière à s'interpréter mutuellement, et qu'on pouvait appliquer à la législation entière les mêmes règles d'interprétation qu'on appliquerait à une loi composée de plusieurs paragraphes. Cette doctrine a besoin d'être développée.

Sans doute les lois anciennes peuvent être abrogées, restreintes, interprétées par les lois nouvelles ; ce sont des effets naturels de la volonté du législateur, qui peut, ainsi que je l'ai dit, modifier à son gré toutes les parties du droit. Mais lorsqu'une loi nouvelle déroge à une loi antérieure, on ne doit pas oublier que la cause de la dérogation est toute entière dans la volonté de la loi postérieure, et non dans les termes ni dans l'esprit de la loi antérieure, qui a dû être interprétée dans toute son étendue jusqu'à la dérogation. Dans le cas contraire, lorsqu'il s'agit de la dérogation d'une loi nouvelle générale sur une matière par

(1) L. *ex facto*, ff. *ad Trebell.*

(2) L. *immò magnæ*, ff. *de legib.*

une loi spéciale antérieure sur la même matière, il faut poser en principe :

1.° Que, dans ce cas comme dans l'autre, il y a dérogation, en vertu de la règle, *in toto jure, generi per speciem derogatur ;*

2.° Que, dans ce second cas, la cause de la dérogation est toujours dans la volonté de la loi nouvelle générale, qui a laissé subsister la loi antérieure en totalité ou en partie, et qu'elle a en quelque sorte adoptée, comme faisant partie de ses propres dispositions ; c'est-là le sens des lois romaines : *Non est novum, ut priores leges ad posteriores trahantur* (1). *Ideò, quia antiquiores leges ad posteriores trahi usitatum est ; et semper quasi hoc legibus inesse credi oportet, ut ad eas quoque personas et ad eas res pertinerent, quæ quandoquè similes erunt* (2). *Sed et posteriores leges ad priores pertinent, nisi contrariæ sint ; idque multis argumentis probatur* (3).

Conformément à ce principe, nous dirons : Lorsqu'une loi nouvelle spéciale déroge à une loi antérieure générale sur la même matière, tout ce que comprend la loi spéciale sera sans doute retranché de la loi antérieure, comme n'exis-

(1) L. 26, ff. *de legib.* Il n'est pas nouveau que l'on rattache les anciennes lois aux lois postérieures.

(2) L. 27, eod. tit. Cela est fondé sur l'usage où l'on est de les rattacher ainsi ; et comme s'il était constamment écrit dans les lois, qu'elles s'appliqueront aux mêmes personnes et aux mêmes choses, toutes les fois qu'il y aura lieu.

(3) L. 28, eod. tit. Il est prouvé de mille manières que les lois postérieures se rattachent aux lois précédentes, à moins qu'elles ne leur soient contraires.

tant plus, et l'ancien droit subsistera et conservera toute sa force pour tout ce qui n'a pas fait l'objet de la loi nouvelle (1). Mais comme la cause de cette dérogation est toute entière dans la volonté de la loi nouvelle, c'est dans cette volonté qu'il faudra chercher le sens et l'interprétation de la loi nouvelle. Dans le cas contraire, c'est-à-dire, lorsqu'il existera des lois spéciales sur une matière, et qu'une loi générale sera ensuite rendue sur la même matière, il faudra dire aussi que la loi générale doit souffrir les exceptions et les restrictions renfermées dans les lois antérieures, et par suite l'interprétation qui a pour but la conservation de la loi spéciale antérieure, quoique les termes de la loi nouvelle paraissent s'y opposer.

Supposons, par exemple, qu'une loi nouvelle porte, entre autres dispositions, que toute personne qui s'obligera par-devant notaire, sera tenue d'accomplir son engagement, que les parties soient présentes, absentes, solvables ou non, &c. &c.

Certainement, aux termes de cette loi, qui n'excepte personne, il faudrait décider que les femmes mariées et les mineurs seront tenus, par suite de leurs engagemens, de même que les majeurs; cependant la décision contraire sera seule vraie, parce que la loi nouvelle ne peut être entendue qu'en la rattachant aux lois antérieures sur la même matière, par conséquent avec les modifications, exceptions et restrictions que prescrivent ces lois pour les cas qui leur sont propres. On devra donc sous-entendre, dans la

(1) L. *præcipimus*, in fin. C. *de appell.*

loi nouvelle, que les femmes mariées et les mineurs ne pourront valablement s'obliger, dans la forme qu'elle introduit, qu'à la condition expresse qu'ils auront satisfait d'ailleurs à toutes les formalités qui leur sont imposées par les lois antérieures spéciales qui les concernent, pour rendre leurs engagemens valables.

Mais on peut demander sur quoi l'on se fonde pour excepter de la loi nouvelle tout ce que comprend la loi antérieure spéciale, puisque la loi nouvelle n'énonce pas l'exception, et que ses termes y paraissent contraires? Nous dirons que cela est fondé sur la volonté même de celui qui a rendu la loi nouvelle. Sa volonté présumée est, qu'il laisse subsister tout l'ancien droit; il n'y déroge que lorsqu'il l'a formellement exprimé, ou lorsque sa volonté, à cet égard, résulte évidemment de la loi nouvelle (1); comme, par exemple, lorsque cette loi se trouve entièrement contraire à la loi précédente (ce qui s'établit par une foule d'argumens, d'après le jurisconsulte Paul, l. 28, ff. *de legib.*): alors on applique la règle de Modestin, savoir, que les lois postérieures abrogent naturellement les lois antérieures, ou y dérogent (2).

Cependant il est bon de remarquer que même les lois anciennes abrogées peuvent servir à interpréter les lois postérieures (3).

---

(1) L. *si quando*, in principio, C. *de testam.*; l. *sed et posteriores*, ff. *de legib.*

(2) L. fin. ff. *de constit.* princip.

(3) Cap. *fuerunt* 2, §. *paulatim*, dist. 7, et ibi Archid.

§. CXXVII.

La restriction de la loi peut résulter de la signification propre des mots. Par exemple, le mot *consentement* exclut l'erreur, la violence, le dol (1); le mot *arbitrer* exclut le dol, l'iniquité, la lésion énorme (2).

Elle peut résulter de la forme habituelle du langage. Par exemple, lorsque nous disons, *tout le monde sait*, *personne ne doute*, &c. &c., il faut restreindre ces locutions aux personnes susceptibles de savoir la chose dont on parle; et c'est ainsi que l'usage les interprète (3).

Elle peut résulter de la nature de la chose ou de l'affaire dont il s'agit. Par exemple, il est de la nature de la transaction qu'elle intervienne sur des choses douteuses (4); on ne pourra donc, quelque étendus que soient les termes dans lesquels elle est conçue, l'appliquer à des choses déjà décidées (5).

La restriction peut encore résulter, 1.° de la présomption de la loi (6); 2.° de l'absurdité qu'il y aurait à interpréter la loi selon ses termes (7); 3.° enfin la restriction a lieu lorsqu'il s'agit d'éviter un préjudice fait à un tiers,

---

(1) L. 2, §. 1, ff. *de judic.*

(2) L. *si libertus*, ff. *de oper. liber.*; l. *generaliter*, ff. *de reg. jur.*; l. *si societatem*, §. *arbitratorum*, ff. *pro socio.*

(3) L. 12, ff. *qui satisd. cog.*, et l. 18, §. *asinam*, ff. *de instruct. vel instrum. legat.*

(4) L. 1, ff. *de transact.*

(5) L. *eleganter*, §. *post. rem*, ff. *de condict. indebit.*

(6) L. *cùm acutissimi*, Cod. *de fideicom.*; l. *precibus*, Cod. *de impub.*

(7) L. 13, §. 2, ff. *de excusat. tutor.*

ou d'empêcher qu'il ne soit privé d'un avantage (1), et en général dans les matières odieuses (2).

Cette règle néanmoins reçoit exception, 1.° lorsque la loi déclare formellement qu'elle doit être entendue selon ses termes (3); 2.° lorsque le motif de la loi est douteux (4); 3.° dans le cas où l'on ferait perdre indûment à quelqu'un un profit légitime (5); 4.° lorsqu'il est de l'intérêt public que la loi ne soit pas restreinte (6); 5.° lorsque la loi emploie des expressions redoublées dans sa disposition; car des expressions ainsi répétées annoncent une volonté formelle de la part du législateur (7).

III.e PARTIE.

Interprétation déclarative.

---

§. CXXVIII.

L'interprétation déclarative a pour objet d'exposer le sens naturel et régulier de la loi; elle est l'interprétation

---

(1) L. *si quandò* 35, in principio, Cod. *de inoff. testam.*; et l. 2, §. *si quis* 16, et §. *meritò* 10, ff. *ne quis in loc. public.*

(2) *Consil. Marpurg.* 9, n.° 91.

(3) L. *prospexit* 12, §. 1, ff. *qui et à quib. manumiss.*

(4) L. 1, *si quis navem* 10, ff. *de exercit. act.*; l. *non aliter* 69, ff. *de legat.* 3.°

(5) Clement. 1, et Glossat.

(6) L. *si quis in gravi* 3, §. 15, ff. *ad senatusc. Syllanian.* — Everhard, *Loc. arg. leg.* 78, n.° 11.

(7) Bald. in cap. *cam* Extrav. *de rescript.* Forster. — *Interpr.* lib. 2, cap. 3, n.° 30.

proprement dite (1) : celle qui nous donne le sens de la loi par le moyen de l'extension ou de la restriction des termes, n'est appelée qu'improprement interprétation (2).

L'interprétation déclarative a lieu dans tous les cas; car on a toujours besoin de connaître le sens de la loi. Elle est la plus naturelle, car elle n'ajoute ni ne retranche rien au texte; elle est même considérée comme virtuellement renfermée dans le texte (3). De là la conséquence que, lors même que la loi aurait défendu toute espèce d'interprétation, celle-là serait encore permise (4); car il n'est au pouvoir d'aucune loi de décider qu'on ne s'assurera pas du sens qu'elle exprime (5). De là le principe que toutes les conséquences que l'on fait résulter d'une loi par l'interprétation déclarative, sont censées exprimées dans la loi (6).

On la définit explication régulière de mots équivoques, ambigus ou obscurs, de locutions douteuses, ambiguës ou obscures (7).

On fait spécialement usage de l'interprétation déclarative,

---

(1) Simon de Præt. *de Interpr. ult. volunt.* — Chassaneus, *ad Consuetud. Burgund.* in *conclus. Consuet.* versic. *Interpretans*, n.° 7.

(2) Everhard, *Loc. arg. leg.* 79, n.° 4.

(3) L. *heredes palam* 21, §. 1, ff. *de testam.*

(4) Bald. in l. 1 Cod. — Bartol. in l. *omnes populi* 9, ff. *de justit. et jure.*

(5) Simon de Præt. ibid.

(6) Bolognet. ad tit. *de verbor. oblig.*

(7) Sim. de Præt. lib. 1, fol. 9, col. 2, n.° 9.

1.° Lorsque les mots sont obscurs, équivoques ou ambigus ;

2.° Lorsque les mots étant clairs, le sens de la loi est obscur, équivoque ou ambigu ;

3.° Lorsque les mots et le sens sont obscurs en même temps.

§. CXXIX.

Lorsque les mots sont obscurs et le sens clair, il y a lieu à appliquer les règles suivantes : *In ambiguis orationibus, maximè sententia spectanda est ejus qui eas protulit* (1). *In conventionibus contrahentium, voluntatem potiùs quàm verba spectari placuit* (2), &c.

Lorsque les mots sont clairs et le sens obscur, alors on suit les règles suivantes : *In re dubia verbis legis est standum* (3). *In re dubia melius est verbis edicti servire* (4).

Mais lorsque les mots et le sens sont obscurs en même temps, il faut s'attacher au sens, car c'est-là toute la loi. Ici s'appliquent les règles précédentes qui font un devoir de rechercher le sens de la loi et sur-tout la volonté du législateur ; *etenim qui ambiguè loquitur, non utrumque dicit, sed quod sensit et voluit* (5).

Mais d'où naissent les obscurités du discours, et comment connaître la pensée de la loi ?

---

(1) L. 96, ff. *de reg. jur.*

(2) L. *in conventionibus* 219, ff. *de verb. sign.*

(3) L. 1, §. *licet* 20, ff. *de exercit. act.*

(4) L. 69, ff. *de legat.* 3.°; l. 12, §. 1, ff. *qui et à quibus manum.*

(5) L. 3, ff. *de reb. dub.*

Les obscurités du discours naissent ou de l'ambiguïté des mots, ou de la construction vicieuse et ambiguë de la phrase, ou de l'incertitude de la matière.

Il y a ambiguité dans les mots toutes les fois qu'un ou plusieurs mots expriment plusieurs sens.

La première règle à suivre dans ce cas est de n'abandonner la signification propre des mots, que lorsqu'il est évident que le législateur s'en est écarté. Cette règle, qui est tracée par la loi *non aliter ff. de legat.* 3.°, est relative aux tuteurs; mais elle s'applique, à bien plus forte raison, aux législateurs, qui, étant présumés plus sages que les autres hommes, plus instruits dans la langue, et apporter plus de soins dans la rédaction des lois que les simples particuliers dans celle de leurs testamens, sont présumés aussi faire un usage plus régulier des mots. Mais je viens de dire qu'ils peuvent avoir manifesté une intention contraire; à quels signes reconnaîtra-t-on cette volonté?

On doit faire résulter l'intention ou la volonté de la loi,

1.° De la qualité même de la loi;

2.° De la matière qu'elle a pour objet;

3.° Des parties qui la précèdent ou qui la suivent;

4.° Du langage employé;

5.° De tous les moyens par lesquels le sens de la loi peut être étendu ou restreint.

§. CXXX.

L'intention ou la volonté de la Loi résulte de sa qualité.

La loi étant présumée honnête, utile et franche (1), car

---

(1) Arg. l. 1 *de legib.*

elle est le résultat des méditations des hommes sages (1), il suit de là que le sens naturel à lui donner doit être aussi franc, honnête, conforme à la justice et à la raison (2), tel, par conséquent, qu'il respecte les droits d'autrui; car, comment concevoir que la loi, juste par essence, soit susceptible d'une interprétation injuste (3)? Qu'il soit exempt d'absurdité, sans quoi il blesserait la raison (4). De là la conséquence que les termes d'un jugement doivent être entendus conformément au droit à rendre (5); et comme on doit plutôt s'attacher à concilier les lois qu'à les trouver en opposition, on doit toujours préférer l'interprétation qui n'offre aucune dérogation aux lois précédentes (6). De là la règle qu'il faut choisir le sens qui se trouve conforme au droit commun plutôt qu'au droit particulier (7). Et, comme la loi doit toujours avoir un but, nous devons préférer le sens par lequel elle a un effet (8). De plus, les mots étant subordonnés aux choses qu'ils expriment, nous devons abandonner leur sens propre plutôt que de ne trouver aucun sens dans la loi. Pareillement, la loi ayant été rendue pour les cas douteux, nous devons l'interpréter dans le sens qui présentait réellement des doutes (9). Puis-

(1) L. 1, *de just. et jur.*
(2) L. *in ambiguo*, ff. *de legib.*
(3) L. *si possessor*, ff. *de petit. hered.*
(4) L. *Cæsar*, ff. *de public.*
(5) L. *miles*, §. 1, ff. *de re judic.*
(6) L. 2, C. *de inoff. dot.*
(7) L. *in testam.* C. *de testam. milit.*
(8) L. *cùm quidam*, C. *de verb. signif.*
(9) L. *Domitius Labeo*, ff. *de testam.*

qu'elle est le fruit des méditations des hommes sages, nous devons préférer le sens qui nous suggère les voies les plus sûres, par conséquent celui qui nous conseille de nous abstenir d'une chose, plutôt que de l'entreprendre témérairement (1). Et, comme elle doit être claire et certaine, nous devons nous attacher au sens d'après lequel elle deviendra certaine par la nature des choses (2). Enfin on peut dire que chaque chose doit être entendue selon sa propre nature (3), et que chaque chose est présumée être ce qu'elle doit être, d'après le droit qui la régit (4).

§. CXXXI.

L'intention ou la volonté de la Loi résulte de la matière qu'elle a pour objet.

La volonté de la loi s'infère de la matière même qu'elle a pour objet; car les mots étant subordonnés aux choses qu'ils expriment (5), doivent être interprétés selon la matière dont la loi s'occupe. Nous devons même abandonner le sens propre des mots pour interpréter selon la matière de la loi (6). Pareillement, lorsqu'une énonciation de la loi peut être entendue en bonne ou en mauvaise part, il faut voir si la loi défend, ordonne ou permet. Dans le premier cas, l'énonciation doit être entendue en mauvaise

---

(1) L. *adoptivus*, §. 1, ff. *de ritu nupt.*
(2) L. 1, §. *his autem*, ff. *ne quid in flum. public.*
(3) L. *sciendum*, ff. *de verb. oblig.*
(4) Arg. l. fin., §. penult., ff. *de just. et jur.*
(5) Cap. *intelligentia*, Extrav. *de verb. signif.*
(6) L. *si uno*, §. 1, ff. *locati.*

part ; si elle ordonne ou permet, au contraire, elle doit être entendue en bonne part (1) : ainsi nous disons qu'il faut préférer le sens conforme à ce qui arrive communément (2), que les mots ambigus doivent être rapportés à la personne qui a le plus grand intérêt à la chose (3), qu'il faut préférer le sens qui est le plus proportionné à la matière ; d'où nous tirons la conséquence qu'un prix hors de proportion avec la chose vendue, une location ou un fermage hors de proportion avec les produits du fonds, de l'huile ou autres objets payés pour prix du fermage d'une vigne, &c., décèlent un contrat simulé (4). Nous disons encore qu'il faut interpréter une loi selon le sens qui s'adapte le mieux au but et à la fin de la loi (5). Ainsi, s'il est stipulé dans un mandat qu'une certaine chose sera mise sous la garde du mandataire, cette clause pourra être considérée comme sortant des limites naturelles du mandat ; mais l'acte ne cessera pas pour cela d'être un véritable mandat, et il ne pourra pas être considéré comme dépôt (6). Ainsi, la loi qui décide qu'on ajoutera foi pleine et entière aux livres des marchands, doit s'entendre des matières commerciales et non des matières civiles, &c. &c. (7).

---

(1) Cap. 1, *de Constit.* super verb. *Sensu.*

(2) L. *nam ad ea*, ff. *de legib.*

(3) L. *si servus*, §. *qui margaritam*, *de legat.* 1.° ff.

(4) Cap. *ad nostram de empt. et vendit.*

(5) L. *prætor*, §. *omnis*, ff. *vi bonor. rapt.*

(6) L. 1, §. *quòd si rem*, ff. *depositi*, *&c.*

(7) L. *si quis ex argentar.* §. *rationem*, in fin. ff. *de edendo.*

§. CXXXII.

L'intention ou la volonté de la Loi résulte des parties qui la précèdent ou qui la suivent.

Par exemple, la loi *mancipia*, au Code, *de serv. fug.*, décide que si une loi condamne celui qui trouble la possession d'autrui à payer cent (pièces), et à restituer la possession, ce trouble doit s'entendre de celui qui tendrait à *l'expulsion*, et non de celui qui aurait simplement pour but d'inquiéter le possesseur; cela résulte du mot *restituer*, employé par la loi, et qui sert à expliquer le trouble dont elle parle précédemment. Pareillement, la loi 1, ff. *de bonis eorum qui sibi mort. consc.*, porte: *Principes ignoscendum ei putaverunt, qui sanguinem suum qualiter qualiter redemptum voluit.* « Les princes ont pensé qu'il » fallait pardonner à celui qui avait voulu racheter sa vie » à tout prix. » Les parties qui précèdent dans la loi ne permettent pas de douter que la peine ne s'entende ici de la *mort*, et non de la perte quelconque de son sang.

Cette règle s'applique non-seulement aux termes employés par la loi, mais encore à des faits précédens établissant la coutume. C'est ainsi que la location dont parlent la l. *nummis*, ff. *de legat.* 3.° et la l. *si prius*, §. 1, ff. *de aq. pluv. arc.*, doit s'entendre de la location accoutumée, faite conformément aux années précédentes. Au reste, les termes de la loi doivent être interprétés pour les accessoires, de la même manière que pour le principal (1). Il suit encore de là

(1) Instit. *qui dare tut. poss.* §. *certæ rei.*

que les exemples servent à exposer et à déclarer la règle (1). Ainsi, Balde décide (2) que, dans le cas où la loi prononce que s'il existe des enfans mâles, les filles ne succéderont qu'à leur dot, mais que, s'il y a un testament, elles ne succéderont à cette dot que tout autant que le testateur la leur aura laissée, il faut entendre cette dernière partie de la phrase toujours avec la condition qu'il existera des enfans mâles; le mot *mais*, employé dans la dernière partie, indiquant une répétition. Il faut encore rapporter ici comme propres à expliquer ce qui précède ou ce qui suit, 1.° les similitudes (3); 2.° les corrélatifs (4), d'où il suit que la loi interprétative doit être interprétée conformément à la loi interprétée (5); 3.° les contraires, en ce sens que ce qui se trouve diminué ou augmenté par un contraire, est restitué ou diminué par l'autre (6); ainsi, quoique la partie doive s'entendre de la moitié dans la loi 9, ff. *de stipul. prætor.*, cependant, lorsque dans un cas contraire il s'agira du tout, la partie devra s'entendre d'une portion plus grande ou moindre que la moitié; 4.° les subrogés; car une chose subrogée à une autre doit être entendue conformément à la chose à laquelle elle a été subrogée (7), &c.

---

(1) *Arg. notatorum.* Instit. *de rer. divis.*

(2) L. *omnes populi* 9, ff. *de justit. et jure.*

(3) L. 1, ff. *de legat.* 1.°; l. *privileg. de episcop. et cleric. Voyez* ce que nous avons dit au §. XCVIII.

(4) L. *feminæ*, et l. *generali*; C. *de secund. nupt.*

(5) L. *nihil*, C. *de conjung. cum emancip. liber.*, et Authent. *de fil. ante dotal. instrum. natis*, §. 1.

(6) Arg. l. 1; Cod. *de cad. tollend.*

(7) L. 1, C. *de offic. ejus qui vicem alter.*

Enfin, cette dernière méthode d'où nous pouvons faire résulter l'intention de la loi, suppose l'application constante de la règle de Celse : *Incivile est nisi totâ lege perspectâ, unâ aliquâ particulâ ejus propositâ, judicare vel respondere.*

§. CXXXIII.

L'intention de la Loi peut résulter du langage employé.

Si l'intention et la volonté de la loi ne résultent pas des parties qui précèdent ou qui suivent, on examine si son énoncé est correct, régulier, et offre un sens juste. S'il n'en est pas ainsi, on abandonne cet énoncé incorrect ou vicieux, pour chercher le vrai sens de la loi. C'est le cas d'appliquer la règle : *In ambigua voce, ea potiùs accipienda est significatio quæ vitio caret, præsertim cùm etiam voluntas legis ex hoc colligi possit* (1). La signification de la loi est dite vicieuse, toutes les fois qu'elle aurait pour effet de rendre la loi inutile ou superflue : par exemple, un testateur lègue à son épouse ce qu'il lui avait donné pendant son vivant. Ce legs est nommément confirmé par la loi *donationes quas parentes &c.* C. *de donat. inter vir. et uxor.* On demande si l'on devra comprendre dans le legs exactement les mêmes choses que le mari avait données à sa femme de son vivant. Si nous suivons la signification propre du mot *donation*, nous dirons que ces choses n'y sont pas comprises ; car les donations entre mari et femme ne sont pas valables, aux termes du

---

(1) L. *in ambigua*, ff. *de legib.*

droit : or, une donation qui n'est pas valable, n'est pas donation (1); donc, le legs ne porte sur rien. Cependant on décide qu'il est valable, qu'il ne peut s'entendre même que des choses comprises dans la donation nulle, car sans cela le legs serait inutile et superflu (2). Mais ce qui est vrai pour le cas d'un simple legs, est à plus forte raison vrai pour la loi, qui a une toute autre importance qu'une disposition privée, et qui est, comme je l'ai déjà dit souvent, l'ouvrage réfléchi, le fruit des veilles et des méditations des hommes les plus sages et les plus instruits. Pareillement, dans le doute, si une disposition de loi est limitative ou démonstrative, le second parti doit l'emporter sur le premier, dit Dumoulin (*Consuetud. Parisiens.* § 2, glos. 3, n.° 7) : *Expressio in dubio censetur facta causâ demonstrationis, nisi hoc exprimatur et clarè de mente appareat.*

L'interprétation de la loi est encore dite vicieuse, lorsqu'elle est inepte, absurde, et ne saurait convenir aux affaires ou aux matières sur lesquelles la loi statue. C'est le cas d'appliquer la règle : *Quoties idem sermo duas sententias exprimit, eam potissimùm accipiendam, quæ rei gerendæ aptior est* (3). Mais lorsqu'il est constant que le législateur a voulu s'écarter du sens propre des mots, il faut s'attacher au sens qu'il leur a donné ; car c'est là

(1) L. *non dubium*, C. *de legib.*

(2) L. *si quando*, in princip. ff. *de legat.*

(3) L. *quoties idem sermo*, ff. *de reg. jur.*

qu'est sa volonté (§. LXXII). Par exemple, l'article 2 du Code pénal porte : « Toute *tentative* de crime qui aura » été manifestée par des actes extérieurs, et suivie d'un » commencement d'exécution, si elle n'a été suspendue » ou n'a manqué son effet que par des circonstances for- » tuites ou indépendantes de la volonté de l'auteur, est » considérée comme le crime même. »

Le sens propre de *tentative*, dans le langage ordinaire, supposerait nécessairement un commencement d'exécution; car jusqu'au moment où l'exécution commence, il est difficile souvent de caractériser l'espèce de crime qu'a voulu commettre le coupable, les actes extérieurs n'étant pas toujours suffisans : mais la loi déclare formellement par ces termes, *suivie d'un commencement d'exécution*, vouloir s'écarter du sens propre du mot; et dès-lors le sens impropre dans lequel elle entend le mot *tentative*, sera le seul obligatoire.

Relativement à la propriété ou à l'incorrection du langage employé par le législateur, on peut faire la question suivante : Si des conjectures contraires sur l'intention du législateur, d'après le langage qu'il a employé, nous offrent plusieurs sens également plausibles, auquel de ces sens devrons-nous nous attacher? Nous devrons nous attacher à celui qui sera le plus clair, le plus efficace, par analogie de ce que décide la loi *ob carmen*, ff. *de testib*. Or, on considérera comme sens plus clair et plus efficace que tout autre, celui dont le contraire sera le plus en opposition avec la loi ou le plus absurde; comme, par exemple, si le sens opposé la rendait contraire à elle-même, injuste, inutile (1).

§. CXXXIV.

Au reste, il convient d'examiner ici avec quelques détails les procédés de l'entendement, pour se fixer sur le choix des conjectures propres à donner directement et avec certitude le véritable sens de la loi. On peut reconnaître, avec Balde, quatre termes ou élémens générateurs de la loi : 1.° les objets ou les idées que le législateur a voulu exprimer; 2.° la manière dont il a envisagé ou dont il a senti ces objets ; 3.° les expressions dont il s'est servi ; 4.° les caractères à l'aide desquels son précepte est conservé. Ces élémens sont modifiés successivement les uns par les autres, de la manière suivante : 1.° les caractères placés dans les mots reçoivent d'eux leur mode, leur existence, et en quelque sorte leur interprétation (2); 2.° les mots sont modifiés par l'entendement, et c'est principalement de lui qu'ils reçoivent leur exacte valeur, et par suite leur interprétation (3); 3.° enfin l'entendement lui-même est affecté par les objets qu'il veut exprimer, et c'est par ces objets, qui sont proprement la matière soumise, que ces affections doivent être interprétées (4). Mais comme l'entendement peut se tromper et ne pas saisir les objets conformément à leur nature et à la vérité, on décide que les mots doi-

---

(1) Arg. l. *ità vulneratus*, ff. *ad leg. Aquil.*

(2) L. *non figura*, ff. *de action. et oblig.*

(3) L. *Labeo*, ff. *de supell. legat.*

(4) L. *si uno*, ff. *locati.*

vent être entendus plutôt d'après ce qu'a voulu l'entendement que conformément à la nature des choses (1). Au reste, indépendamment de toutes les autres bonnes raisons déduites par Aristote, la principale pour nous, dans cette matière, est que la loi toute entière réside dans la volonté du législateur.

Il suit de là que les conditions les plus immédiatement requises pour fonder nos conjectures, sont, 1.° l'exacte conformité que nous pouvons établir entre l'expression employée par le législateur et sa volonté connue; 2.° celle que nous pouvons établir ensuite avec la nature et la vérité des choses; 3.° celle qui résultera de la régularité et de la propriété des termes; 4.° enfin celle que nous offrira la régularité des caractères employés.

Mais toutes les fois que le sens de la loi est fondé sur des présomptions légitimes, il n'est pas permis de s'écarter de la propriété des termes (2); car rien ne serait plus absurde que d'abandonner des mots certains, exprimant un sens clair, pour chercher un sens douteux; on détruirait par-là toute certitude en législation.

Au reste, la propriété des termes résulte, selon Bartole, Decianus et quelques autres, de trois principales causes: 1.° de l'autorité de la loi; 2.° de sa définition; 3.° de son étymologie (3).

---

(1) Aristot. et Boet. in libr. *Periermon.*

(2) L. *licet*, in princip. *de legat.* 1.°; l. *non aliter, de legat.* 3.°; l. 1, §. *si is qui de exercit.*

(3) D'autres auteurs en ont admis davantage; Stephan. de Federic. en reconnaît jusqu'à vingt-deux. Ces nombreuses divisions tombent dans la subtilité.

§. CXXXV.

L'intention et la volonté de la loi résulteront aussi de tous les moyens que nous avons reconnus propres à autoriser l'interprétation extensive et restrictive ; car s'il est permis d'étendre ou de restreindre la loi par voie de conjectures régulières et fondées, il est à plus forte raison permis d'employer cette voie pour en faire connaître le sens naturel et direct (1).

Ainsi, tout ce que nous avons dit du motif de la loi, de l'équité, des diverses lois positives, &c. &c., s'applique ici *à fortiori*.

Ainsi, nous pouvons recourir aux lois antérieures, même à la coutume ; car, dit la loi 37, ff. *de legib.*, *optima legum interpres consuetudo.* Si les lois antérieures ou la coutume établie se réfèrent à de certaines personnes ou à de certaines choses non désignées dans la loi nouvelle, c'est à ces personnes ou à ces choses que s'appliqueront ses dispositions. Nous expliquerons les termes de la loi nouvelle dans le sens des mêmes termes employés dans la loi antérieure ; car le législateur est présumé les avoir employés dans le sens que tous les sujets connaissent et observent, et qu'il importe dès-lors à la dignité et à l'autorité de la législation de conserver. Par exemple, la loi 2, §. 2, ff. *de decurionibus*, accorde un certain droit aux fils des *décurions ;* mais on peut concevoir le fils d'un décurion de deux manières différentes, savoir, celle où ce fils

---

(1) Arg. l. *palàm*, §. *sed si notam.* ff. *de testam.*

est né d'un père déjà décurion, et celle où il est né d'un plébéien fait décurion par la suite. Dans le doute sur le sens à prendre, nous devons adopter celui qu'une loi antérieure ou la coutume aura donné à ces expressions.

Enfin en l'absence de toute conjecture raisonnable, on fera usage des règles suivantes :

In dubiis benigniora præferenda sunt (1).

In re dubia benigniorem interpretationem sequi debemus (2).

Capienda occasio est, quæ præbet benignius responsum (3).

Ainsi, en retenant l'exemple ci-dessus, si les lois antérieures ou la coutume n'avaient pas déterminé d'une manière précise comment on doit entendre le fils de décurion, on ferait l'application des règles citées, et l'on interpréterait ces mots dans un sens favorable, en étendant le bénéfice qu'accorde la loi au fils d'un plébéien fait décurion par la suite; et telle est en effet la solution donnée par la loi elle-même, §. 2.

§. CXXXVI.

L'obscurité ou l'ambiguité de la loi peut résulter de la construction même des phrases. Par exemple, une loi prononce que les fils d'une prostituée ne peuvent être élevés aux honneurs ou aux dignités publiques. On demande si l'individu né en légitime mariage, d'une mère qui s'est

(1) L. *semper in dubiis*, ff. *de reg. jur.*

(2) L. *ea quæ in partes*, §. 1, ff. *de reg. jur.*

(3) L. *capienda*, ff. eod.

livrée postérieurement à la débauche, est compris dans la disposition de la loi? La difficulté consiste à savoir quelle est l'étendue que la loi a donnée au mot *prostituée*. Mais en prenant pour règle de solution les maximes que je viens de rapporter, nous dirons que, si les lois antérieures ou l'usage n'ont pas fixé d'une manière positive le sens du mot *prostituée*, la loi n'a pas entendu exclure des charges publiques l'individu né d'un légitime mariage, dont la mère se serait prostituée plus tard.

§. CXXXVII.

Enfin l'obscurité de la loi peut résulter de l'incertitude même de la matière. Par exemple, supposons qu'un individu meure laissant un fils et sa femme enceinte. D'après le droit romain, l'enfant qui est dans le sein de sa mère, a, sur la succession de son père, les mêmes droits que son frère. Il suit de là que l'enfant survivant n'a droit qu'à sa portion héréditaire, et que ses créanciers ne peuvent le poursuivre que jusqu'à concurrence de cette portion (1). On demande quelle sera la portion du posthume jusqu'au moment de sa naissance; par suite, quelle sera celle de l'enfant survivant. Cela dépend évidemment du nombre des enfans auxquels la mère peut donner le jour. Mais comment déterminer ce nombre (2)? On ne saurait le fixer même d'après ce qui peut arriver selon la nature des choses; car ce qu'on cherche directement à savoir, c'est le nombre

(1) L. 28, §. ultim. ff. *de judic.* l. 3, ff. *si pars hered. pet.*
(2) L. 28, ff. *de judic.*

des enfans à naître. Dans l'impossibilité évidente d'arriver à ce résultat, les anciens jurisconsultes ont pris pour règle de leur décision la volonté vraisemblable de la loi (1); en conséquence, ils ont prononcé que, jusqu'au moment de l'accouchement de la mère, elle serait censée devoir donner le jour à trois enfans, et que la portion du survivant serait calculée jusqu'à ce moment d'après ce nombre (2). On demande d'abord par quel motif les jurisconsultes ont fixé à trois le nombre des enfans à naître, tandis qu'il n'en naît ordinairement qu'un; en supposant qu'il en naisse trois, ce qui est rare, il serait facile de faire leur part dans la succession du père, en diminuant proportionnellement celle qu'aurait reçue le survivant. Mais la loi a eu un autre motif. Trois enfans peuvent naître; cela suffit dans son intention, pour qu'elle veuille pourvoir sur-le-champ à leurs intérêts, et les considérer comme déjà nés. D'ailleurs le survivant, une fois en possession de la moitié de la succession, peut la dissiper; comment les posthumes pourront-ils recouvrer leur portion lorsqu'elle n'existera plus?

Mais, dit-on, le nombre de trois est arbitraire; il peut en naître davantage; il n'est pas sans exemple que des mères aient donné le jour à cinq et six enfans (3). La réponse est facile. Les exemples de femmes qui donnent le jour à plus de trois enfans à-la-fois, sont si rares, qu'ils

(1) L. 114, ff. *de reg. jur.*

(2) L. 28, ff. *de judic.*; l. 3, ff. *si pars hered. pet.* Je ne vois rien dans les dispositions du Code civil (art. 393, 725 et 906) qui s'oppose à ce que cette solution soit admise dans notre droit.

(3) D. l. 3, ff. *si pars hered. pet.*

ne sauraient être pris en considération par les lois (1). La loi résulte de ce qui arrive communément parmi les hommes (2). La jurisprudence a pu et a dû, dans ce cas, adopter ce principe comme règle de ses décisions.

Mais si la chose sur laquelle la loi statue arrive toujours de la même manière, quoique rarement, alors la loi peut adopter une base précise. Par exemple, quoiqu'il soit rare qu'une île naisse dans la mer, la loi a pu décider et a décidé en effet qu'elle appartiendrait au premier occupant (3); quoiqu'il soit rare qu'une femme devienne mère après cinquante ans, néanmoins la loi reconnaît l'enfant qu'elle a eu après cet âge, et lui attribue les mêmes droits qu'à celui qu'elle aurait eu antérieurement (4). Dans les deux hypothèses, l'événement qui donne lieu à la disposition de la loi, arrive constamment de la même manière.

§. CXXXVIII.

De l'Interprétation mixte.

M. Thibaut admet une espèce d'interprétation mixte, qui serait composée de l'*extensive* et de la *restrictive* en même temps (5). J'avoue que je ne saurais concevoir l'existence de cette interprétation ; et les exemples qu'il nous donne lui-même me paraissent démontrer plutôt l'impossi-

(1) L. 4 et 5, ff. *de legib.*

(2) L. 3, ff. *de legib.*

(3) §. *insula*, Instit. *de rer. divis.*

(4) L. *si major*, Cod. *de legit. hered.*

(5) *Théorie de l'interprétation des lois*, §. 26.

bilité que la possibilité de cette interprétation. Il cite la loi 12 au Cod. *de legib.* §. 1. Voici ce que porte cette loi : « Ayant trouvé dans les anciennes lois qu'on avait mis » en doute si, lorsque l'empereur avait interprété une loi, » on était tenu d'obéir à cette interprétation ; cette vaine » subtilité nous a paru si ridicule, que nous avons cru » devoir la condamner. Ainsi donc, nous décidons que » toute interprétation de loi donnée par l'empereur, soit » sur requête, soit dans des jugemens, soit de toute autre » manière, fera foi et sera considérée comme certaine. Si » en effet aujourd'hui il appartient à l'empereur seul de » rendre des lois, à lui seul il appartient de les interpréter. » Pourquoi s'adresse-t-on à nous, d'après l'avis des juris» consultes, sur les difficultés qui s'élèvent dans les procès, » lorsqu'ils se reconnaissent eux-mêmes insuffisans pour » les terminer ? Pourquoi toutes les ambiguités que les » juges aperçoivent dans les lois, nous sont-elles soumises, » si le droit de les interpréter ne nous est pas directement » dévolu ? Qui paraîtra propre à résoudre les difficultés des » lois, à découvrir leur véritable sens, si ce n'est celui-là » seul qui peut se dire législateur ? Ainsi donc, écartant » tous ces doutes ridicules, nous déclarons que l'empereur » seul est l'interprète de la loi, comme il en est seul l'au» teur. N'entendant pas déroger par la présente loi aux » interprétations des anciens jurisconsultes, parce qu'ils » reçurent de la majesté impériale la faculté de les donner. »

« Il ne s'agit pas ici de l'interprétation de lois claires, » dit M. Thibaut, mais bien de l'interprétation de lois qui » n'ont aucun sens, ainsi que cela résulte de l'ensemble

» même de cette loi. Si l'on veut l'entendre, non d'après » ses *termes*, mais d'après son esprit, alors elle échappe » à la critique, parce que l'interprétation, d'après l'intention du législateur, peut avoir lieu sans aucune restriction (1). »

Mais quelque sens que l'on veuille donner à cette loi, il n'y aura jamais lieu, ce me semble, à l'interprétation *extensive* et *restrictive* en même temps.

Si l'on veut l'entendre en ce sens qu'elle parle de toute espèce de lois claires ou ambiguës, ce qui serait exclure l'interprétation de doctrine, on irait contre son propre contexte, comme le remarque M. Thibaut lui-même, et par conséquent contre ses termes. Si l'on veut l'entendre au contraire selon son esprit et l'intention du législateur, c'est-à-dire en ce sens qu'elle parle uniquement des lois ambiguës, ce qui est la seule manière de l'entendre, alors il n'y pas lieu à l'interprétation restrictive, comme le dit encore M. Thibaut. D'où je conclus qu'il est impossible d'interpréter cette loi par le concours de ces deux méthodes.

J'applique la même observation au second exemple qu'il cite. « On verra dans la loi 16, §. 1, Cod. *de usufructu*, » dit cet auteur, que l'extension et la restriction peuvent » également s'y rencontrer; mais que la dernière seule est » au pouvoir du jurisconsulte. La première peut avoir lieu, » si la raison relative à l'usufruit convient aussi aux servitudes réelles; mais les principes sur l'extension des lois

(1) *Théorie de l'interprétation des lois*, §. 20.

» dérogatoires s'y opposent. On peut, au contraire, facile- » ment restreindre les mots, *nisi talis exceptio &c.* »

Ainsi, selon M. Thibaut lui-même, cette loi serait bien susceptible de restriction, mais non d'extension.

§. CXXXIX.

De l'Analogie.

« L'analogie, dit Aulu-Gelle (1), est une détermination » semblable à d'autres déterminations ; les Latins l'ap- » pellent proportion ; » *Est similium similis declinatio ; quam quidem latinè proportionem vocant.* Varron la décrit d'une manière plus précise encore, lorsqu'il l'appelle « vérité ou raison, qui dérive de la similitude ; » *veritas et ratio, QUÆ À SIMILITUDINE ORITUR.* « L'habitude de parler, dit aussi Quintilien (2), est le » meilleur maître en ce genre; on doit faire usage des » mots, comme des pièces de monnaie que la puissance » publique a revêtues de signes caractéristiques et publics. » Mais l'application de ce principe suppose beaucoup de » sagacité et de jugement, sur-tout dans l'emploi de l'analo- » gie, mot grec que les Latins ont assez exactement rendu » par celui de *proportion. L'analogie a pour effet de dé-* » *terminer* une chose douteuse et incertaine, d'après une » autre chose certaine et semblable à la première. Par elle, » le certain détermine l'incertain. » *Consuetudo certissima loquendi magistra, utendumque planè sermone,*

(1) *Noct. Attic.* lib. 2, cap. 25.
(2) *Instit. orat.* lib. 1, cap. 6.

ut nummo, cui publica forma est. Omnia tamen hæc exigunt acre judicium, in analogiâ præcipuè, quam proximè ex græco transferentes in latinum proportionem vocaverunt. EJUS HÆC VIS EST, UT ID QUOD DUBIUM EST, AD ALIQUID SIMILE, DE QUO NON QUÆRITUR, REFERAT, UT INCERTA CERTIS PROBET.

On ne saurait prouver d'une manière plus claire, que la conséquence tirée des cas semblables, c'est-à-dire, l'interprétation extensive, qui a lieu pour cause d'identité de motifs, mérite seule le nom d'analogie. Que si l'on tire une conséquence d'un cas décidé à un cas contraire non décidé, ou plutôt si l'on conclut qu'un motif contraire à celui de la loi doit amener une décision contraire, c'est-là une nouvelle espèce d'interprétation extensive, qui doit sans doute être adoptée, parce qu'il est de l'essence d'une bonne législation d'admettre toute juste conséquence; mais une pareille interprétation ne saurait, par ce seul motif, être considérée comme une espèce d'analogie. Toute extension donnée à la loi, soit d'après son motif, soit d'après l'intention du législateur, rentrant dans l'interprétation logique extensive, il paraîtrait beaucoup plus convenable de considérer celle dont je parle, comme une interprétation de cette dernière espèce.

Cependant il ne faut pas confondre cette espèce d'interprétation, que l'on peut appeler *decisio secundùm argumentum legis*, avec l'interprétation restrictive. Celle-ci suppose qu'un cas réellement décidé par la loi, l'est ensuite d'une manière contraire à cette même loi; tandis que, par la première, un cas non décidé l'est ensuite d'une manière inverse à un autre cas décidé. Dans la première hypothèse, une décision législative cesse d'avoir son effet; dans la seconde, un motif légal s'applique, avec toutes ses conséquences, d'une manière inverse.

Un auteur allemand (M. Gluck) (1) veut appeler du nom d'*analogie* le résultat de l'interprétation logique en général, soit extensive, soit restrictive.

M. Thibaut réfute cette opinion de la manière suivante: « L'interprétation logique ne tire pas toujours ses conséquences du motif de la loi, et l'on n'appelle pas interpréter par analogie, lorsqu'on étend ou qu'on restreint la loi à des cas réellement prévus par le législateur. On doit tout aussi peu désigner sous le nom de conséquence tirée par analogie, le résultat de l'interprétation restrictive; car, en premier lieu, l'interprétation restrictive, lorsque le motif de la loi cesse *ob deficientem rationem*, est une chimère; et lorsqu'une loi est restreinte, la cause de cette restriction est toujours étrangère à la cessation du motif de la loi, et de la conséquence qui en a été tirée. En second lieu, tout le monde est d'accord sur ce point, que la loi ne doit pas avoir prévu le cas à décider par analogie. Restreindre une loi, c'est, à proprement parler, refuser à une disposition législative son effet; mais ce n'est pas décider un cas qui ne l'est pas. Ce n'est donc pas véritablement décider *secundùm argumentum legis.* »

(1) *Commentaire sur Hellfeld*, 1.er vol. §. 37.

M. Thibaut se livre ensuite à une dissertation sur l'essence de l'analogie. Cette dissertation n'offrant qu'une métaphysique subtile, entièrement dépourvue d'exemples qui puissent la rendre sensible, je n'ai pas cru devoir en faire usage.

§. CXL.

Rapports que les diverses Interprétations ont entre elles.

J'ai dit (§. VIII) que les principales espèces d'interprétations, étaient l'interprétation grammaticale et l'interprétation logique.

L'interprétation logique se divise en interprétation d'après le motif de la loi, et interprétation d'après l'intention du législateur. Celle-ci doit être ou expresse ou supposée légalement reconnue. Quant aux rapports qu'ont entre elles ces quatre espèces d'interprétations, voici les règles qu'il convient d'admettre :

1.° Le jurisconsulte doit avant tout s'en tenir au sens des termes, et il ne lui est permis de recourir à l'interprétation logique, que lorsque toutes les conditions requises pour qu'elle ait lieu, existent (1) ; mais lorsqu'elles existent, on doit toujours préférer le sens qu'elle indique à celui exprimé par les termes (2) ;

2.° Lorsque l'intention expresse du législateur est en opposition avec l'intention qu'il est censé avoir eue, on doit préférer la première, parce que ce qui est constant en fait, doit toujours l'emporter sur les présomptions.

---

(1) L. 1, §. 20, ff. *de exerc. act.*
(2) L. 17, 18, 29, ff. *de legib.*

Ainsi, par exemple, il est de principe que les lois attributives d'un avantage doivent être restreintes, lorsqu'elles nuisent à ceux en faveur desquels elles sont rendues, et que la loi ne soit pas appliquée de manière à nuire à des droits acquis; mais ces deux principes cessent d'exister, dans le cas où le législateur a expressément voulu le contraire;

3.° Lorsque l'interprétation logique d'après le motif de la loi, est opposée à l'interprétation logique d'après l'intention du législateur, et qu'elle est permise, elle doit être préférée à cette dernière. Car l'interprétation extensive, de laquelle seule il peut être question ici, repose toute entière sur cette idée principale, que le législateur convient avoir pensé autre chose que ce qu'il aurait dû penser, et qu'il appartient au jurisconsulte, dans ce cas, de suppléer à cette imperfection de la législation.

LIVRE III.

INTERPRÉTATION D'USAGE ET DE JURISPRUDENCE.

§. CXLI.

Les auteurs ne sont pas d'accord sur la place que doit occuper l'interprétation d'usage. Quelques-uns veulent la considérer comme une espèce d'interprétation légale (1). Ils se fondent, 1.° sur ce qu'elle prend sa source dans le droit non écrit; or, la volonté du législateur ne se manifeste pas moins par le droit non écrit que par le droit écrit (2); 2.° sur ce que le législateur dont est censée émaner cette espèce d'interprétation, n'est astreint à aucune règle; d'où l'on pourrait conclure, avec assez de fondement, que cette interprétation est une espèce de disposition législative. Je ne saurais partager cette opinion. En supposant, ce que je vais examiner, que l'usage ait le pouvoir d'abroger la loi ou de suppléer à ses dispositions,

---

(1) Thibaut, *Pandect.* seconde division, §. 42. — Coock, *de Argument. ab analog.* pag. 12.

(2) Dans le langage des jurisconsultes, le droit écrit est le droit *promulgué;* le droit non écrit, le droit *non promulgué.* Ainsi tout droit *promulgué* par l'écriture, par les crieurs publics ou de toute autre manière, est dit *droit écrit.* Au contraire, tout droit (ou toute loi) tacitement admis dans l'état, sans le secours de la promulgation, est dit *droit non écrit,* quoiqu'il puisse plus tard être rédigé par écrit. (Heinecc. *Instit.* §. 44.)

il ne suit pas nécessairement de là que l'interprétation donnée par l'usage ou la jurisprudence, soit une interprétation légale; et quoique, dans l'interprétation d'usage, on conçoive l'intervention tacite de l'autorité législative, comme on la conçoit dans l'abrogation de la loi, ou en général dans le supplément donné à la législation par l'usage (1), néanmoins on voit plutôt, dans le premier cas, le fait du législateur; dans le second, celui des interprètes de la loi. Lorsqu'il s'agit de l'abrogation d'une loi, *il y a résistance à la loi;* l'opinion et les mœurs se refusent à son exécution; et, après un temps déterminé, *il y a consentement présumé du législateur* à ce qu'elle perde son autorité. Les mêmes réflexions s'appliquent au cas de l'introduction d'une loi nouvelle par l'usage. Dans l'une comme dans l'autre hypothèse, on voit sur-tout un acte de la puissance souveraine qui consent à l'abrogation ou au supplément de la législation.

Mais dans le cas de l'interprétation d'usage, *il y a obéissance à la loi;* cette interprétation a même pu, dans l'origine, reposer sur l'un des procédés de l'interprétation de doctrine. Seulement, au moment où elle porte le caractère d'interprétation d'usage ou de jurisprudence, elle suppose l'approbation tacite du législateur, puisqu'il a eu constamment la faculté de la faire réformer. Ici je vois principalement l'acte du sujet qui a fait un usage plus ou

(1) Car, dans les deux hypothèses, le ministère public (en France du moins) peut dénoncer à la cour de cassation, et, s'il y a lieu ensuite, à l'autorité souveraine, les innovations de tout genre faites à la législation.

moins régulier des méthodes d'interprétation ordinaire, auquel s'est réunie l'approbation tacite du législateur.

Je tirerai de là cette conséquence que la dénomination d'*interprétation légale* ne saurait aucunement convenir à l'interprétation d'usage et de jurisprudence.

§. CXLII.

Il me reste à examiner quel est le degré d'autorité de l'interprétation d'usage et de jurisprudence, et si elle doit, dans tous les cas, l'emporter sur l'interprétation de doctrine.

Pour procéder avec méthode dans cet examen, je dois traiter trois choses :

1.° L'usage peut-il abroger la loi?

2.° Peut-il suppléer la loi?

3.° Peut-il l'interpréter?

§. CXLIII.

L'usage peut-il abroger la loi (1)?

Et d'abord, qu'est-ce que l'usage?

Dans le droit romain, l'usage et la coutume sont syno-

(1) Quelques auteurs modernes ont traité la matière dont je m'occupe dans un sens inverse de celui que j'ai adopté. Le but qu'ils s'étaient proposé n'était pas le mien. L'interprétation d'usage ou la faculté d'entendre et d'appliquer la loi habituellement dans un sens, n'est qu'une émanation d'un pouvoir plus grand, celui de l'abroger. Je ne pouvais donc me livrer avec fruit à la question relative à l'interprétation, sans être forcé de remonter à la question principale qui comprend l'autre : celle de l'abrogation de la loi par l'usage.

nymes, *consuetudinis usûsque longævi non vilis auctoritas est,* dit la loi 2, au Code, liv. 8, tit. 53.

Avant la révolution, on distinguait les coutumes et les usages. Les premières étaient des règles introduites par les mœurs des peuples, que l'autorité souveraine avait fait rédiger, et auxquelles elle avait donné force de loi. Les usages étaient celles de ces règles dont la rédaction n'avait été ni ordonnée ni approuvée par le souverain.

Les coutumes sont abrogées aujourd'hui (loi sur la réunion des lois civiles, 30 ventôse an 12, art. 7). Mais les usages subsistent; et plusieurs articles du Code civil renvoient aux usages locaux. (Art. 645, 671, 674, 1648, 1736, &c.)

On pourra donc définir l'usage, avec le président Bouhier (1), « tout ce qui se pratique d'ordinaire dans un » pays, par rapport aux différentes affaires qui se traitent » parmi les hommes. »

§. CXLIV.

Caractère de l'Usage.

Je viens d'indiquer les principales différences qui existaient autrefois entre la *coutume* et l'*usage*. Bouhier (2), d'Argentré (3), Beaumanoir (4), Dunod (5), indiquent celles qui existent entre l'usage et la prescription.

---

(1) *Observat. sur la Coutume de Bourgogne,* chap. 13, n.° 34.

(2) *Ibid.* chap. 65, n.° 20.

(3) *Ancienne Coutume de Bretagne,* art. 277.

(4) Chap. 24.

(5) *Traité des prescriptions,* chap. 13.

Je vais examiner comment se forme et s'établit l'usage; de là résultera son caractère.

§. CXLV.

Six conditions sont requises pour former un usage ayant force de loi.

Il doit se composer de faits, 1.° uniformes, 2.° publics, 3.° multipliés, 4.° observés par la généralité des habitans, 5.° réitérés pendant un long espace de temps, 6.° constamment tolérés par le législateur.

Les faits doivent être uniformes. « Comme il faut, » selon Dunod, que ces faits soient agréés et adoptés, » pour ainsi dire, par la multitude, qui marque, en ne » les contredisant pas et ne faisant rien de contraire, » qu'elle en userait de même en pareille occasion, ils » doivent être uniformes. »

« Ainsi des faits sur lesquels les témoignages varieraient, » dit Voët (1), des actes dans lesquels se trouveraient » mêlés d'autres actes différens ou contraires, de telle sorte » qu'il ne résultât pas de là qu'on eût constamment pra- » tiqué la même chose, seraient insuffisans pour établir un » véritable usage. » *Si enim variatum fuisse appareat, et actibus pluribus uniformibus intermixtos intercessisse actus diversos vel contrarios, sic ut modò hoc, modò aliud, observatum inveniatur, non poterit ex actibus hujusmodi disparibus elici legitima consuetudo.*

---

(1) *Ad Pandect. de legib.* n.° 31.

§. CXLVI.

Quant à la *publicité*, elle tient à la nature même de l'usage. Ce qu'il importe sur-tout, c'est d'obtenir la certitude que la multitude a donné son consentement à de certains faits pouvant former usage; or, comment serait-elle censée avoir donné son consentement à des faits demeurés clandestins et qu'elle n'aurait pas pu connaître?

Au reste, la publicité, ici, doit être expliquée. Il n'est pas nécessaire, selon quelques auteurs, que les actes soient judiciaires. « Des actes, dit Dunod, peuvent former un » usage, quand même ils n'auraient pas été faits en justice, » pourvu qu'ils soient tels qu'ils aient pu parvenir à la » connaissance du public. Il est difficile de trouver cette » qualité dans des actes extrajudiciels, qui, étant ordinai- » rement peu connus et dépendant le plus souvent des » pactes et des convenances de ceux qui contractent, ne » paraissent guère capables de former une coutume, s'ils ne » sont en grand nombre. » — « Peu importe, dit Voët (1), » par quels actes le peuple a manifesté sa volonté; et non- » seulement les actes judiciaires, mais encore les actes » extrajudiciaires (2), peuvent servir à établir la coutume. » Cela résulte, selon lui, « de ce que, dans la loi 38 ff. *de* » *legib.*, le mot *coutume* ou *usage* est pris par l'empereur

(1) *Ad Pand. de leg.* n.° 30.

(2) Je donne ici à ce mot un sens différent de celui qu'on lui donne au palais; j'entends par conséquent tous les actes faits hors jugement, pouvant servir à prouver.

» pour toute autre chose que ce qui résulte des actes ju» diciaires. *Consuetudinem*, porte la loi, *vel seriem rerum* » *perpetuò similiter judicatarum, vim legis habere.* Ce » qui serait absurde s'il fallait que la coutume résultât né» cessairement d'actes judiciaires. Or, ajoute Voët, puisque » le consentement exprès du peuple suffit pour établir une » loi, sans l'intervention de l'autorité du juge, il n'y a pas » plus de raison pour que cette intervention soit néces» saire, lorsque la loi résulte de l'expression tacite de la » volonté publique, sur-tout lorsqu'on ne trouve dans au» cune loi relative à l'usage, la nécessité qu'il soit établi » par des actes judiciaires, &c. &c. »

Il paraîtrait même résulter des principes de cet auteur, qu'un usage ainsi constaté serait suffisant pour abroger la loi. « La simple dénégation d'un fait, exprimée dans une » déposition de témoins (*ibid.* n.° 35); la déclaration » de leur part *qu'ils n'ont pas connaissance, qu'ils* » *n'ont pas vu que telle ou telle chose se pratiquât* » *dans le pays*, ne suffiraient pas pour établir l'usage; leurs » témoignages doivent être affirmatifs et non négatifs, c'est» à-dire qu'ils doivent attester que des actes contraires à » la loi ont été faits, et qu'ils n'ont rien vu ni appris qui » tendît à les empêcher : car ce n'est pas *par le seul non-* » *usage, ou par l'absence d'actes qui constatent l'ob-* » *servation de l'ancien droit, qu'il est abrogé; MAIS* » *BIEN PAR PLUSIEURS ACTES CONTRAIRES.* En effet, » il arrive souvent, dans les transactions ou autres actes » civils, qu'on n'a pas occasion d'appliquer le droit même » le plus conforme à l'équité, &c. &c. » *Nec simplex facti negatio, testium depositione comprehensa, ad consuetudinis probationem efficax est, dùm se non novisse aiunt vel non vidisse, hoc aut illud eà in regione servari; sed necesse est ut de actibus in contrarium gestis, assertionem faciant, atque ità deinceps, his actibus repugnans nihil se unquàm audivisse vel vidisse testentur. Neque enim solo non usu, actuumque defectu, sed demùm actuum contrariorum palàm exercitorum* FREQUENTIÂ, ANTIQUA TOLLUNTUR JURA; *cùm sæpè vel transactionibus vel privatis conventionibus interpositis, occasio deficiat utendi juribus, etiam æquissimis, in civitate probatis.*

Mais cette doctrine est fortement combattue par le président Bouhier, d'Argentré et Dumoulin.

« Il y a, dit le président Bouhier (1), deux sortes » d'usages : l'un est une coutume de faire de certaines » choses ou d'une certaine manière, sans qu'il y ait eu » sur cela de contradiction, du moins qui ait été suivie de » jugement ; l'autre est une coutume qui non-seulement » a été controversée, mais qui de plus a été suivie de » quelque jugement contradictoire.

» A l'égard de la première espèce d'usage, je ne crois » pas que raisonnablement on puisse lui attribuer le droit » d'abroger la loi. C'est un point sur lequel Dumoulin (2) » et d'Argentré (3), quoique le plus souvent d'avis con» traire, sont parfaitement d'accord. »

---

(1) *Observations sur la Coutume de Bourgogne*, chap. 13, n.° 35.

(2) *In antiq. Consuet. Paris.* §. 30, n.° 26, et §. 35, n.° 8.

(3) *In antiq. Consuet. Brit.* §. 323, gloss. 1, n.° 7.

D'Argentré va même jusqu'à dire que mille ans de non-usage ne sauraient anéantir la force du statut. *Semel scriptâ consuetudine, etiamsi mille annis nemo eâ utatur, tamen semper habitu obtinet.* Ce qui est conforme d'ailleurs à la décision précise des empereurs (1) : *Consuetudinis usûsque longævi non vilis est auctoritas; verùm non usque adeò suî valitura momento, ut aut rationem vincat, aut legem.*

Quant au second usage, savoir, celui qui, après avoir été contredit, a été confirmé par quelque jugement, voici encore comment s'exprime le président Bouhier : « Il faut » convenir que l'autorité des choses jugées est très-consi» dérable pour établir une coutume; car encore que les » jugemens par eux-mêmes ne fassent pas coutume, ils » servent néanmoins beaucoup pour la prouver. » *Judicatarum rerum auctoritas, licèt non inducat consuetudinem, inductam tamen probat, quod magnum quidpiam est,* dit le président Faber (2); et c'est ce qui a donné lieu à la loi 34, ff. *de legib.*, qui porte que lorsqu'on allègue une coutume, la première chose à éclaircir est de savoir s'il y a eu à ce sujet quelque jugement contradictoire : *Cùm de consuetudine civitatis vel provinciæ confidere quis videtur, primùm illud explorandum arbitror, an etiam contradicto aliquandò judicio* (3) *consuetudo firmata sit.* Il suivrait de là que les jugemens

---

(1) L. 2, Cod. *quæ sit longa consuet.*

(2) *Ration.* in l. 34, ff. *de legib.*

(3) Quelques auteurs, entre autres Noodt, prétendent qu'il faut lire

servant à prouver la coutume, et la coutume pouvant abroger la loi, ce seraient en quelque manière les jugemens qui opéreraient l'abrogation. Cette distinction entre les deux usages paraîtrait aussi avoir été admise par Cujas (1).

Quelque imposantes que soient ces autorités, je préfère le sentiment de Voët et de Dunod. « Puisque le con» sentement exprès du peuple suffit, dit le premier de ces » auteurs (2), pour introduire une loi, sans qu'il soit » besoin de jugement ou de l'approbation du juge, il n'y » a pas plus de raison pour que ce jugement ou cette » approbation soit nécessaire, lorsque la loi résulte de » l'expression tacite de la volonté publique; sur-tout » lorsqu'on ne trouve dans aucune loi qui traite de l'usage, » la nécessité des actes judiciaires. Sans doute les actes » judiciaires étant plus certains, plus évidens, ou du moins » offrant habituellement une preuve plus certaine et plus » prompte, il est naturel que l'on conseille à ceux qui » allèguent la coutume d'une ville ou d'une province, de » s'assurer d'abord si la coutume est confirmée par quelque » jugement contradictoire; mais à défaut de ce moyen, » *on peut recourir aux actes extrajudiciaires*, pourvu » qu'ils soient probans (3). »

---

dans la loi, *contradicta aliquandò judicio*, ce qui donnerait un autre sens; mais les meilleurs commentateurs ont repoussé cette leçon.

(1) In lib. 2, tit. 1, *de feudis.*

(2) *Ad Pand. de legib.* n.° 30.

(3) *Cùmque ad legem introducendam expressus sufficiat populi consensus, sine judicio judicisve auctoritate, ratio nulla est, cur magis ad consensùs taciti declarationem judiciali auctoritate vel confirmatione opus esset; maximè, quia nuspiàm in legibus, de consuetudine*

§. CXLVII.

La multiplicité des actes d'où résulte l'usage est prescrite par la loi 24, ff. *de reg. jur.* : *Quod in regione in quâ actum est, frequentatur.* « Une foule de témoins » qui attesteraient des faits séparés ou étrangers les uns » aux autres, dit encore Voët (*ibid.* n.° 37), n'établiraient » pas un usage véritable. Il faut citer plusieurs actes uni» formes. Il ne suffirait pas non plus de les rapporter d'a» près autrui ; il faut les rapporter d'après soi-même, de » sa propre science et expérience ; ils ne doivent varier » entre eux ni sous le rapport des circonstances, ni sous » celui des temps, ni sous celui des personnes ; » *Neque enim aliter hîc fidem fecerint, quàm si de actuum frequentiâ, non tam ex aliorum relatione, quàm ex propriâ experientiâ, additâ scientiæ suæ ratione, ità testentur, ut in actuum quos allegant, circumstantiis*

---

tractantibus, actuum judicialium necessitas invenitur. Sanè cùm actus judiciales certiores sint et evidentiores, aut saltem certiorem ut plurimùm magisque promptam ex actis publicis probationem habeant ; non mirum id consilii datum esse illis qui consuetudini civitatis aut provinciæ confidere videntur, ut primùm quidem explorent sollicitè, an etiam contradicto aliquandò judicio consuetudo confirmata sit. Sed, si ipsum non appareat, ad extrajudiciales recurri poterit, si modò probationem habeant.

Les actes ordinaires par lesquels on prouve l'existence d'un usage sont une suite d'arrêts ou de jugemens passés en force de chose jugée, uniformes et rendus sur les mêmes matières de droit, *series rerum perpetuò similiter judicatarum*, le témoignage des magistrats, des jurisconsultes, des avocats, des praticiens, &c. &c. *Voyez* Voët, *ad Pandect. de legib.* n.° 33, et Mascardus, *de Probat.* conclus. 423, &c. &c.

inter se, respectu temporis, rerum ac personarum, non varient.

§. CXLVIII.

Il faut de plus *le concours de la généralité des habitans.* Un fait personnel et particulier ne peut pas nuire aux tiers, ni obliger le général.

Au reste, il ne faut pas confondre l'usage du grand nombre avec l'usage général. Pour fonder un usage général, la seule pluralité ne suffit pas; il faut une prépondérance bien décidée sur le petit nombre qui ignore l'usage. Pourquoi cela? parce que l'usage général suppose l'unanimité morale et le consentement présumé de tous : or, ni cette unanimité, ni ce consentement, ne sont renfermés dans le simple usage du grand nombre. Mais ce caractère est difficile à déterminer; et c'est ici le cas de dire avec la loi 32, ff. *de usuris* : « Les questions qui sont plus de » fait que de droit, ne peuvent être décidées ni par les lé» gislateurs, ni par les jurisconsultes. »

§. CXLIX.

Relativement *au temps requis pour établir un usage*, la difficulté n'est pas moindre que la précédente; car c'est encore une question de fait.

Autrefois on exigeait dix ou vingt ans, lorsqu'il s'agissait d'un usage supplétif ou interprétatif de la loi; et quarante, lorsqu'il était question de l'abrogation d'une loi ou d'un droit par un usage contraire.

« Mais, dit Dunod, je crois mieux fondé le sentiment

» de ceux qui laissent à l'arbitrage du juge, de décider, » par le nombre et la qualité des actes, si la coutume est » acquise, si ces actes sont tels, et s'il s'est écoulé un temps » assez long pour que le public et le législateur en aient eu » connaissance; parce que l'établissement de chaque cou» tume dépendant des faits et des circonstances, il n'est » pas possible de donner sur cela une règle certaine et » invariable. »

§. CL.

Enfin la dernière condition requise pour établir l'usage, est *que le législateur l'ait constamment toléré*, ou que, s'il l'a condamné, il se soit écoulé un assez long espace de temps pour faire présumer une approbation tacite de sa part.

§. CLI.

L'usage peut-il abroger la loi?

En parlant du caractère de l'usage, j'ai supposé qu'il avait la force d'abroger la loi : je vais démontrer que tel est en effet son pouvoir.

Deux lois romaines paraissent en opposition sur ce point. La loi 32, §. 1, au Digeste, *de legib.*, porte : « Un » usage anciennement établi peut avec raison être con» sidéré comme loi (c'est ce que nous appelons le droit » établi par les mœurs ou l'usage); car les lois elles-mêmes » n'étant obligatoires que parce qu'elles ont été reçues par » le peuple, nous dirons avec raison que celles que le » peuple a approuvées, quoiqu'elles ne soient pas écrites,

16..

» sont également obligatoires : en effet, qu'importe que » le peuple ait exprimé sa volonté en émettant son suf» frage, ou qu'il l'ait manifestée par des faits et par des » actes? En conséquence, on a établi avec grande raison » que les lois pouvaient être abrogées non-seulement par » le suffrage du législateur, mais encore par l'effet de la » désuétude fondée sur le consentement tacite de tout le » monde (1). »

La loi 2, au Code, *quæ sit longa consuetudo*, porte au contraire : « L'autorité de la coutume et d'un long usage » est respectable sans doute; mais elle ne saurait jamais » l'emporter ni sur la raison ni sur la loi (2). »

Ces deux lois évidemment contraires ont été diversement conciliées par les auteurs (3). Averani (*Interpr. jur.* lib. 2, cap. 1, n.° 0) prétend que la loi pouvant résulter de la volonté formelle du peuple, et d'un long usage (l. 32, ff. §. 1, *ibid.*), le sens de la loi 2, au Code, est que la coutume ne peut pas par elle-même et par sa na-

---

(1) *Inveterata consuetudo pro lege non immeritò custoditur. (Et hoc est jus quod dicitur* moribus constitutum.*) Nam cùm ipsæ leges nullâ aliâ ex causâ nos teneant, quàm quòd judicio populi receptæ sunt, meritò et ea quæ sine ullo scripto populus probavit, tenebunt omnes: nam quid interest, suffragio populus voluntatem suam declaret, an rebus ipsis et factis? Quare rectissimè etiam illud receptum est, ut leges non solùm suffragio legislatoris, sed etiam tacito consensu omnium, per desuetudinem abrogentur.*

(2) *Consuetudinis ususque longævi non vilis auctoritas est : verùm non usque adeò sui valitura momento, ut aut rationem vincat, aut legem.*

(3) *Voyez* Duaren, disputat. 2, cap. 32.

ture l'emporter sur la loi, d'après la valeur propre des mots, *non sui valitura momento;* car, de deux choses égales, l'une ne peut pas l'emporter sur l'autre : il n'y aura donc lieu à reconnaître une préférence que lorsque l'une d'elles sera postérieure à l'autre, en vertu de la maxime *posteriora prioribus derogant.*

Mais cette solution n'a pas été généralement adoptée. Voici celle de Voët (1), qui me paraît en tout la meilleure. « Au reste, tout ce qui vient d'être dit sur l'usage abrogatoire d'une loi antérieure, doit être entendu d'un usage raisonnable, établi dans un état démocratique où le pouvoir de faire les lois réside entre les mains du peuple. Que s'il paraissait que cet usage fût fondé, non sur la raison, mais sur l'erreur; comme un pareil usage ne saurait avoir force de loi, ni recevoir extension à des cas semblables (l. 39, ff. *de legib.*), il ne saurait non plus l'emporter sur la loi (l. 2, Cod. *quæ sit long. consuet.*). Pareillement, dans les états monarchiques, le peuple ne pourrait, par l'effet d'un usage contraire, quelque ancien qu'il fût, anéantir des lois revêtues de la sanction du prince, à moins qu'il n'apparût du consentement tacite et de la volonté du prince; car le peuple lui ayant transféré le pouvoir de faire la loi, étant d'ailleurs conforme à la raison naturelle que celui-là seul puisse dégager qui a le pouvoir d'engager, et que celui qui a la faculté de vouloir, ait par suite celle de ne pas vouloir (l. 4, ff. *de reg. jur.*), comment se pourrait-il

(1) *Ad Pandect. de legib.* n.° 37.

» que celui qui est dépourvu du droit de faire la loi, » eût cependant celui de s'en affranchir, malgré le législateur (1)?

Je trouve, dans le *Répertoire de jurisprudence* (2), un article contraire à cette doctrine. « Voët n'a pas fait attention, dit l'auteur de cet article, que la première de ces » lois avait, comme la seconde, été faite pour l'empire » romain, et à une époque où, depuis très-long-temps, le » peuple ne prenait plus aucune part active à la législation.

» D'ailleurs, la raison sur laquelle s'appuie cette première loi, n'est pas moins applicable aux gouvernemens » représentatifs, *et même purement monarchiques,* qu'aux » gouvernemens dans lesquels le pouvoir législatif est » exercé immédiatement par le peuple; car, dans les uns » comme dans les autres, la loi est toujours l'expression

---

(1) *Cæterùm, quæ de consuetudine, legem priorem abrogante, dicta sunt, de eâ quidem quæ rationabilis est, et in statu democratico (in quo penès populum condendæ legis potestas est), introducitur, expedita satis. Verùm si, non ratione, sed errore, cam obtentam esse appareat; uti legis vigore destituta est, et aliis similibus in casibus deinceps haud observanda* (l. *quod non ratione* 39, ff. *de reg. jur.*), *itâ nec legem, ratione justâ et æquitate suffultam, vincet* (l. 2, C. *quæ sit long. consuet.*). *Non magis sanè, quàm in monarchico regimine, sancitas à principe constitutiones, usu contrario, utcumque inveterato, populus sustulerit; nisi de tacito principis consensu ac conniventiâ constet. Nam cùm omnem legis condendæ potestatem populus in principem transtulerit, et, naturali ratione, ejus sit solvere, qui potest ligare, ac ejus sit nolle, qui potest velle* (l. 4, ff. *de reg. jur.*), *qui, quæso, posset, invito legislatore, abrumpere legum fræna, ipse legis ferendæ exutus potestate?*

(2) Au mot *Usage*, §. 2, n.° 3.

» formelle ou présumée de la volonté générale : elle en est » l'expression formelle dans les états où le peuple la vote » lui-même directement ; elle en est l'expression présumée, » dans les états où elle est votée par les délégués électifs » ou héréditaires du peuple. Ainsi, dans les uns comme » dans les autres, c'est, à proprement parler, le peuple » qui fait les lois ; il peut donc les abroger dans les uns » comme dans les autres. Or, que ce soit par des paroles » ou par une longue série de faits qu'il manifeste sa volonté, » il importe peu : dans l'un et l'autre cas, il use du plus » incontestable de tous ses droits, et sa volonté souveraine » doit être respectée. »

Cet article me paraît renfermer deux erreurs que je dois signaler. 1.° Il est impossible de supposer que Voët n'ait pas fait attention à l'époque à laquelle cette loi avait été rendue, ni à la forme de l'état politique à cette même époque ; la manière savante et précise dont il commente cette loi se refuse à cette idée : l'unique question consiste donc à savoir si réellement, à cette époque, la loi était rendue par le prince seul et sans le concours du peuple, et si Voët a entendu que la définition donnée par Julien pût s'appliquer à un pareil état de choses ?

Mais d'abord, quoique ce jurisconsulte vécût sous Hadrien, il ne suit pas de là qu'à cette époque le peuple ne prît aucune part à la législation ; loin de là, tous les auteurs sont d'accord sur ce point d'antiquité, que même après l'émission de la loi *Regia*, qui transférait au prince le pouvoir législatif, on observait encore l'ancienne forme législative, d'après laquelle le peuple participait à la confection de la loi. « *Les lois*, dit Jacques Godefroi (1), sont » celles qui étaient rendues du consentement et *de l'ordre* » *exprès du peuple romain*, non-seulement dans l'état » démocratique ou populaire, mais encore pendant quelque » temps dans les *commencemens de la monarchie ro-* » *maine*, comme cela résulte des lois *Julia*, *Papia* et de » quelques autres. »

« Que l'on ne croie pas, dit Heineccius (2), que les » Romains se soient, par la loi *Regia*, voués à la servitude, » ni entièrement dépouillés de l'autorité souveraine; loin » de là, et quoiqu'on fasse ordinairement résulter cette » opinion, de Dion (liv. 53, pag. 588), de la loi 1, ff. *de* » *const. princip.*, et de la loi 31, ff. *de legib.*, cependant » toute l'histoire est là pour la démentir. En effet, après » tous les sénatusconsultes rendus en faveur d'Auguste, » le sénat affranchit Caligula des obligations de la loi *Pa-* » *pia Poppea* (Dion. lib. 59). Or, à quoi servait cette » exemption, si les empereurs étaient déjà, en vertu de » la loi *Regia*, affranchis du joug des lois? Ainsi donc il » faut dire que les princes étaient affranchis des lois seules » dont le peuple romain les avait nommément déliés. »

De plus, cette définition n'était qu'un simple précepte de législation, à l'époque où elle a paru : ce précepte n'a

---

(1) *Opera jurid. minora*, pag. 1318. *Leges quæ expresso videlicet populi romani consensu jussoque latæ, non in democratico tantùm seu populari statu, verùm etiam aliquandiù, inter initia monarchiæ romanæ, ut apparet ex legibus Juliis, Papiis, aliisque nonnullis quæ tum latæ fuerunt.*

(2) *Antiquit. roman.* lib. 1, tit. 2, §. 66.

pris caractère de loi que lorsqu'il a passé dans le corps de droit de Justinien, et l'on sait que Salv. Julien, auteur de ce précepte, appartenait à la secte des Sabiniens, qui étaient opiniâtrément attachés, ainsi que je l'ai dit (§. XXVIII), aux anciennes doctrines de droit.

Comment supposer d'après cela que Voët, qu'on ne peut guère soupçonner d'ignorance en pareille matière, ait appliqué, même par inadvertance, à un état purement monarchique, une définition exclusivement applicable aux états démocratiques?

Il faut dire, au contraire, que Voët, fondé sur les notions les plus exactes des antiquités romaines, a considéré la définition de Julien comme ayant été faite pour une époque à laquelle le peuple participait plus ou moins à la puissance législative. Je suis d'autant plus autorisé à interpréter ainsi la pensée de Voët, que lui-même, dans le passage cité, s'appuie des principes de droit, *ejus est solvere qui potest ligare; ejus est nolle qui potest velle*, &c. &c. Or, comment faire l'application de ces principes, s'il eût entendu qu'à l'époque où vivait Julien, le pouvoir législatif fût entièrement entre les mains du prince?

2.° Je dis maintenant que la raison sur laquelle est appuyée la loi 32, ff. *de legib.*, n'est point applicable aux gouvernemens *purement monarchiques*. En effet, comment supposer que ces mots, *nam quid interest suffragio populus voluntatem suam declaret, an rebus ipsis et factis*, s'appliquent à un état *où le peuple ne prend plus aucune part active à la législation*, selon l'auteur de l'article? Comment faire résulter des mots, *quòd judicio populi receptæ sunt, tacito consensu omnium*, et en général, de toutes les parties de cette loi rédigée par l'un des jurisconsultes les plus sages, les plus exacts et les plus habiles de l'ancienne Rome (1), l'exclusion du peuple de toute participation à la loi? Mais c'est ici qu'on a recours à la fiction des temps modernes, savoir, que la loi est *l'expression de la volonté générale*; que cette volonté est, ou *formelle*, ou *présumée*; et à l'aide de cette fiction, on prétend appliquer la loi 32 même aux états purement monarchiques. D'abord, il ne paraît pas que les anciens aient connu cette fiction; et certes, Voët se garde bien de s'en servir pour expliquer une loi qui s'explique d'elle-même, et d'une manière naturelle, à l'aide de quelques notions sur les antiquités du droit romain. Mais il y a plus, l'auteur de l'article lui-même a reconnu précédemment que l'un des caractères indispensables pour constater un usage abrogatoire, est qu'il soit *constamment toléré par le législateur*; ce qui suppose nécessairement autre chose que la volonté formelle ou présumée du peuple dans les états monarchiques.

Il faudra donc admettre la doctrine de Voët, et décider que, dans toutes les formes de gouvernement, le gouvernement populaire excepté, l'intervention du législateur

---

(1) Heinecc. *de Salvio Juliano*, exercit. 24. Ceux qui liront cette dissertation, y verront que ce jurisconsulte appartient à une époque où le peuple participait encore à la législation.

(du prince, des délégués ou autres, &c. &c.), sera nécessaire pour donner à l'usage, quel qu'il soit, le véritable caractère de loi.

§. CLII.

Après ces développemens et à l'aide des principes naturels de la matière, je reconnais que l'usage portant tous les caractères que j'ai décrits, a le pouvoir d'abroger la loi (1).

Mais ici se présente une grave difficulté. On voit une foule de lois abrogées par des usages contraires. D'un autre côté, une foule d'anciens usages portant tous les caractères de la loi, sont proscrits, malgré leur ancienneté, comme opposés au texte ou à l'esprit des lois. D'après quelles règles devra-t-on se diriger pour affirmer que telle loi subsiste malgré un usage contraire qui paraît l'abroger, et réciproquement?

La première règle à suivre en cette matière est que tout usage qui blesse la raison, le droit naturel (2), les mœurs, la liberté publique; tout usage introduit par erreur, clandestinement ou par violence (3); tout usage nuisible,

---

(1) Mais si la loi déclarait qu'elle prohibe tout usage contraire, l'empêcherait-elle de naître? Oui, selon Dunod (*des Prescriptions*, part. 1, chap. 13). Cependant si des usages contraires faisaient tomber en désuétude la défense elle-même, les principes veulent que la loi soit aussi abrogée.

(2) Nov. 134, cap. 1; l. 2, Cod. *quæ sit long. consuet.*; C. 2, seq. X *de consuet.*—Heinecc. *Pandect.* §. 17.

(3) L. 30; ff. *de legib.* Tel serait, par exemple, l'usage de tourmenter les nouveaux venus dans les académies, ou de leur faire subir des épreuves. (*Constit. omnem reipublicæ*, §. 9, *ad antecessor.*)

déraisonnable ou absurde, doit être repoussé, et ne peut jamais l'emporter sur la loi.

La seconde, qu'une loi qui renferme elle-même quelques-uns des vices dont je viens de parler, peut tomber aisément en désuétude : il y a plus, les changemens survenus dans les mœurs, les institutions, peuvent autoriser suffisamment la désuétude; car alors la loi, ne s'appliquant plus aux mœurs et aux besoins du peuple, devient inutile. C'est ce qui faisait dire au chancelier d'Aguesseau (1) : « Toutes » les lois sont sujettes à tomber en désuétude; et il est » bien certain que quand cela est arrivé, on ne peut plus » tirer un moyen de cassation d'une loi qui a été abrogée » tacitement par un usage contraire. Il y a bien des choses, » disait-il encore (2), qu'on a conservées dans la rédaction » ou la réformation des coutumes, par respect ou par pré» vention pour d'anciennes traditions qui ne doivent plus » tirer à conséquence depuis que la législation s'est per» fectionnée, et qui sont censées suffisamment abrogées » par l'esprit général des lois, par l'usage commun de toute » la France, qui en est le plus sûr interprète. »

La troisième enfin, que dans les choses indifférentes à l'ordre public, et sur lesquelles la raison ne réclame pas fortement pour un parti plutôt que pour l'autre, il y a une distinction à faire : ou l'usage qui se trouve en opposition avec une loi est concentré dans une partie du terri-

---

(1) Lettre du 28 octobre 1736 au premier président du parlement de Toulouse.

(2) Lettre du 2 septembre 1742.

toire soumis à cette loi, ou il est suivi dans tout ce territoire. Dans le premier cas, l'usage ne saurait l'emporter sur la loi qui conserve encore l'assentiment général de ceux pour lesquels elle a été rendue; et c'est proprement le cas d'appliquer la loi 2, Cod. *quæ sit long. consuetud.* Dans le second, au contraire, l'usage abroge la loi, en vertu de la loi 32, ff. *de legib.* §. 1 : *Tacito consensu omnium per desuetudinem (lex) abrogatur* (1).

§. CLIII.

L'usage peut-il suppléer la loi?

La solution de cette question est implicitement renfermée dans celle que je viens de traiter. Il est évident que si l'usage a la force d'abroger la loi, il peut, à plus forte raison, la suppléer. Les motifs sont les mêmes de part et d'autre : les besoins de la civilisation, le concours général et uniforme des individus sur de certains faits ou de certains actes, le consentement tacite et l'approbation du législateur sur ces mêmes faits ou actes ; telles sont les conditions à l'aide desquelles un usage ancien pourra servir de supplément à la législation, et tel est aussi le sens direct et précis de la loi 32, ff. *de legib.* déjà citée. « Dans » les causes où nous manquons de lois écrites, il faut ob» server ce qui a été introduit par les mœurs et par les » usages; » *De quibus causis scriptis legibus non utimur, id custodiri oportet quod moribus et consuetudine inductum est.*

(1) *Voyez* aussi la loi 13, ff. *communia præd.*

Le droit français a consacré ces principes, et le Code civil renvoie fréquemment (ainsi que je l'ai dit §. CXLIII) aux usages locaux, pour suppléer ou compléter ses dispositions.

§. CLIV.

L'usage peut-il interpréter la loi ?

L'usage pouvant abroger et suppléer la loi, il peut aussi l'interpréter. Il y a plus, la meilleure interprétation de la loi est celle qui résulte de l'usage. *Si de interpretatione legis quæratur ; imprimis inspiciendum est quo jure civitas retrò in ejusmodi casibus usa fuisset : optima enim est legum interpres consuetudo* (1). *Nam imperator noster Severus rescripsit, in ambiguitatibus quæ ex legibus proficiscuntur, consuetudinem... vim legis obtinere debere* (2).

§. CLV.

Mais l'usage aura-t-il la force d'enchaîner l'interprète, de telle manière qu'il ne puisse plus employer ensuite aucune des méthodes de l'interprétation doctrinale ?

Il faut distinguer : si l'interprétation résultant de l'usage porte tous les caractères que nous avons indiqués, comme pouvant donner à l'usage la force d'abroger la loi, il est

(1) Lorsqu'il s'agit d'interpréter la loi, il faut examiner d'abord comment on a rendu le droit jusque-là dans des cas pareils ; car l'usage est le meilleur interprète des lois. (L. 37, ff. *de legib.*).

(2) Car l'empereur Sévère a décidé que, dans les ambiguïtés que pouvaient offrir les lois, la coutume devait avoir force de loi. (L. 38, ff. *ibid.*)

évident qu'elle devra, à plus forte raison, l'emporter sur toute autre interprétation, et ce sera proprement le cas d'appliquer la maxime, *optima est legum interpres consuetudo* (l. 37, ff. *de legib.*). Dans le cas contraire, c'est-à-dire, lorsque l'interprétation n'est fondée que sur un usage dépourvu de l'un de ces caractères ; si la jurisprudence n'est pas uniforme et constante sur la même matière, quelque imposante que soit d'ailleurs une série de jugemens ou d'arrêts rendus dans un même sens, ils ne sauraient enchaîner l'interprète, qui doit toujours chercher la volonté de la loi dans ses termes et dans son esprit (1). La cour de cassation a plusieurs fois confirmé ces principes (2).

De l'Interprétation authentique ou par voie d'autorité.

§. CLVI.

J'ai dit (§. IV) que l'interprétation de doctrine appartenait aux divers fonctionnaires chargés d'appliquer la loi. J'ai exposé successivement toutes les méthodes par lesquelles ils peuvent arriver au véritable sens des lois, les

---

(1) Il y a plus : la jurisprudence de la cour de cassation, quelque uniforme qu'elle soit sur un point de droit, ne saurait lier l'interprète dans l'usage de l'interprétation de doctrine. La cour de cassation elle-même peut abandonner une jurisprudence ancienne ; le temps, l'habitude de régulariser les applications de la loi, peuvent lui suggérer des interprétations nouvelles qu'une loi seule pourrait lui interdire.

(2) *Voyez* les divers recueils de cette cour, et le *Répertoire de jurisprudence*, aux mots *Loi*, *Interprétation*, *Usage*, *Coutume*, &c. &c.

principes sur lesquels reposent les interprétations *extensive, restrictive, déclarative*, qui toutes ont pour base commune cette règle souveraine en matière d'interprétation : *Scire leges, non est earum verba, sed vim ac potestatem tenere* (1). Enfin j'ai parlé de l'interprétation d'usage et de jurisprudence. Mais ces moyens peuvent se trouver insuffisans; alors l'interprète a recours au législateur (2), qui interprète par voie d'autorité (§. IV).

§. CLVII.

Quoique l'interprétation de doctrine et l'interprétation authentique diffèrent essentiellement, il est un point par où elles se touchent : l'esprit humain est tenté de résoudre tous les doutes; quel sera pour lui le signe certain auquel il devra reconnaître la défense formelle d'interpréter? Chez tous les peuples, à toutes les époques de leur législation, on a été tenté de confondre les deux espèces d'interprétations dont je parle. La crainte de cette confusion est même le motif général de la loi 12 au Code *de legib.* que j'ai rapportée (§. CXXXVIII). Justinien y pose solennellement le principe, qu'au législateur seul appartient le droit d'interpréter la loi : *Si enim in præsenti leges condere soli*

(1) L. 17, ff. *de legib.*

(2) Je ne veux pas dire que le magistrat applicateur doive recourir directement au législateur; car la conséquence serait qu'il devrait refuser d'appliquer la loi jusqu'à l'émission de la loi interprétative, ce qui est formellement défendu par l'article 4 du Code civil; mais j'entends par interprète le corps judiciaire (la cour de cassation), qui, aux termes des lois, peut régulièrement recourir au législateur.

imperatori concessum est; et leges interpretari solo dignum imperio esse oportet. La loi 9, même titre, porte : *Si quid obscurius. . . . . oportet id ab imperatoriâ interpretatione patefieri, duritiamque legum nostræ humanitati incongruam emendari.* D'un autre côté, le §. 12 de la préface que Justinien a mise en tête du Digeste, exprime la défense formelle faite aux jurisconsultes d'interpréter la loi : *Cùm per contrarias interpretantium sententias, totum jus penè conturbatum est* (1).

En effet, quelque disposé que soit l'interprète à modérer la rigueur du droit, à en rectifier le sens lorsqu'il lui paraît absurde, que deviendrait la législation s'il pouvait la plier à son gré, sous prétexte d'équité ou autrement? La certitude qu'elle doit avoir serait bientôt anéantie, *multa eaque certissima possent subverti* (2); et son autorité disparaîtrait au même instant, *rueretque legum auctoritas* (3). Lorsque la volonté du législateur est claire, l'interprète doit l'appliquer telle qu'elle est. Le législateur a eu sans doute ses motifs pour la rendre ainsi; et il n'appartient pas à l'interprète de refuser à la loi son exécution, parce qu'il ne peut en pénétrer les motifs : *Non omnium quæ à majoribus constituta sunt ratio reddi potest* (4).

(1) Plusieurs autres lois consacrent ces principes. L. 12, ff. *qui et à quib. manum.*; l. 18 et 20, ff. *de legib.*; l. 1, Cod. *de legib.*; Nov. 82, cap. 10, &c.

(2) L. 21, ff. *de legib.*

(3) Plato, lib. 1, *de legib.*

(4) L. 20, ff. *de legib.* *Voyez* ci-dessus §. CXXIV.

Il y a plus : la loi 19, au Digeste, *de appellat.*, déclare nulle toute sentence expressément rendue contre la rigueur du droit. *Si expressim sententia contra juris rigorem data fuerit, valere non debet, et sine appellatione causa denuò induci potest.* Il doit nous suffire d'avoir une *loi à exécuter*, dit Vinnius (1); car, ce qu'il importe sur-tout en affaires, c'est de pouvoir décider quelque chose; *in rebus enim et negotiis, aliquid certi definiendum est;* c'est même, selon lui, le besoin de distinguer les fonctions du juge de celles du législateur, sous le rapport de l'interprétation, qui fut l'unique cause, à Rome, des édits et de tout le droit prétorien (2).

§. CLVIII.

En France, avant la révolution, ces deux interprétations tendaient aussi à se confondre. L'article 7, titre 1, de l'ordonnance de 1667, porte que, « si, dans le jugement » des procès qui seront pendans aux parlemens ou autres » cours, il survient quelque doute ou difficulté sur l'exé» cution de quelques articles des ordonnances, édits, dé» clarations et lettres patentes, sa Majesté défend aux cours » de les *interpréter*, mais veut qu'en ce cas elles aient à se » retirer par-devers elle pour apprendre son intention. »

La loi du 24 août 1790, tit. 2, art. 12, « enjoint » aux juges de s'adresser au corps législatif, toutes les fois

(1) *Quæstion. select.* 2.
(2) *Ibid.*

» qu'ils croiront nécessaire, soit *d'interpréter une loi*, » soit d'en faire une nouvelle. »

Enfin l'article 5 du Code civil porte : « Il est défendu » aux juges de prononcer par voie de disposition générale » et réglementaire sur les causes qui leur sont soumises. » Lors de la rédaction de cet article au conseil d'état, il s'éleva une discussion qui confirme mes réflexions sur la tendance habituelle des esprits à confondre l'interprétation authentique (ou législative) avec l'interprétation de doctrine. « Le ministre de la justice dit qu'il y a deux sortes » d'*interprétations*, celle *de législation*, et celle *de doc-* » *trine*; que cette dernière appartient essentiellement aux » tribunaux, que la première est celle qui leur est inter- » dite; que, lorsqu'il est défendu aux juges d'*interpréter*, » il est évident que c'est de *l'interprétation législative* » qu'il s'agit : il cite l'article 7 du titre 1.er de l'ordonnance » de 1667, qui défend aux juges d'*interpréter les ordon-* » *nances*. Il en conclut que le sens de ce mot étant fixé, » il n'y a aucun inconvénient à l'employer.

» M. Tronchet dit qu'on a abusé, pour réduire les juges » à un état purement passif, de la défense que leur avait » faite l'assemblée constituante d'interpréter les lois et de » réglementer. Cette défense n'avait pour objet que d'em- » pêcher les tribunaux d'exercer une partie du pouvoir » législatif, comme l'avaient fait les anciennes cours, en » fixant le sens des lois par des interprétations arbitraires » et générales, ou en les suppléant par des arrêts de régle- » ment. Mais, pour éviter l'abus qu'on en a fait, il faut » laisser au juge l'interprétation, sans laquelle il ne peut

» exercer son ministère. En effet, les contestations civiles » portent sur le sens différent que chacune des parties » prête à la loi : ce n'est donc pas par une loi nouvelle, mais » par l'opinion du juge, que la cause doit être décidée.... » On craint que les juges n'abusent de ce principe pour » juger contre le texte de la loi ; s'ils se le permettaient, le » tribunal de cassation anéantirait leurs jugemens. Au » reste, pour ne pas laisser d'équivoque, on pourrait rédi» ger ainsi (l'article) : *Il est défendu aux tribunaux de » prononcer par voie de disposition générale et régle» mentaire sur les causes qui sont portées devant » eux, &c.* »

Et tels sont en effet les termes dans lesquels l'article fut adopté.

Ainsi, la ligne de démarcation qui sépare ces deux espèces d'interprétations, est aujourd'hui parfaitement tracée ; et la cour de cassation, dont la jurisprudence est constante à cet égard, ne manque pas de condamner, comme excès de pouvoir, toute usurpation des corps judiciaires sur les fonctions législatives, en matière d'interprétation, et ne permet plus de voir se renouveler une pareille confusion (1).

---

(1) Voici l'état de la législation française relativement à la forme dans laquelle sont rendues les lois interprétatives.

La loi du 1.er décembre 1790, qui crée la cour de cassation, porte, art. 21 :

« Lorsqu'un jugement aura été cassé deux fois, et qu'un troisième » tribunal aura jugé en dernier ressort de la même manière que les deux » premiers, la question ne pourra plus être agitée au tribunal de cas» sation, qu'elle n'ait été soumise au corps législatif, qui, en ce cas,

§. CLIX.

Caractère de l'Interprétation authentique. Cas dans lesquels on y a recours.

L'interprétation authentique émane du législateur (§. IV) : comme elle porte le caractère de loi, il importe

---

» portera un décret déclaratoire de la loi, et le tribunal de cassation » s'y conformera dans son jugement. »

L'art. 256 de la constitution de l'an 3 énonce la même disposition, avec cette seule différence, que « la question doit être immédiatement » soumise au corps législatif, si, après une première cassation, un second tribunal juge la question comme l'a jugée le premier. »

Enfin, l'article 78 de la loi du 27 ventôse an 8 porte : « Lorsque, après » une première cassation, le second jugement sur le fond sera attaqué » par les mêmes moyens que le premier, la question sera portée devant » toutes les sections réunies de la cour de cassation. »

Mais cette dernière loi n'avait pas prévu le cas où, après une seconde cassation, une troisième cour d'appel jugerait comme les deux premières; or, il arriva souvent, depuis cette loi, que les cours d'appel rendirent un troisième arrêt en opposition directe avec le premier et le second arrêt de la cour de cassation.

C'est dans cet état qu'intervint la loi du 16 septembre 1807; elle est ainsi conçue :

« Art. 1.er Il y a lieu à interprétation de la loi, si la cour de cassation » annulle deux arrêts ou jugemens en dernier ressort, rendus dans la » même affaire, entre les mêmes parties, et qui ont été attaqués par les » mêmes moyens.

» 2. Cette interprétation est donnée dans la forme des réglemens » d'administration publique.

» 3. Elle peut être demandée par la cour de cassation avant de prononcer le second arrêt.

» 4. Si elle n'est pas demandée, la cour de cassation ne peut rendre » le second arrêt que les sections réunies, et sous la présidence du » grand-juge.

» 5. Dans le cas déterminé en l'article précédent, si le troisième arrêt peu que celui qui donne cette interprétation ait rendu ou non la loi interprétée; il suffit qu'il ait le véritable caractère de législateur (1).

Il y a lieu à rendre la loi interprétative,

1.° Lorsque les termes d'une loi sont obscurs, équivoques ou ambigus, de manière que la loi n'ait aucun sens, ou que celui dont elle est susceptible soit absolument inapplicable à l'espèce soumise;

2.° Lorsque les termes de la loi étant clairs, le sens qu'ils expriment est néanmoins si dur ou tellement absurde, que l'on puisse légitimement douter que le législateur eût rendu la loi, s'il en avait connu les résultats dans l'application;

3.° Lorsque le sens de la loi est contraire aux mœurs ou à l'utilité publique (2).

» est attaqué, l'interprétation est de droit, et il sera procédé comme il » est dit à l'article 2. »

La chambre des députés avait pris, le 21 septembre 1814, une résolution relative à l'interprétation de la loi. Mais l'effroyable catastrophe du 20 mars empêcha que cette résolution eût aucune suite.

Quelques inductions que l'on veuille tirer aujourd'hui de la Charte ou autres lois, relativement à l'interprétation authentique, comme elles n'énoncent aucune disposition formelle, il est évident que la législation positive en cette matière est la loi du 16 septembre 1807, rattachée aux dispositions antérieures qu'elle laisse subsister : une preuve certaine de cette opinion se tire de la nécessité qui parut démontrée à la chambre des députés en 1814, de proposer la résolution dont j'ai parlé.

(1) Franzkius *ad Pandect.* lib. 1, *de legib.*

(2) Domat, *Lois civiles*, liv. 1.er, tit. 1.er, sect. 2, n.° 12. Quelques auteurs pensent que ces deux derniers cas ont plutôt pour objet de réformer la loi que de l'interpréter. (*Voyez* M. Couck, dissertation

On pourra définir l'interprétation authentique : *explication donnée par le législateur de la volonté qu'il a émise dans une loi antérieure.*

§. CLX.

De cette définition, et des cas dans lesquels il y a lieu à solliciter l'interprétation authentique, résultent les principales différences qui existent entre cette interprétation et l'interprétation de doctrine.

Dans la première, le législateur ajoute à la loi une explication qui manifeste sa volonté; dans la seconde, rien n'est ajouté à la loi. Le jurisconsulte, simple interprète, fait usage des diverses méthodes dont j'ai parlé dans les livres précédens. Son but est de parvenir à l'exacte connaissance de la volonté du législateur, exprimée par les mots sous lesquels la loi s'offre à lui; car il doit prendre la loi telle qu'elle est, et se renfermer strictement dans le sens qu'elle énonce. La clarté, la perfection, en un mot l'essence de la loi, ne dépendent pas de l'entendement de l'interprète. Il doit rester esclave du texte qui lui est soumis; et la mesure de ses efforts est déterminée par l'étendue même de la matière à interpréter. Le législateur, au contraire, crée la loi; l'étendue de la loi aura donc pour mesure la volonté même du législateur qui l'a faite. D'où il suit que si elle sort de ses mains sous une forme qui ne

---

déjà citée.) Cette opinion ne me paraît pas fondée. L'interprétation donnée par le législateur à une loi dure ou absurde peut n'être qu'une simple explication devant laquelle s'évanouisse la dureté ou l'absurdité.

la représente pas telle qu'il l'a conçue, elle est imparfaite et susceptible d'être interprétée par lui.

Cette interprétation est la véritable; elle est même infaillible, car elle émane de celui qui a rendu la loi : de là vient qu'elle est dite *authentique*. Quelquefois elle ne se borne pas à faire connaître le sens de la loi antérieure; elle ajoute à ses dispositions ou les diminue : mais elle ne perd pas pour cela son caractère d'interprétation authentique; car la loi interprétée n'ayant pas fait connaître la volonté réelle du législateur, cette volonté est toute entière dans la loi interprétative; c'est donc dans cette dernière loi qu'il faut en chercher la force et l'étendue.

De la Rétroactivité des Lois.

§. CLXI.

Les lois ne peuvent rétroagir. *Leges et constitutiones certum est futuris dare formam negotiis, non ad facta præterita revocari* (1). « L'office des lois est de régler » l'avenir (disait M. Portalis dans l'exposé des motifs du » titre I.er du Code civil); le passé n'est plus en leur » pouvoir. Par-tout où la rétroactivité des lois serait ad» mise, non-seulement la sûreté n'existerait plus, mais » son ombre même. »

L'article 2 du Code civil consacre formellement ce principe : « La loi ne dispose que pour l'avenir; elle n'a » point d'effet rétroactif. »

---

(1) L. 7, Cod. *de legib.*

Cependant il est des cas où la loi étend son empire sur le passé comme sur l'avenir. La loi 7 ci-dessus citée exprime elle-même cette exception : *Nisi nominatim, et de præterito tempore, et adhuc pendentibus negotiis, cautum sit.*

Relativement *aux affaires pendantes*, et sur lesquelles il n'est intervenu ni décisions définitives, ni transactions, ni autres actes d'où résultent des droits acquis, les lois nouvelles recevront leur application, sur-tout si elles expriment des dispositions favorables. *Quod potissimùm fit*, dit Voët (1), *si favorabilia legibus novis constituantur. . . . . favoribus scilicet ampliandis* (2).

Quant *aux actes ou affaires passés*, les lois nouvelles leur sont applicables, 1.° toutes les fois qu'ils se trouvent infectés de turpitude, ou d'une iniquité manifeste et permanente ; soit que des lois antérieures eussent déjà flétri ces actes (comme dans les cas prévus par les lois 8 et 9 au Code *de incest. nupt.*, où les empereurs Zénon et Anastase déclarent nuls les mariages antérieurement contractés, au mépris des lois existantes, entre beaux-frères et belles-sœurs ; le cas encore prévu par la loi 16 au Code *de ss. eccles.*, où les empereurs Léon et Anthémius annullent tout ce qui a été fait contre l'église, dans les temps de tyrannie) ; soit que ces actes n'eussent été prévus par aucune loi positive, pourvu qu'une injustice évidente

(1) *Ad Pandect. de legib.* n.° 17.

(2) *Voyez* les lois 21 et 23, Cod. *de ss. eccles.*

commande cette application rétroactive, *si modò id insignis suadeat injustitia* (1).

Par exemple, la loi 3, au Code, *de pactis pignorum*, proscrit les pactes commissoires qui avaient été précédemment faits entre les créanciers et les débiteurs. *Si quis igitur tali contractu laborat* (2), *hâc sanctione respiret quæ cum præteritis præsentia quoque repellit, et futura prohibet.*

2.° La rétroactivité a lieu toutes les fois que, par ruse ou par fraude, on a fait des actes contraires à la justice et aux lois existantes. « Car, dit Bacon (3), celui qui, par ruse » ou par fraude, élude ou trompe les termes ou l'esprit de » la loi, mérite d'être enlacé par la loi postérieure. » *Qui verba aut sententiam legis captione et fraude eludit et circumscribit, dignus est qui etiam à lege sequente innodetur.*

3.° La rétroactivité a lieu toutes les fois que la loi nouvelle ne fait que rétablir une loi ancienne, ou une règle d'équité naturelle, dont quelque abus avait altéré l'usage, ou lorsqu'elle règle des questions pour lesquelles il n'y avait jusque-là ni loi, ni coutume (4);

---

(1) Voët, *ad Pandect. de legib*, n.° 17.

(2) Voici comment avait lieu le pacte commissoire : le créancier stipulait que si le débiteur ne le payait pas au jour convenu, le gage lui demeurerait en toute propriété, pour lui tenir lieu du paiement de sa créance. L'iniquité consistait, le plus souvent, en ce qu'un gage très-précieux était destiné à garantir le paiement d'une somme très-modique.

(3) Aphor. 48.

(4) Domat, *Lois civiles*, liv. préliminaire, tit. 1.er, sect. 1.re, n.° 14.

4.° La rétroactivité a lieu, lorsque la loi nouvelle, en statuant sur quelques vices de formalités extérieures d'un acte, a pour objet d'expliquer ou de confirmer le but réel et intérieur de ce même acte (1). « Car, dit encore Bacon, » le principal danger de la rétroactivité consiste dans le » trouble qu'elle apporte à ce qui est déjà fait; mais de pa- » reilles lois confirmatives tendent plutôt à maintenir la » paix et à consolider ce qui est terminé. » *Legis enim quæ retrospicit, vitium vel præcipuum est, quòd perturbet; at hujusmodi leges confirmatoriæ, ad pacem et stabilimentum eorum quæ transacta sunt, spectant.*

5.° La rétroactivité a lieu, si, en la refusant à la loi, celle-ci présente un sens absurde; car, dans le doute, il faut donner à la loi le sens qui n'offre aucune défectuosité, la volonté du législateur étant présumée renfermée dans ce dernier sens (2).

6.° La rétroactivité a lieu, lorsque la loi nouvelle introduit une libération, une défense, une exception. Dans ce cas, la loi nouvelle ne s'étend pas à l'obligation antérieure elle-même, ni aux effets qu'elle a produits jusque-là; elle ne fait qu'empêcher ou modifier les effets ultérieurs qu'elle peut produire. Ainsi, par exemple, la loi nouvelle qui diminuerait ou augmenterait l'intérêt légal de l'argent, diminuerait ou augmenterait par-là les intérêts à payer les

---

(1) La loi du 4 septembre 1807, relative à la rectification des inscriptions hypothécaires, offre un exemple de ce cas.

(2) L. *in ambigua*, ff. 10 *de legib.*

années suivantes par les particuliers, en vertu des contrats existans. (1).

7.° La loi nouvelle qui, au moment où l'instruction d'une affaire se trouve commencée, prescrit de nouvelles formes, s'applique à cette affaire, et détermine la suite de son instruction. Ce principe, qui est fondé sur la loi 21, Cod. *de ss. eccles.* in fine, et qui était généralement suivi autrefois (2), a été formellement reconnu par un acte de la législation intermédiaire (3).

8.° C'est la loi nouvelle qui règle la compétence des tribunaux au moment où l'on veut introduire une action, et non celle qui était en vigueur lorsque l'obligation a pris naissance (4).

§. CLXII.

Enfin, il est un cas (et c'est proprement la matière que

---

(1) L. *de usuris* 7, Cod. *de usuris.* — Voët, *ad Pandect. de legib.* n.° 17.

(2) *Répertoire de jurisprudence*, au mot *Compétence*, §. 3.

(3) Arrêté du Gouvernement du 5 fructidor an 9. En voici les termes : « Tout ce qui touche à l'instruction des affaires, tant qu'elles ne sont » pas terminées, se règle d'après les formes nouvelles, sans blesser le » principe de non-rétroactivité, que l'on n'a jamais appliqué qu'au fond » du droit. »

(4) Je ne parle pas du cas où la loi nouvelle énonce formellement qu'elle rétroagit sur le passé, sans que la rétroactivité se trouve justifiée par aucun principe de droit (loi du 17 nivôse an 2, &c.); la loi, dans ce cas, tirant toute sa force de la volonté exorbitante et irrégulière du législateur, on ne saurait en faire résulter aucune conséquence pour d'autres cas. Néanmoins les tribunaux doivent obéir à cette loi comme à toute loi positive.

j'ai en vue), où même, sans que le législateur s'en soit formellement expliqué, la loi s'applique au passé comme à l'avenir ; c'est lorsqu'elle interprète une loi antérieure, et déclare le sens dans lequel elle a dû être entendue.

Nous avons vu, au §. CLVIII, les cas dans lesquels il y a lieu à recourir au législateur pour obtenir l'interprétation authentique ; voici comment on doit faire l'application de la loi interprétative.

Il est de principe que la loi interprétative remonte, quant à ses effets, au jour même de la loi interprétée et s'identifie avec elle ; car ayant pour objet de déclarer que la loi interprétée a dû toujours être entendue dans un certain sens, et être exécutée d'une certaine manière, c'est au jour même où la loi interprétée a été rendue, qu'il faut se reporter pour savoir comment elle a dû être exécutée. Il suit de là que le sens déterminé par la loi interprétative doit régler tous les droits *non irrévocablement acquis* à l'époque où elle est rendue ; tel est le sentiment unanime des auteurs. *Constitutio, quando juris antiqui declaratoria est,* dit Gail (*Observationes practicæ,* lib. 2, observat. 9, n.° 6), *concernit etiam præterita.* La raison en est, selon lui, que, comme l'établit la loi 21, §. 1, ff. *qui testam. fac. poss.*, ce n'est pas faire une nouvelle disposition, que d'expliquer une disposition déjà faite : *et est ratio quòd is qui declarat, nihil novi dat.*

Voët, sur le Digeste, tit. *de legib.*, présente la même doctrine : *Ad præterita legem trahendam ratio dictat, quoties non tam novi quid lege novâ injungitur, quàm potiùs dubiæ legis anterioris interpretatio fit.* Voilà pourquoi Justinien, dans sa novelle 19, déclare que les interprétations contenües dans sa 12.e novelle, sur les effets de la légitimation, doivent servir de règle même pour les successions ouvertes antérieurement à cette dernière loi, pourvu qu'il n'en ait été autrement disposé ni par transaction, ni par sentence passée en chose irrévocablement jugée; *exceptis illis negotiis quæ contigit ante leges à nobis propositas, aut decreto judicum, aut transactione determinari;* et il en donne cette raison, qui est essentiellement applicable à toutes les lois interprétatives: *Cùm omnibus manifestum sit, oportere ea quæ adjecta sunt per interpretationem, in illis valere in quibus interpretatis legibus sit locus.*

La conséquence de ces principes est que même des jugemens rendus en dernier ressort, contraires à des lois interprétatives émises après ces mêmes jugemens, peuvent être cassés par la cour de cassation (1).

§. CLXIII.

Je viens de dire que le sens déterminé par la loi interprétative, réglait tous les droits non irrévocablement acquis à l'époque où elle est rendue. Il convient d'expliquer ici ce qu'on doit entendre par droits acquis.

Voici comment les définit Tobias-Jacob Reinharth, dans ses *Selectæ Observationes ad Christinæum* (tom. I, observat. 49, n.° 5). « Toutes les affaires qui seront

---

(1) *Voyez* le *Répertoire de jurisprudence*, tom. 3, pag. 776 *et suiv.*

» terminées, quant à leur essence, avant la loi rendue, » bien que leur accomplissement et leurs effets dépendent » d'un seul fait qui doive se réaliser après la loi nouvelle, » seront mises au nombre des choses passées et jugées » d'après les lois antérieures et non par la loi nouvelle, à » moins que l'état de ces affaires ne permette de les rectifier » et de les accomplir dans le sens de la loi nouvelle (1). »

Glück, dans son commentaire sur la *Jurisprudentia forensis* de Hellfeld, tom. I, §. 21, dit pareillement : « Pour qu'un acte dont l'effet dépend d'un événement futur » qui s'accomplit par un seul fait *(ab actu post legem » novam futuro eoque non extensivo)*, puisse être con» sidéré comme un acte passé, et que par-là il nous soit » défendu de lui appliquer la loi nouvelle, il faut qu'il » ne soit plus possible d'apporter un changement à l'acte » dont il s'agit, et de le modifier suivant la loi nouvelle, » sans porter atteinte au droit légalement acquis par un » tiers (2). »

---

(1) *Quæcumque negotia jam ante legem novam latam, quoad essentiam suam, fuerunt perfecta, licèt consummationem suam suosque effectus ab actu demùm post legem novam futuro eoque non extensivo, adhuc expectent, ea ad præterita omninò referenda sunt, adeòque ex anterioribus legibus, nequaquàm verò ex novâ lege latâ, dijudicanda, modò non integrum sit negotium juxta novæ legis placita emendandi et perficiendi.*

(2) Voici l'exemple que donne Glück, pour éclaircir ce principe : Un noble m'a légué une terre après son décès ; mais avant que l'héritier institué ait accepté la succession, une loi nouvelle vient d'être publiée, qui défend de faire passer les terres de cette espèce entre les mains des roturiers. On demande si la loi nouvelle est applicable au legs dont il

L'auteur ajoute qu'on ne doit pas non plus appliquer la loi nouvelle aux actes antérieurs, quoique conditionnels ; ce qui résout négativement la question de savoir si les lois nouvelles régissent les effets des contrats passés ou des testamens dont les auteurs sont morts avant leur promulgation, lorsque leurs effets ne s'ouvrent qu'après cette même promulgation.

Il y a une autre espèce de droits acquis sans conventions expresses, et qui résultent de la seule autorité des lois existantes, d'après ce principe que les dispositions de ces lois règlent les droits dont il s'agit, comme *contrat* et non comme *lois*. Par exemple, avant la révolution, lorsque deux époux se mariaient sans régler leurs droits par un contrat de mariage, ils étaient censés adopter et changer en *conventions tacites* les dispositions des lois sous l'empire desquelles ils s'unissaient. Il est évident que si ces lois eussent réglé leurs droits comme *lois* et non comme *contrat*, elles auraient pu être abrogées par des lois postérieures, au préjudice des époux ; mais les réglant comme *contrat*, aucune loi postérieure ne pouvait leur porter atteinte. Telle était la doctrine de Dumoulin (1) et de

s'agit. Je crois que non. Par le décès du testateur, qui a eu lieu avant la loi nouvelle, le testament du défunt avait obtenu toute sa perfection, et j'avais acquis un droit sur l'immeuble : l'acte doit donc être considéré comme antérieur à la loi; car le droit que j'ai de réclamer la terre, n'est plus subordoné qu'à l'acceptation de la succession, et la loi nouvelle ne peut et ne doit me priver de ce droit acquis. Il en serait autrement si la loi nouvelle avait été publiée avant le décès du testateur.

(1) Conseil 53.

Pothier (1); le seul d'Argentré professait une opinion contraire, mais elle n'a jamais été suivie. Il en serait de même aujourd'hui, non-seulement lorsque les lois existantes peuvent être considérées comme conventions présumées des parties, mais encore dans les cas où l'usage tient lieu de loi, d'après le principe que *in contractibus tacitè veniunt ea quæ sunt moris et consuetudinis* (2), et d'après l'article 1160 du Code civil (3).

§. CLXIV.

Enfin, relativement à l'état des personnes, on suit généralement le principe que les lois nouvelles s'appliquent, du moment même de leur publication, aux personnes qui se trouvaient dans un état différent, si ces lois nouvelles améliorent leur état; lorsqu'elles l'empirent, au contraire, elles ne sont applicables qu'aux personnes qui se trouvent encore dans l'état dont elles déterminent la durée (4). « Ainsi, dit Abraham de Wesel, *ad novellas Constitutio-* » *nes Ultrajectinas*, n.° 34, les jeunes gens qui avaient, » sous l'ancienne législation de la province d'Utrecht, » acquis, par l'âge de vingt-deux ans, leur pleine émanci- » pation, ne retombent pas aujourd'hui sous la puissance

(1) *Traité de la communauté*, art. préliminaire, pag. 6.

(2) L. 31, §. 20, ff. *de ædilit. edict.*

(3) *Voyez* le *Répertoire*, tom. 5, pag. 418.

(4) *Voyez* un arrêt de la cour de cassation du 20 mai 1806, *Répertoire de jurisprudence*, au mot *Prodigue*, §. 7, et *Recueil de questions de droit*, au mot *Prodigue*.

» tutélaire, par l'effet de l'article 13 des nouvelles ordon» nances, qui reculent la majorité jusqu'à l'âge de vingt-cinq » ans; et c'est ce que les états de cette province ont eux» mêmes déclaré par un rescrit interprétatoire du 1.er juin » 1659. » La cour de cassation a pareillement décidé, le 6 avril 1808 (1), que les enfans pubères, et par conséquent émancipés, à l'époque de la publication du Code civil, ne retombaient pas dans la tutelle déterminée par ce Code.

Si la distinction que je viens d'établir entre les lois nouvelles qui améliorent l'état des personnes, et celles qui l'empirent, a éprouvé quelque contradiction, elle n'en éprouve du moins aucune lorsqu'on l'applique aux crimes et aux délits; et dans ce cas, on décide universellement que c'est la loi existante à l'époque où le crime ou délit a été commis, et non celle où on juge le procès, qui doit être appliquée. Néanmoins, comme c'est pour l'avantage de l'accusé qu'il est défendu aux juges de faire rétroagir les lois pénales, si la loi du temps du crime était plus rigoureuse que celle du temps où se juge le procès, ce serait cette dernière qu'on devrait appliquer (2).

---

(1) *Voyez* le *Répertoire*, ibid.

(2) *Voyez* le décret du 23 juillet 1810, relatif à la mise en activité du Code pénal, et toutes les lois intermédiaires citées au *Répertoire de jurisprudence*, au mot *Peine*, n.° 9.

Il résulte des définitions et développemens qu'on vient de lire, que les simples expectatives, les droits qu'on peut révoquer *ad nutum*, en un mot tous ceux qui ne sauraient être rangés dans l'une des classes déterminées ci-dessus, ne sont pas proprement *droits acquis*, et que la

§. CLXV.

J'ai promis (§. V) d'indiquer les rapports qui existent entre la philologie et les interprétations *d'usage* et *authentique*.

Pour éviter une discussion aride et métaphysique sur un sujet où je me suis proposé de ne tracer que des règles positives, je me bornerai aux réflexions suivantes.

Les connaissances philologiques que j'ai exigées de l'interprète ordinaire des lois, je les exige sans doute de celui qui interprète par l'usage ou par la jurisprudence ; mais leur emploi n'est pas le même dans les deux cas. Dans l'interprétation de doctrine, ce qu'il importe sur-tout, c'est d'arriver à l'exacte connaissance de la volonté du législateur. De là toutes les méthodes propres à faire connaître la partie extérieure et intérieure du texte. Dans l'interprétation d'usage, au contraire, ce qu'il importe particulièrement, c'est de reconnaître qu'une série de faits ou d'actes propres à constituer un usage, a consacré un certain sens de la loi. Les recherches philologiques auront donc alors pour but l'examen et la critique de ces mêmes actes, l'appréciation morale des témoignages de tout genre d'où peut résulter l'usage, le concours évident des circonstances essentielles

---

loi nouvelle peut les abroger ou les modifier, à compter du jour de sa promulgation.

Je trouve dans Bentham *(Législation civile et pénale)* et dans quelques autres auteurs modernes, une théorie sur les droits acquis qui me paraît bien plus appartenir au domaine de la législation qu'à celui de la jurisprudence ; ce qui me détermine à n'en faire aucun usage.

que j'ai retracées plus haut pour établir, d'une manière invariable, cette masse de présomptions légales qui doit prendre aux yeux du fonctionnaire applicateur la certitude même de la loi.

Quant à la série des jugemens propres à fixer le sens d'une loi, il appartient au philologue d'étudier séparément la source de chacun d'eux, l'espèce précise sur laquelle ils ont statué, les temps où ils ont été rendus, l'état de la législation et de la jurisprudence à ces diverses époques, le sens réel et constant dans lequel ils paraissent tous concourir à interpréter la loi; en un mot, le philologue exerce ici, jusqu'à un certain point, les fonctions mêmes du législateur; car il détermine comme sens légal, et par conséquent comme volonté législative, des faits constamment renouvelés et jugés de la même manière.

Relativement à l'interprétation authentique, les usages de la philologie sont beaucoup plus bornés. Le législateur, sollicité d'expliquer sa pensée antérieure, ne paraît soumis à d'autre obligation que celle de ressaisir avec exactitude cette même pensée pour la manifester toute entière ; et quoiqu'il puisse, par des motifs supérieurs tirés de la législation et des besoins généraux de la société, s'écarter parfois des limites précises de sa première pensée, néanmoins, comme il est présumé avoir rendu dans l'intérêt public la loi qu'il interprète; comme il ne l'a ni abrogée ni modifiée depuis, il est présumé aussi donner à la loi interprétée le sens qu'il y a originairement attaché, et dans lequel elle aurait dû toujours être entendue.

Il peut arriver cependant que le législateur interprète

une loi ancienne dont il n'est pas personnellement l'auteur; alors, et dans ce cas seulement, il est appelé à faire usage des ressources de la philologie, dans le sens de l'interprétation de doctrine; car, son premier devoir consiste à s'assurer de la pensée réelle du premier auteur de la loi. Mais comme, en matière de législation, le législateur est un être moral, composé de tous les individus revêtus du caractère en vertu duquel ils ont pu faire et rendre la loi; comme ils se sont tous succédé les uns aux autres avec des pouvoirs égaux, il en résulte que le législateur qui interprète une loi ancienne, doit l'interpréter plutôt comme législateur que comme applicateur.

RÈGLES GÉNÉRALES
D'INTERPRÉTATION (1).

RÈGLE I.re

INTERPRETATIO in dubio capienda semper, ut actus et dispositio potiùs valeat quàm pereat. (L. *quoties* 12, ff. *de reb. dub.*).

Confirmation de la Règle.

Interpretatio fugienda per quam lex redditur elusoria (Franc. Rip. in I. *si constante*, n.° 5, *sol. matrim.*) Ubi subdit, quòd etiam interpretatio toleretur, per quam subauditur persona extrinseca, modò ne lex elusoria fiat (Prosper Farinac. consil. 85, n.° 28). Et quælibet dispositio, quantumvis sit stricti juris, semper debet aliquid operari, ne sit inutilis. (L. *si stillicidii* 8, ff. *quemadmod. servitus amitt.*) Imò etiam, in materiâ odiosâ, et ad correctionem juris communis verba debent impropriari, ne dispositio inutilis reddatur (Authentic. *ex testam.* C. *de collat.*). Interpretatio latior admitti solet, ne dispositio legis elusoria reddatur (Porc. consil. 175, n.° 2); et interpretatio quæ facit valere actum, tanquàm regina cæteris præfertur (Cephal. consil. 51, n.° 39); et in dubio fit interpretatio, ut actus non solùm valeat, sed ut fortiùs ac validiùs valeat (*id.* consil. 342, n.° 82); et interpre-

(1) Ces règles appartiennent spécialement à l'interprétation de doctrine.

tatio in dubio facienda, ut dispositio sustineatur (Menoch. consil. 167, n.° 4); et ut aliquid operetur etiam in odiosis et strictè interpretandis (*id.* consil. 378, n.° 33); et ità debet interpretatio fieri, ne actio careat effectu (Phil. Porc. consil. 4, n.° 15). Idque procedit in actu quoque secundario, nedum principali (*Decis.* in cap. *cùm super* 23, *de offic. delegat.*); et interpretatio sumitur, ne frustrà actus sit factus, etiam in his casibus qui strictam interpretationem solùm admittunt (Menoch. *de adipisc. possess.*).

Restriction de la Règle.

Cæterùm fallit hæc regula, quandò interpretatio fieret contra leges expressas, aut quandò versamur in claris. — Non habet etiam locum in præjudicium tertii (*Decis.* in cap. *super eo* 12, col. 2); et dicitur favorabilis et benigna interpretatio, quæ excludit odium, etiam in annullatione actùs (Jason. in lib. 2, *de liber et posth.*). Et interpretatio desumpta ex naturà actùs, prævalet interpretationi quæ in dubio fit pro validitate actùs (Pedroch. in *Respons. de individ.* n.° 576). — Interpretatio desumpta ex defectu formæ actùs, præfertur validitati ipsius actùs (n.° 578). Interpretatio desumpta ex eo quod repugnat præsumptæ menti disponentis, præfertur interpretationi validitatis actùs (n.° 579). — Et interpretatio, ut actus valeat, non fit, quandò ejus validitati verba præcisè repugnant (Pedroch. n.° 580). Et tum demùm procedit regula, quandò verè constat de ipso actu; secùs, si de eo dubitetur (*Paris. Consuet.* 27, n.° 41).

RÈGLE II.

Interpretatio illa capienda semper, per quam ad jus commune reducimur, quæ juri communi convenit, et per quam juris communis correctio vitatur, et per quam jus commune minùs offenditur, et per quam minimè receditur à jure communi, et per quam jura juribus concordantur (*Hermenop. Pist.* I. 2, quæst. 41).

Interpretatio namque quæ nos ad juris regulas reducit, plausibilis videri debet (L. *si unus* 27, §. *pactus* 2). Interpretatio semper admittitur, quæ à jure communi provenit (Menoch. consil. 513, n.° 12). Et ità est facienda, ut adaptetur regulis juris (Cephal. consil. 345, n.° 21). Interpretatio latissima fieri debet, cùm per eam ad jus primævum revertimur (Menoch. consil. 1, n.° 362); et interpretatio ita sumenda, ut res ad sua initia redeat (Zas. in tom. *Consil. Marp.* 47, n.° 101). — Interpretatio, per quam reducimur ad jus antiquum sive commune, tanquam favorabilis sumenda est (Cephal. consil. 539, n.° 96, ubi rationem ejus rei allegat). Interpretatio ad jus commune reducens, pia censetur et favorabilis (Joan. Anton. Rubens. consil. 8, n.° 6). Interpretatio lata fieri debet, ut res recipiat antiquum statum (Mantica, *de Conject. ult. volunt.* lib. 6, tit. 6, n.° 3); nam interpretatio non debet aliquid novi inducere (*Consil Marp.* 26, n.° 50). Interpretationi adhærendum quæ reducit ad jura naturalia sanguinis et æqualitatis (*Consil. Sax.* tom. 3, p. 2, quæst. 5). Interpretatio illa sumenda, per quam legum correctio vitatur (Menoch. *de Arbitr. cas.* 199, n.° 21); et per quam scripturæ scripturis concordantur.

Ampliation de la Règle.

Ampliatur hæc regula, ut locum habeat, quamvis aliqua verborum improprietas sequatur (Pedroch.; Mantic. *de Conject. ultim. volunt.* lib 6, tom. 2, n.° 6).

Restriction.

Restringitur ut tum non obtineat si primævus status et antiqua natura rei prorsus et in totum mutata sit et extincta (Pedroch.).

RÈGLE III.

Interpretatio diù servata, non facilè mutanda (Zas.). Interpretationem certam habentia non sunt mutanda (Sichard. consil. 3, n.° 14). Interpretatio solita non est deserenda (Alciat.). Interpretatio communis doctorum non est deserenda (Angel. Math. *de Legat.* p. 342, n.° 14).

RÈGLE IV.

Interpretatio facienda in meliorem et benigniorem partem (L. 2 et 13, ff. *de liber. et posth.*)

Interpretatio sumenda quæ magis benignitatem in se continet, et evitanda, quæ rigorem inducit (Menoch. consil. 8, n.° 24). Interpretatio legum debet esse clara et benigna (Pacian. *de Probat.*); favorabilia namque sunt amplianda, odiosa verò restringenda (Simon de Præt. *de*

Interpr. ultim. volunt). — Quænam autem sit interpretatio benignior, tractat Francisc. Connan. &c.

Règle V.

Interpretatio recipienda, quæ sapit æquitatem (Menoch. consil. 41, n.° 12).

Omnis enim interpretatio fundari debet in æquo et bono, et debet habere istos comites, scilicet bonum et æquum (Simon de Præt. lib. 1, fol. 93. — Molinæus, *ad Consuetud. Parisiens.* §. 37, gloss. 1, n.° 48). Interpretatio dispositionis, ubi adest naturalis æquitas, adeò efficax est, quòd aliæ non sunt perquirendæ conjecturæ (Pedroch. n.° 675). — Interpretatio recipienda pro æquiori opinione (*id.* n.° 672); etiamsi contraria recepta esset (*id.* n.° 676); et interpretatio de æquitate potest tolli, demonstrando in aliâ parte majorem æquitatem extare (Simon de Præt.). Interpretatio sophistica opponitur æquo et bono (Menoch. consil. 202, n.° 10).

Interpretationi tamen ex æquo et bono locus non est, quoties sine vitio scripturæ verba inflecti non possunt (Alb. Bologn. in *Tract. de leg. et æquit.* cap. 34, n.° 9).

Interpretationis iniquitas qualiter deprehendatur, tradit Bart. in leg. *ab executore* 4, n.° 15, ff. *de appell.*

Règle VI.

Interpretatio sumenda, quæ delictum evitetur (Menoch. consil. 8, n.° 21; consil. 128, n.° 8).

Interpretatio quæ ad evitationem delicti facit, potior esse debet (Cothman. respons. 59, n.°s 175 et 210). —

Interpretatio fieri debet, quæ fraudem et delictum excludit (Menoch. consil. 68, n.° 24); et per quam falsitas evitetur, etiam impropriando verba, et quamvis aliquantulùm sit extranea (*id.* consil. 221, n.° 19 et seq.).

Interpretatio per quam peccatum excluditur, in dubio accipienda est, tanquàm tutior pro animâ (Cephal. consil. 421, n.° 98). — In dubio tamen fit contra delinquentes (Wurmser, n.° 3, observ. 16, p. 438). — Et interpretatio per quam via malitiis aperitur, evitanda est (Chassan. *ad Consuetud. Burgund.* in tit. *des Successions*, §. 5, n.° 6). — Interpretatio illa semper magis recipienda, quæ præcludit viam ad delicta committenda (Farinac. consil. 65).

RÈGLE VII.

Interpretatio illa recipi debet, quæ à sapientibus probari potest (Zas. in tom. suis &c.).

Interpretari ità debet capitulum, ut à sapientibus damnari non possit (Cephal. consil. 539).

RÈGLE VIII.

Interpretatio sumenda, ne contrahentes decipiantur (Menoch. consil. 68, n.° 23); et ut contrahentium æqualis sit conditio (Roll. à Vall. consil. 100, n.° 10); et ut inter ipsos bona fides et æquitas naturalis servetur (Pedroch. n.° 674).

RÈGLE IX.

Interpretatio sumenda pro eo, qui de damno vitando tractat (Menoch. consil. 56 n. 39).

Ut ne quis indebitè damnum sentiat (Menoch. consil. 256, n.° 16); et ut consuletur utrique parti (cons. 404, n.° 23), et ut alterius jus, quantùm fieri possit, minùs lædatur (Rosenthal. *de Feudis*, &c.). Et illa capi debet in dubio, quæ non tendit in præjudicium tertii (Roll. à Vall. consil. 80, n.° 44), et per quam altera pars non remaneat in damno et decepta (Cephal. consil. 198, n.° 10); et quâ pars minimè lædatur (Henning, &c.). Interpretatio stricta fit, quando agitur de alterius præjudicio (Cephal. consil. 539, n.° 94). Interpretatio facienda pro eo, qui de damno vitando tractat (*Consil. Marpurg.* 28, n.° 82).

RÈGLE X.

Interpretatio sumta ab observantiâ, valet, et est probabilis (Menoch. consil. 104, n.° 13).

Interpretatio legum à practicâ sumi debet (Borcholt. in *Consil.*). Interpretatio optima, quæ ex praxi et experientiâ sumitur (Menoch. consil. 148, n.° 36). Illa sumi debet, quam consuetudo probat (*id.* consil. 238, n.° 111). Interpretatio à consuetudine approbata optima est (L. *minimè* 23, ff. *de legib.*). In interpretatione verborum, consuetudo loquendi sequenda (Cujac. in *Comment. super Decretal.*). In interpretatione vocabulorum, usum loquendi communem observandum (Bart. in L. *omnes populi* 9, ff. *de just. et jur.*). Interpretatio facienda secundùm id quod fieri solet (*Consil. Marp.* 12, n.° 156). — Interpretatio omnis robur sumit ex communi usu loquendi (Chassan. *ad Consuet. Burg.* titul. *des Justices,*

§. 4). Interpretatio vera à practica sumitur (Martin. Monter. *Decision.* præfat. n.° 20). Juris communis interpretatio fieri debet secundùm consuetudinem loci (L. *omnes populi* 9, ff. *de just. et jur.*). Interpretandæ sunt dictiones juxtà eum sensum qui vulgari communi usu ac legum provinciæ significatione receptus sit (Covarr. lib. 3, *Var. Resol.* 5, n.° 1).

RÈGLE XI.

Interpretatio in dubio facienda in casu magis necessario (Menoch. consil. 61, n.° 19).

RÈGLE XII.

. . . .

. . . .

RÈGLE XIII.

Interpretatio cessat in claris (*Paris. Consuet.* 6, n.° 5; Cephal. consil. 138, n.° 2); est enim calumniosa in casu claro (*id.* consil. 521, n.° 28).

Quandò verba sunt clara, non admittitur mentis interpretatio (L. *continuus* 137, §. *cùm ità* 2, ff. *de verb. obl.*); nam tacitum consistit in interpretatione juris, non autem expressum (Bald. in Authentic. *nisi rogati*, C. *ad senatuscons. Trebell.*)

Cæterùm hæc interpretum doctrina juri consentire nequaquàm videtur. Quamvis enim manifestissimum sit edictum prætoris, attamen non est negligenda interpretatio ejus (ait Ulpianus, in l. 1, §. 11, ff. *de vent. inspic.*). Nisi quis eam exaudiat de interpretatione extensivâ, et restrictivâ, non item declarativâ : aut de eo casu, quandò verba ità sunt dilucida, ut nulla voluntatis aliter sentientis, probabilis subsit conjectura (L. *ille aut ille* 25, §. 1, ff. *de legat.* 3.°). Tunc enim quandò verba clara sunt, interpretationes doctorum, sive cavillationes advocatorum, non admittuntur (Bald. et Dec.).

RÈGLE XIV.

In claris, interpretatio facienda quæ convenit cum verbis (Cephal. consil. 514, n.° 42).

RÈGLE XV.

Interpretatio facienda, ut verba intelligantur, secundùm qualitatem personæ, quamvis impropriarentur verba (Cephal. consil. 23, n.° 28).

RÈGLE XVI.

Interpretatio, ubi ad literam est facienda, tunc significatio et importantia verborum respici debet (Cephal. consil. 40, n.° 49).

RÈGLE XVII.

Interpretatio sumenda quæ magis est favorabilis (Menoch. consil. 171, n.° 18).

Interpretatio larga admittitur in favorabilibus (*idem*, consil. 000, n.° 4). — Dicitur autem interpretatio favorabilis, quæ odium excludit, licèt inutilis reddatur dispositio (Pedroch. n.° 830). — Interpretatio illa recipienda, per quam extenditur casus favorabilis (Pedroch. n.° 622).

Règle XVIII.

Interpretatio in dubio est facienda in favorem ecclesiæ (Cephal. consil. 43, n.° 9). — Item pro dote (L. 85, ff. *de reg. jur.*). — Item in favorem piæ causæ (Cephal. 4, consil. 514, n.° 7). — Item pro paupere (Cornel. Benincas).

Règle XIX.

Interpretatio latior est facienda in liberando, quàm in obligando (Cephal. consil. 228, n.° 32). — Interpretatio in omni actu amplectenda est, quâ efficitur ut quis minùs obligetur (*id.* consil. 9, n.° 5). Et facienda pro reo, ad excludendum actorem (*id.* consil. 747, n.° 22); et pro possessore (Decian. vol. 3, resp. 27).

Règle XX.

Interpretatio magis conveniens sensui, probari debet (Menoch. consil. 82, n.° 26);

Et quâ rectus sensus servatur (*id.* consil. 179, n.° 13). — Interpretatio congrua sententiis admittitur (Joan. Picus Mirandulæ).

Règle XXI.

Interpretatio numquàm tantùm valet, ut sit melior sensu (Cephal. consil. 765, n.° 55).

Interpretatio verborum, etiam impropria, non repellitur, quandò colligi potest esse de mentis proferentis, et verba illud significant (Cels. Hug. consil. 49, n.° 21).

RÈGLE XXII.

Interpretatio sumenda, quæ magis verisimilis est (Menoch. consil. 37, n.° 16).

Interpretatio fieri debet secundùm id quod verisimilius est (*Consil. Marpurg.* 10, n.° 95).

RÈGLE XXIII.

Interpretatio illa sumenda, quæ absurdum evitetur (Jason. in l. *si sic stipulat.* 93, n.° 5, ff. *de verb. oblig.*).

Quod extenditur, ut ne quidem geminatorum verborum interpretatio fiat, ne absurdum et inconveniens sequatur (Pedroch. n.° 583).

Dicitur autem absurda interpretatio, quæ non consonat auribus vulgi (Sixtin. in *Tractat. de regal.* 11, n.° 51).

RÈGLE XXIV.

Interpretatio illa sequenda quâ æqualitas servetur (Menoch. consil. 141, n.° 18); præsertim inter socios et fratres (Carol. Molinæus *ad Consuet. Parisiens.* §. 33, n.° 11).

Interpretatio per quam major servatur æqualitas, in dubio amplectenda (Pedroch. n.° 560); et interpretatio ut æqualitas servetur, fit etiam contra regulas juris (*id.* n.° 563).

RÈGLE XXV.

Interpretatio illa sumenda, quâ contrarietas et repugnantia vitatur (Menoch. consil. 151, n.° 29).

Interpretatio verissima est in repugnantiâ duarum legum, quæ utramque conservat (Franc. Connan. in *Comment.*). Interpretatio illa amplectenda, quæ lites et discordias tollit (Pedroch. in *Respons.* n.° 554).

Règle XXVI.

Interpretatio in dubio facienda, ut superfluitas evitetur (Cephal. consil. 637, n.° 27).

Interpretatio præfertur, per quam supervacanea vitantur (Menoch. consil. 329, n.° 3).

Règle XXVII.

Interpretationem eam fieri oportet, quâ circuitus et ambages evitantur et præciduntur (Alciat. in *Respons.*).

Interpretatio sic facienda, ut circuitus evitetur (L. *dominus* 53, in fine, ff. *de condic. indeb.*) ibi : *Sed tam benignius quàm utilius est, rectâ viâ, ipsum qui numos dedit, suum recipere* (L. *cùm fundus* 31, §. *servum* 1, ff. *de liberat. legat.*). Fallit tamen hæc regula, ut locum non habeat, si circuitus afferrent utilitatem (Per l. *si ità stipulatus* 55, ff. *de fidejuss.*).

Règle XXVIII.

Interpretatio in dubio sumenda est, ex quâ perplexitas evitatur, et actuum nullitas rejicitur (Franc. Rip. *Resp.* 130, n.° 21).

Règle XXIX.

Interpretatio illa sumenda, quæ magis convenit subjectæ materiæ (Menoch. consil. 179, n.° 14); et fieri debet, secundùm materiam subjectam (Vulteius *de Feudis*, n.° 29).

Interpretanda sunt verba secundùm materiam subjectam (Pedroch. *Respons.* n.° 577, ubi tribus modis ampliatur). Interpretatio facienda secundùm subjectam materiam, etiam in materià strictà, et per improprietatem verborum (Farinac. consil. 88, n.° 34). Lex omnis et canon, interpretatione sic juvatur, ut rubricæ seu titulo sub quo collocatus est, conveniat (L. *imperator* 16, ff. *de in diem add.*); etenim rubrica sive titulus, clavis uniuscujusque legis est (Cujac. lib. 14, *Observ.* cap. 31). Quemadmodum lex in dubio sic debet intelligi, ut conveniat inscriptioni tractatûs cui lex subjicitur, sic et inscriptionis verba interpretanda sunt, ut congruant cum materie quæ sub inscriptione comprehenditur (Everhard. in loco *à rubro*). Interpretatio sumenda secundùm naturam materiæ et personarum (Ægid. Bellamer. consil. 2, n.° 22); etiamsi recedendum sit à proprietate verborum (*Consil. Marpurg.* 30, n.° 154).

Règle XXX.

Interpretatio fieri debet secundùm qualitatem personarum quibus verba diriguntur (Matth. *de Afflict.* ad tit. *ex quib. caus. feud. amitt.*); secundùm conditionem ejus ad quem confertur dispositio (Gloss. in l. *plenum* 12, §. *equitii* 4, ff. *de usu et habit.*).

Et variatur interpretatio circa personas in quibus fit dispositio (Bolognet.).

RÈGLE XXXI.

Interpretatio nulla melior, quandò actus est dubius, quàm illa quæ venit ab effectu subsecuto (Menoch. consil. 307, n.° 27).

Non tamen ab eventu fit interpretatio, sed à causâ, juxta Pedroch. n.° 224.

RÈGLE XXXII.

Interpretatio non sumenda à verbis, sed potiùs ab effectu et mente (Molin. ad *Consuetud. Parisiens.* §. 20). Interpretatio debet fieri secundùm naturam rei, etiamsi proprietas verborum repugnet (Pedroch. n.° 687). Interpretatio nulla melior, quàm quæ sumitur ab effectu (*id.* n.° 226).

RÈGLE XXXIII.

Interpretatio sumenda ex potiori verborum significatu, etiam in odiosis (Menoch. consil. 332, n.is 7 et 27).

Interpretatio capienda, quæ conveniat verbis (Pedroch. n.° 699). Interpretatio debet fieri ad literam, non ad sensum (Gilman.).

RÈGLE XXXIV.

Interpretatio sumenda, quæ recto sermoni convenit; et rejicienda, quæ repugnat (Menoch. consil. 463, n.° 14).

Interpretatio secundùm possibilitatem verborum, salvâque recti sermonis ratione, fieri debet (Nicol. Everhard. in *Consil.* pag. 398).

RÈGLE XXXV.

Interpretatio ità facienda est, ut capitulum cum aliis conformetur in simili materià loquentibus (Cephal. consil. 539, n.° 95).

RÈGLE XXXVI.

Interpretatio congrua singulis casibus adaptanda (L. *item veniunt* 20, §. *præter hæc* 6, ff. *de hered. petit.*).

RÈGLE XXXVII.

Interpretatio latior in testamentis, strictior in contractibus facienda (Cephal. consil. 626, n.° 26).

RÈGLE XXXVIII.

Interpretatio plena fit in contractibus, plenior in testamentis, plenissima in beneficiis, privilegiis et rescriptis (Joch. Beust. in *Tract. de jurejur.*).

Alii tamen distinguunt inter beneficia et privilegia, et dicunt quòd beneficia quidem latissimè sint interpretanda (L. fin. ff. *de constit. principum*), privilegia non item, per C. fin. *de verb. signif.* — Videatur omninò Donell. lib. 1 *Comment.* cap. 15, ubi dicit, quòd beneficia principum semper plenissimè sint interpretanda. Non potest tamen in tertii præjudicium interpretatio lata fieri. (L. 4, Cod. *de emancip.*).

RÈGLE XXXIX.

Interpretatio justa prævalet propriæ significationi (Cephal. consil. 692, n.° 6).

Interpretatio justa et congrua rationi naturali, semper fieri debet (Alb. Brun. *de Stat.*).

Règle XL.

Interpretatio semper fieri debet, ut unumquodque verbum aliquid operetur (Alex, lib. 4, consil. 110, n.° 4).

Interpretatio in quâcumque dispositione sic facienda, ut verba non sint superfluè apposita, et sine virtute operandi (Roll. à Vall. consil. 61, n.° 14).

Règle XLI.

Interpretatio passiva habet locum in omni dispositione (Alex. consil. 110, n.° 14, lib. 6); etiam in materiâ strictâ (Decian. in lib. *discretis* 10, n.° 2).

Interpretatio rationabilis non rejicienda, nec in materiâ strictâ (Alciat. in tom.). Interpretatio passiva non excluditur, quamquàm dicatur quòd dispositio nullam interpretationem recipere debeat (Alberic. Brun. *de Stat.*).

Règle XLII.

Interpretatio in dubio facienda, quæ periculo et vitio vacat (Sichard. consil. 6, n.° 34).

Règle XLIII.

Interpretatio ea fit in dubio, quæ contumaci noceat, et ejus adversario prosit (Menoch. *de Arbitr.* quæst. 90, n.° 31).

Etenim contra contumaces interpretatio sinistra facienda (Jason. in l. *si cui* 40, §. 8, ff. *de legat.* 1).

Règle XLIV.

Interpretatio hominis cessat, ubi manifesta est et expressa legis interpretatio (*Consil. Marpurg.* 8, n.° 17).

Règle XLV.

Interpretatio in qualibet dispositione secundùm eam causam fieri debet, ob quam dispositio facta est, et verba prolata sunt (*Consil. Marp.* 10, n.° 88).

Règle XLVI.

Interpretatio in dubio sic fieri debet, ut illud pro omisso non habeatur, quod quis interrogatus dixisset se velle (*Consil. Marpurg.* 17, n.° 39).

Règle XLVII.

Interpretatio in dubio præferenda, quæ plenior et uberior est (*Consil. Marpurg.* 18, n.° 108).

Interpretatio fit pro eo qui majori rationum copià nititur (Pedroch. n.° 657).

Règle XLVIII.

Interpretatio idem operari debet, quod ipsa lex (Wesembec. in *Comment. ad Institut.*).

Règle XLIX.

Interpretatio glossæ, expressi textûs juris correctionem ex nudà conjecturà introducens, strictissimè est accipienda (Coth. *Resp.* 61, n.° 97).

RÈGLE L.

Interpretatio mentis sumitur ex verbis, nec ulla certior, quàm quæ ab ipso disponente proficiscitur : per exauditionem est infirmior, nisi ea ex mente loquentis aliundè deducta rectè eliciatur (Goedd. in *Tract. de sequest.*)

RÈGLE LI.

Interpretationis facilitate verba legum laxanda sunt (Alb. Bologn. *de legib. et æquit.*)

RÈGLE LII.

Interpretatio sic facienda eo casu, de quo jus commune nihil disponit, ut de similibus ad similia procedatur (Innocent. in cap. *si adversar.* 4).

RÈGLE LIII.

Interpretatio ista sumenda, quæ animarum saluti tutior sit (Phil. Porcius, consil. 4, n.° 21).

Et quæ animæ sit proficua (Porc. consil. 16, n.° 52). Interpretatio dicitur legitima, quæ in favorem animæ fit (*id.* consil. 23, n.° 35); et fit etiam in pejorem partem, ob animarum salutem (*id.* 120, n.° 8).

RÈGLE LIV.

Interpretatio à ratione naturali, potior est omni aliâ (Tiber. Decian).

Ratio naturalis potissima est in quâcumque interpretatione (Pedroch. n.° 420).

RÈGLE LV.

Interpretatio contra fiscum adhibenda (Boer. consil. 1, n.° 23).

RÈGLE LVI.

Interpretatio ex proprietate verborum est permissa in quâcumque materiâ, etiam odiosâ et exorbitante (Non. in *Tract. de testam.* cap. 203, n.° 43). Etiam in pœnalia et odiosa.

Interpretatio lata fit etiam in odiosis, quatenùs proprietas verborum patiatur (Phil. Decian.). Interpretatio quæ convenit proprietati verborum, nunquàm censetur exclusa (Prosper Farinac. consil. 45, n.° 17). In dubio, à verborum proprietate non est recedendum (Alciat. in *Respons.*). Verborum propriæ significationi standum (Barthol. Socin.).

RÈGLE LVII.

Interpretatio nulla certior esse potest, quàm quæ fit ab ipso disponente (Pedroch. in *Resp. sing. de contract. indiv.* n.° 544).

RÈGLE LVIII.

Interpretatio fit, ut nemo præsumetur facere voluisse quod de jure non potest (Pedroch. n.° 546).

Nam quæ facta lædunt pietatem, existimationem, verecundiam nostram, et, ut generaliter dixerim, contra bonos mores fiunt, nec facere nos posse credendum est (ait Papinianus, in l. *filius* 15, ff. *de condit. instit.*)

— *Posse* infert honestum; non possumus facere, quod honestè non possumus (ait rectè Gothofredus, ad leg. 79, §. 1, ff. *de jure dot.*).

RÈGLE LIX.

Interpretatio fit in dubio, quæ rei gerendæ aptior est (Pedroch. n.° 581).

RÈGLE LX.

Interpretatio in dubio facienda pro communi opinione (Pedroch. n.° 884).

Et pro pluribus præsumptionibus et conjecturis (Pedroch. n.° 664). Et pro urgentioribus et validioribus (*id.* n.° 665). Et pro regulâ contra limitationem (*id.* n.° 611). Et pro regulâ negativâ magis quàm pro affirmativâ (*id.* n.° 623). Et pro naturâ rei, etiamsi natura verborum repugnet (*id.* n.° 687).

RÈGLE LXI.

Interpretanda dispositio, ut intelligatur, rebus in eodem statu permanentibus (Pedroch. n.° 289). Etiamsi verba essent præcisa (*id.* n.° 291).

RÈGLE LXII.

Interpretationem à proximis, non à remotis, esse sumendam (Menoch. *de Arbit. casib.* 190, n.° 16).

RÈGLE LXIII.

Interpretatio juris de re pari, par erit (Gilman. in *Symph.* 13, 326).

Règle LXIV.

Verba verè et naturaliter intelligenda, non per fictionem (L. fin. C. *de his qui ven. ætat. impetr.*).

Quandò tamen adest eadem ratio, tunc dispositio, loquens in casu vero, locum etiam habet in casu ficto (L. *filio quem pater* 23, *de liber. et posth.* — Menoch. cons. 227, n.° 43).

Règle LXV.

Interpretatio sumi non potest ex actu futuro (Menoch. cons. 9, n.° 151).

Règle LXVI.

Interpretatio nunquàm recipienda, per quam rectè loquendi ratio læditur et offenditur (Schrad. *de Feud.* p. 8).

Règle LXVII.

Interpretatio non est facienda, quæ à verborum claritate dissentiat (Cephal. cons. 369, n.° 6, &c.).

Règle LXVIII.

Interpretatio non debet esse maligna, et quæ maligna dicatur (Zas. in tomis). Non debet esse callida et malitiosa juris interpretatio, &c.

Règle LXIX.

Interpretatio recipi non debet, quâ alter alterius culpâ damnum sentiat (Menoch. cons. 8, n.° 23, &c.).

RÈGLE LXX.

Interpretatio non est facienda ad casum improprium (Cephal. cons. 607, n.° 55).

RÈGLE LXXI.

Interpretatio impropria regulariter non admittitur (Cephal. cons. 607, n.° 56).

RÈGLE LXXII.

Interpretatio omnis, quæ verbis non congruit, rejicienda (Borch. in *Cons.* passim).

RÈGLE LXXIII.

Interpretatio fatua et callida reprobatur (Pacian. part. 2, *de Probat.*).

RÈGLE LXXIV.

Interpretatio potiùs quævis alia, quàm donationis, est capienda (*Cons. Marp.* 15, n.° 150).

RÈGLE LXXV.

Interpretatio verborum aliter fieri non debet, quàm habitâ ratione ejus ad quod is qui ea protulit, respexit (*Cons. Marp.* 10, n.° 34).

RÈGLE LXXVI.

Interpretatio utilitati publicæ adversa, non admittenda (Harpreet.). Interpretatio lata fit, quandò agitur de interesse publico (Decian. vol. 1, resp. 1, n.° 321).

RÈGLE LXXVII.

Interpretatio dura et absurda fieri non debet (Roll. à Vall. cons. 25, n.° 18).

Interpretatio quæ parit absurdum, non est admittenda (Decian. vol. 3, resp. 34, n.° 50, ubi tractat etiam an sufficiat tantùm allegare absurdum).

RÈGLE LXXVIII.

Interpretatio inimica prudentiæ, vitari debet (Roll. à Vall. cons. 24, n.° 100). — Interpretatio fieri non debet, quæ à sapientibus reprehendatur (*id.* cons. 38).

RÈGLE LXXIX.

Interpretatio ficta non habet locum in odiosis, et non procedit contra jus (Simon de Præt. lib. 1).

RÈGLE LXXX.

Interpretatio omnis, nisi deserviat foro, hoc est, usui rerum quotidianarum, inutilis est et perniciosa (Arg. l. 2, §. *his legibus* 5, ff. *de or. jur.*).

RÈGLE LXXXI.

Interpretatio nimis subtilis, et à facti consideratione prorsùs recedens, fugienda est (L. *est differentia* 9, ff. *in quib. caus. pig.*).

RÈGLE LXXXII.

Interpretando, neque lex torquenda est, ut facto deserviat, neque variare factum oportet, ut legi respondeat.

Nam in torquendo jure committes fraudem; in variando facto, mendacium. Utrobique ergo servanda simplex veritas. Responsa enim et interpretationes jurisconsultorum sic oportét interpretari, ut potiùs conveniant, quàm discrepent (L. *si quis* 9, ff. *qui testam. fac. poss.*).

RÈGLE LXXXIII.

Interpretatio sumi non debet contra mentem disponentis (Pedròch. n.° 544).

RÈGLE LXXXIV.

Interpretatio ex quâ effectuum difformitas sequitur, à lege rejicitur (Pedroch. n.° 568).

RÈGLE LXXXV.

Interpretatio non debet à cortice verborum sumi (Menoch. *de Arbit. cas.* n.° 7).

RÈGLE LXXXVI.

Interpretatio quæ verborum proprietati repugnat, non dicitur possibilis (Farinac. cons. 45, n.° 17).

RÈGLE LXXXVII.

Interpretatio non est capienda, ut novæ Constitutiones Justiniani superfluæ dicantur.

RÈGLE LXXXVIII.

Interpretatio quâ altera pars maneret in damno, non debet admitti (Hadrian. Gilman.).

Règle LXXXIX.

Interpretatio, per quam narratio à conclusione discordat, non est accipienda (Alciat. in *Resp.*).

Règle XC.

Interpretatio non debet esse divinatoria; nam interpretes juris non divinare, sed solidas legum interpretationes afferre debent (L. *Gallus* 29, §. *quidam rectè* 1, ff. *de liber. et posth. &c.*)

Règle XCI.

Interpretatio legis dicitur ipsa lex (CCtæ *in Clem.* cap. *exivi* 1, §. *item ordo*, *&c.*).

Et interpretatio præscripta dicitur textus legis (Mascard. *de Probat.* conclus. 1044, ubi id latiùs declarat). Nam quod ex consuetâ interpretatione fit, dicitur liquere, perinde ac si per verba expressa disponentis appareret (Cæpoll. *de Interp. extens.* cap. 1, p. 18, n.° 132, et Stephan. de Federic.).

Règle XCII.

Interpretatio ea in dubio sumenda est in materiâ successionis, quæ nos reducit ad legem 12 tabb. et mediam jurisprudentiam (Tib. Decian. vol. 3, resp. 74).

Règle XCIII.

Interpretatio illa sumenda, quæ reducit ad jus Digestorum, non ad jus Codicis (Tib. Decian. vol. 3, resp. 74).

Ab imperatoribus enim non potest peti proprietas

civilium verborum (Franc. Bald. *de Pign.* cap. 1). Nam imperatores in constitutionibus suis πλατυτέρως locuti sunt, atque de proprietatibus vocabulorum, non ita solliciti, sicut jureconsulti, fuerunt (Vulteius, disc. 12). — Respiciunt etiam imperatores in legibus ad certam facti speciem plerùmque (Decian. in l. *emancipata* 4, n.° 19, C. *qui admitti*). Et principum rescripta secundùm factorum contingentiam impertiebantur, ait Anton. Matthæus, &c.

Règle XCIV.

Interpretatio sumenda, quæ congruit grammaticæ. — Hìnc obscuritatis ob linguam græcam interpretatio fieri potest ab interprete per aliam linguam (Simon de Præt. l. 1, fol. 25).

Règle XCV.

Interpretatio non potest accommodari ad non apta. Adaptatio debet in ipsâ interpretatione esse talis, quæ conveniat rei à quâ fit interpretatio, et rei quæ est voluntas interpretata (Simon de Præt.).

Règle XCVI.

Interpretatio quæ fit per legem, dicitur manifesta probatio, et præfertur, et prævalet aliis : et quæ hujus rei ratio (Simon de Præt.).

Règle XCVII.

Interpretatio in favorabilibus sumitur, ut extensio, quàm restrictio, potiùs oriatur (Decian. vol. 1, resp. 17, n.° 30).

RÈGLE XCVIII.

Interpretatio stricta sumenda est in fideicommissis, legatis et substitutionibus, et propria (Menoch. cons. 97, n.[is] 4 et 47, &c.).

Etenim interpretatio fit in dubio contra legatarium (Menoch. cons. 423, n.° 30). Et interpretatio illa sumenda, quâ fideicommissum excludatur (Cephal. cons. 447, n.° 15). Et ut evitetur tanquàm odiosum (*Cons. Marp.* 25, n.° 292, &c.).

Convenit tamen ità legatum interpretari, ne sit inutile legatario, et ad hunc finem sumitur interdùm interpretatio larga (Menoch. cons. 539, n.° 11). Et fit nonnunquàm in fideicommissis interpretatio benigna (Cephal. cons. 231, n.° 19).

Nam etsi facienda sit interpretatio contra fideicommissum, ne inducatur, secùs tamen habet, postquàm inductum (Cephal. cons. 371, n.° 58). Et fit interpretatio, quò legatum valeat et utile sit.

Et quòd interpretatio stricta fiat contra legatarium, non absolutè semper est intelligendum; et imò stricta fit interpretatio pro legatariis, adversùs heredes, in aliquibus (Simon de Præt. lib. 1, fol. 58).

Quamvis autem in dispositionibus ultimis larga fiat interpretatio, quoad institutionem heredis (Roll. à Vall. cons. 16, n.° 33). — Quoad onera tamen, sic in dubio facienda, quò fideicommissum evitetur (*id.* cons. 65, n.° 35). Et in favorem heredis interpretatio stricta fit in legatis.

Règle XCIX.

Interpretatio fieri debet adversùs eum qui legem apertiùs contractui dicere potuit (L. *veteribus* 39, ff. *de pactis, &c.*). Hanc regulam latè tractavimus in *Tract. de pactis*, c. 8, memb. 6. Et poterit ea, pro re natâ, latiùs explicari.

Règle C.

Jus vel strictum est, vel æquum et bonum. Æqui objecta sunt honestum, natura, utile. Utile est fictione, repræsentatione (sic dolus, possessionem, rem, conditionem, factum; culpa, rem; factum seu persona, factum aliud, rem aliam, aliam personam repræsentat), præsumptione, conjecturâ, seu interpretatione, non captiosâ, sed civili. Hinc interpretatio sumitur ex naturâ rerum ipsarum, putà, genere, specie, toto, partibus; ab eo quod plus est et minus, principali, accessorio, privatione, habitu, signis, verbis et mente, id est obscuro seu ambiguo. Quo in genere præsumptio sumitur pro autore, pro eo quod verisimilius est, pro rei præsentis opportunitate, pro consuetudine, pro eo quod est benignius vel favorabilius : idque maximè, cùm agitur de libertate, dote, testamento, judiciis, contractibus, pœnis, lucro, onere, majori parte inter fiscum et privatos; de tacito et expresso, ubi agitur de actûs conservatione, de conjunctis et disjunctis, de odio et favore, de duobus malis, de initio utili vel inutili, de jure novo. Hâc enim regulâ Joannis Rami, quem Dion. Gothofred. præceptorem suum et antecessorum doctissimum appellat, ad l. 1, ff. *de reg. jur.*, libros hosce concludere lubet.

FIN.

TABLE ALPHABETIQUE

DES MATIÈRES.

A

C

D

E

FIN DE LA TABLE.

DE

L'INTERPRÉTATION

DES LOIS.

PARTIE SUPPLÉMENTAIRE.

DE L'EFFET RÉTROACTIF.

§ I.

L'effet rétroactif de la loi ou la rétroactivité peut être défini : *action de la loi sur le passé.* Or, étant de l'essence de la loi de ne régir que les faits à venir ou les faits actuels appartenant en réalité aux faits à venir, la rétroactivité est réputée contraire à l'essence même de la loi. De là la règle posée par l'article 2 du Code civil : « La loi ne dispose que pour l'avenir; elle n'a point d'effet rétroactif. »

§ II.

Mais il importe de déterminer exactement, et avant tout, le véritable sens du mot *rétroactivité.*

Une loi n'est proprement rétroactive que lorsque, se reportant sur le passé, elle enlève aux individus *des droits acquis* et consacrés par une loi précédente ou par tout ce qui peut tenir lieu de loi. Il résulte de là que l'action de la loi peut s'étendre sur des faits antérieurs sans être réellement rétroactive. De là les distinctions suivantes :

§ III.

Toutes les fois que la loi agit simplement sur les élémens généraux du corps social, et indépendamment des individus, elle agit dans la sphère naturelle de sa puissance et sans rétroagir, alors qu'elle se reporte expressément sur le passé. Elle améliore ou est censée améliorer, dans ce cas, les élémens d'ordre, de prospérité ou de durée de l'association pour laquelle elle est faite: or, elle peut incessamment employer, abandonner, reprendre ces élémens pour les diriger vers de nouveaux résultats, même les anéantir, sans manquer aux conditions normales de sa puissance, c'est-à-dire sans rétroagir. Les intérêts individuels peuvent se trouver froissés sans doute, sous les rapports généraux; car les hommes s'habituent facilement à mettre au nombre de leurs droits les résultats d'une longue tolérance; mais la loi n'a garanti à aucun d'eux les simples expectatives, les attentes qui pouvaient naître de telle forme sociale, de telle institution, qui, jugée bonne à une époque, a cessé de l'être à une autre; elle ne saurait d'ailleurs renoncer, dans aucun temps, à la faculté qu'elle tient de la société même, de la diriger incessamment vers ses meilleures destinées (*Comment. approf. du Cod. civ.*, t. 1, p. 175 et suiv.).

Ainsi, les lois des 4 août 1789 et 15 mars 1790 ont supprimé, sans rétroargir, le régime féodal.—Les lois des 4 août et 5 novembre 1789, 17 juin 1790 et 27 septembre 1791, ont également supprimé, sans rétroagir, l'ancienne noblesse et les privilèges dont elle était la cause ou la source. Il faut en dire autant du retrait lignager, du droit d'aînesse, de primogéniture de l'ancien tiers-coutumier, des substitutions, des majorats, etc.; tant qu'aucun droit n'avait été acquis, sous l'empire de ces institutions et pendant leur existence, la loi a pu les supprimer sans rétroagir (*Ibid.*). Les matières régies par ces institutions étant constamment restées dans son domaine souverain, n'étant pas encore tombées dans le domaine privé par l'usage qu'en aurait fait les individus, elle a pu toujours en disposer dans les vues générales du bien public.

§ IV.

Il est encore un ordre de faits anciens essentiellement placés dans le domaine de la loi postérieure, sur lesquels elle peut étendre son action sans rétroagir. Ces faits sont:

1° Tous ceux qui se sont passés depuis la loi interprétée jusqu'à la loi interprétative, lorsque la loi interprétée n'offrant pas un sens clair, ou présentant un sens équivoque, a donné lieu à des interprétations diverses qui ont amené la nécessité de la loi interprétative. Dans ce cas, on décide que la loi interprétative remonte, quant à ses effets, au jour de la loi interprétée pour ne former qu'un seul et même corps de dispositions avec elle. Et quelle est la raison de cette décision? C'est que toute loi rendue, à moins qu'il ne soit démontré qu'elle n'exprime absolument aucun sens, ce qui ne se présume pas, renferme toujours virtuellement le sens légal qu'a voulu y attacher son auteur. Or, ce sens, bien que révélé plus tard par la loi interprétative, n'en est pas moins inhérent dès l'origine à la loi interprétée, et régit dès lors, sans rétroaction, tous les faits réalisés depuis l'émission de cette dernière loi. De là cette observation de Gail (*Observ. practic.*), qu'une loi interprétative n'est pas une disposition nouvelle, *is qui declarat nihil novi dat* (*Comment. approf.*, t. 1, p. 427).

Mais la conséquence immédiate de ce principe est que toute loi interprétative qui altère, change ou modifie dans son essence le vœu primitif et réel de la loi interprétée, n'appartient plus à cette dernière loi; et ce ne serait qu'en rétroagissant qu'on appliquerait cette loi, bien que qualifiée d'interprétative à des faits placés sous l'empire de la loi interprétée qui a donné naissance à des interprétations diverses (*Comment. approf.*, t. 1, p. 131 et suiv.).

2° Tous les faits antérieurs accomplis avant l'émission des lois appelées morales ou d'ordre public, appartiennent essentiellement à cette espèce de lois; car toute bonne loi admet, comme condition première et inséparable de son précepte, la morale et l'ordre public: or, la morale et l'ordre public étant de tous les temps, les lois de cette nature ne rétroagissent pas quand elles supposent que les faits antérieurs ont été régis par l'un et par l'autre, bien qu'ils n'aient pas été précisément érigés en textes de lois. « Les lois doivent servir de règle au passé, dit justement Domat (1), quand elles ne font que rétablir une loi ancienne, ou une règle de l'équité naturelle, dont quelques abus avaient altéré l'usage, ou qu'elles résolvent des questions pour lesquelles il n'y avait aucune loi ni aucune coutume. »

3° Les faits anciens qui n'étaient régis par aucune loi, ou que régissait une simple jurisprudence qui n'avait pas

(1) Tit. 1, sect. 1, n. 14.

encore revêtu le caractère et l'autorité de la loi, peuvent tomber sous l'action de la loi nouvelle sans qu'il y ait rétroactivité. Une telle loi ne blesse aucun droit acquis en atteignant ces faits; elle porte seulement les bienfaits d'une législation régulière sur des faits anciens qui s'en trouvaient dépourvus, et accomplit ainsi l'une de ses éminentes prérogatives, qui consiste à co-ordonner, toujours dans le sens de l'ordre et du bien public, les élémens que le temps met incessamment à sa dispositon (*Comment. approf.*, t. 1, p. 140).

4° Il est généralement admis que lorsque le motif de la loi nouvelle est le même que celui qui sert de base à une affaire ou à des actes antérieurs, cette affaire, ces actes sont régis par la loi nouvelle sans rétroactivité. Ainsi, une loi qui autoriserait certaines choses conçues dans l'intérêt public, accorderait des primes pour certains actes d'une utilité générale, s'appliquerait sans rétroagir aux choses et aux actes de cette nature déjà accomplis. La raison qu'en donne Tulden (*in Cod. de legib et constit.*, n° 4) est que ces choses, ces actes sont favorables, et qu'il importe au bien public d'en proclamer sur-le-champ la validité: *Quod in propositis speciebus propter favorem admittendum videtur, si modò, id factum est, de quo placitum sensit.*

Ainsi une loi nouvelle qui déterminerait un mode de comptabilité sur une matière pour laquelle n'existaient jusque-là que des modes arbitraires, variables, dépourvus de loi, ou de ce qui tient lieu de loi, régirait incontestablement tous les comptes, tous les actes précédens, rédigés même dans des vues relatives à un certain mode antérieur introduit par un simple usage. L'ordre, étant l'un des élémens généraux de la justice, est antérieur à la loi elle-même, tant qu'elle n'a pas conféré de droits acquis aux citoyens. La loi nouvelle qui le consacre peut donc, sans inconvénient, s'appliquer à des faits antérieurs, lorsqu'un tel résultat n'est pas à craindre.

§ V.

Enfin, il est une autre espèce de rétroactivité qu'on appelle *expresse*, et qui résulte, soit des termes mêmes, soit de la forme extérieure de la loi: *Leges et constitutiones*, dit la loi 7, (*Cod. de Legib.*) *futuris certum est dare formam negotiis, non ad facta præterita revocari;* NISI NOMINATIM, ET DE PRÆTERITO-TEMPORE ET ADHUC PENDENTIBUS NEGOTIIS CAUTUM SIT.

Ainsi la loi du 17 nivôse an II rétroagissait d'une manière expresse lorsqu'elle faisait remonter jusqu'au 14 juillet 1789 ses dispositions en matière de partage de succession et autres. Ses motifs étaient tirés des vues, politiques qui tendaient alors à introduire immédiatement l'égalité absolue dans les partages entre parens.

Ainsi la loi du 14 novembre 1792 rétroagissait d'une manière expresse, quoique implicite, lorsqu'elle supprimait (art. 2) les substitutions faites avant sa publication, *et qui n'étaient pas encore ouvertes à ladite époque.* Et c'étaient les vues politiques qui dictaient encore cette rétroactivité.

Que disent les principes? Que l'appelé né ou même conçu est saisi des biens compris dans la substitution, et par conséquent d'un droit acquis, alors même que le grevé se trouve encore en possession des biens substitués. Ce n'est donc que par une rétroactivité violente de la loi que l'appelé se voit dépouillé de son droit (*Comment. approf.*, t. I, p. 151, t. II, p. 163.—Merlin, *Répertoire,* t. XVI, p. 222, et *Questions de droit,* t. IX, p. 343).

§ VI.

Mais la rétroactivité expresse peut avoir d'autres motifs explicites ou ressortant évidemment du texte de la loi. 1° Elle peut être fondée sur le besoin de rétablir des lois anciennes oubliées, des règles de justice ou de morale universelle qui ne peuvent jamais être méconnues sans crime ou sans danger, quels que soient les actes intervenus sous la législation précédente qui les tolérait.

Ainsi les empereurs Zénon et Anastase déclarent, par les lois 8 et 9 (*Cod. de Incest. nupt.*), nuls les mariages contractés antérieurement, entre beaux-frères et belles-sœurs, et illégitimes les enfans provenus de ces mariages (*l. penult. et ult. Cod. de Incest. nupt.*). — Ainsi les empereurs Léon et Anthémius déclarent, par la loi 16 (*Cod. de S. S. Eccles.*), complétement annulé tout ce qui a été fait contre la religion pendant les temps de tyrannie. Ainsi l'empereur Constantin condamne et annule par la loi 3 (*Cod. de Pact. pignor.*) les pactes commissoires qui avaient été précédemment faits entre les créanciers et les débiteurs. Ainsi, dit Bacon, celui qui, par ruse ou par fraude, élude ou trompe les termes ou l'esprit de la loi, mérite d'être enlacé par la loi postérieure : *Qui verba aut sententiam legis captione et fraude eludit et circumscribit, dignus est qui etiam à lege sequente innodetur* (*Aphor.* 48). Enfin, selon Voët (*ad Pandect. de Legib.* n° 17), la loi s'applique rétroactivement aux affaires passées qui, par leur nature, se trouvent souillées d'iniquité ou de turpitude, et qui ne sauraient subsister sans une manifeste injustice, *Si modò id suadeat insignis injustitia.*

2° Elle peut avoir pour objet de confirmer ou de consolider les actes faits en vertu de la législation précédente. Dans ce cas, la rétroactivité a un but d'ordre ou de justice qui l'explique et même la justifie, sinon en principe, du moins dans ses effets. Cependant elle ne doit pas aller jusqu'à troubler ou altérer des droits réglés en vertu des actes précédens (*Comment. approf.*, t. I, p. 149. — Bacon, *Aphor.* 49).

Ainsi la loi du 4 septembre 1807 a validé rétroactivement, et dans des vues d'ordre public, toutes les inscriptions hypothécaires antérieures qui ne renfermaient par l'époque de l'exigibilité, à la charge par l'inscrivant de réparer cette omission dans un délai de six mois. Toutefois, il a été jugé que cette rétroactivité ne pouvait nuire aux droits acquis des tiers (Cass., arrêt du 5 mai 1813, aff. Bernetti).

3° Enfin, la nécessité de pourvoir immédiatement aux abus graves qu'entraîne l'exécution de la loi précédente, peut commander quelquefois la rétroactivité. C'est ainsi qu'une loi du 12 ventôse an VIII, dérogeant aux lois précédentes sur l'émigration, considère comme émigrés les individus simplement inscrits sur la liste générale, indépendamment de la preuve du fait d'émigration; elle les assimile aux véritables émigrés, et détermine que tous les inscrits, émigrés ou non, seront placés désormais sur la même ligne, *rayés* s'il y a lieu, *par forme de grâce*, et admis ou repoussés du territoire au gré du gouvernement. Enfin, que leurs biens seront régis par les dispositions exceptionnelles relatives aux émigrés. Cette loi dérogeait évidemment aux lois normales des 4, 25 brumaire et 26 floréal an III. — Mais voici sur quels motifs elle était fondée : les listes d'émigrés formaient un recueil d'une telle étendue que le gouvernement, quelques efforts qu'il fît, aurait pu difficilement en faire le dépouillement en conformité et exécution des lois existantes ; en outre, ces lois avaient l'inconvénient grave de démoraliser une partie de la nation, à cause du grand nombre de faux que l'on se permettait dans les certificats de résidence. Le législateur, statuant donc en magistrat politique, pourvut à tous ces inconvéniens ou dangers, par la loi dont il vient d'être parlé (*Questions de droit, Mort civile*, § 2).

§ VII.

Au reste, le texte rapporté plus haut de la loi 7 (*Cod. de Legib.*) demande une courte explication : *Nisi nominatim et de præterito tempore et adhuc pendentibus negotiis cautum sit.* La loi nouvelle emportant rétroactivité devra donc déclarer expressément qu'elle s'applique tant aux affaires actuellement pendantes, qu'aux affaires passées. En l'absence d'une telle déclaration, elle ne s'appliquera ni aux affaires passées, ni aux affaires actuellement pendantes, et sans aucune distinction entre elles ; car les unes et les autres sont mises absolument sur la même ligne par les lois. Elles sont toutes considérées comme passées par rapport à la loi nouvelle, et, par conséquent, comme hors de ses atteintes (*l.* 21, 22, *Cod. de S. S. Eccles.*—Nov. 19.—Voët, *ad Pandect. de Legib.*) ; et quelle est la raison de ce principe? c'est que les affaires, actuellement pendantes dans le sens de la loi 7, supposent toujours un droit antérieurement acquis dont elles découlent, droit ainsi placé au nombre des choses passées et régi dès lors par les mêmes lois qu'elles (*Comment. approf.*, t. I, p. 155).

§ VIII.

Néanmoins ce principe ne doit s'entendre que du fond même du droit ; relativement à l'exécution, la loi nouvelle est applicable sur-le-champ, par l'effet naturel de sa puissance, et comme régissant directement et proprement l'exécution.

Ainsi un contrat sera irrévocablement régi, quant au fond, par la loi de l'époque de sa confection, et le droit qu'il règle appartiendra nécessairement à cette loi. Mais son exécution sera régie par la loi de l'époque à laquelle elle aura lieu, et sans qu'il y ait rétroactivité (Brunneman, *Cod. de Legib.*

in l. 7.—Tulden, *ad Cod. de Legib.*, n° 4.—Arrêté du gouvernement du 5 fructidor an IX).

§ IX.

Plusieurs auteurs ont donné des définitions des droits acquis. Celle de Tobias-Jacob Reinhardt (*Selectæ observationes........*) consiste à dire : Que toutes les affaires qui sont terminées, quant à leur essence, avant la loi rendue, bien que leur accomplissement dépende d'un seul fait qui doive se réaliser après la loi nouvelle, appartiennent aux choses passées, et doivent être régies par l'ancienne loi.

§ X.

Mais cette définition, purement abstraite, nous paraît insuffisante. Peut-être serait-il plus sage de n'en donner aucune.

Les droits acquis sont une véritable propriété, puisqu'ils sont la source de nos actions; et l'on sait que les actions qui représentent ces droits sont mises par les lois au nombre de nos biens : *Æquè bonis adnumerabitur,* dit la loi 49, ff. *de Verb. signif., etiamsi quid est in actionibus, petitionibus, persecutionibus; nam hæc omnia in bonis esse videntur.* — Ces droits ne peuvent donc être dits *droits acquis,* que lorsqu'il y a eu création ou mutation définitive de propriété sur la tête des individus. C'est donc à bien démêler le fait de la création ou mutation de propriété, et l'époque à laquelle il est consommé, qu'il faut s'attacher. Or, les droits acquis peuvent découler de deux sources différentes :

1° Directement de la loi;

2° Directement des transactions sociales : mais ils ne sont pas acquis au même titre dans les deux cas. — Faisons ressortir cette distinction par quelques exemples.

C'est de la loi que dérive directement le droit de succéder; toute convention lui est étrangère. On demande par quelle loi sera régie l'institution contractuelle? sera-ce par la loi en vigueur au temps du contrat, ou par la loi en vigueur au temps du décès de l'instituant? La solution dépend évidemment du point de savoir si le droit acquis en vertu de l'institution résulte plutôt de la loi que du contrat, ou réciproquement. Car, s'il résulte directement de la loi, il n'aura pas été droit acquis au jour du contrat, et la loi du temps du décès aura pu, sans rétroactivité, modifier, même détruire l'institution. Si l'institution, au contraire, tire toute sa force du contrat, comme cela est vrai, elle aura, du jour du contrat, soutenu par la loi qui l'autorise, conféré un droit acquis à l'institué, droit qu'aucune loi postérieure ne saurait plus ni ravir à l'institué ni modifier, sans rétroagir. Et en quoi consiste ce droit acquis? Il consiste dans l'engagement actuellement pris par l'instituant, d'assurer irrévocablement à l'institué le titre et la qualité d'héritier. Il y a en effet, sous ce rapport, aliénation, mutation consommée de propriété, et dès lors *droit acquis* (*Comment. approf.*, t. I, p. 161).

Mais si la stipulation était conçue de manière à ce que l'on ne pût y reconnaître les véritables caractères de l'institution contractuelle, et que son effet en dût être ramené à une pure disposition pour cause de mort, quelle qu'eût été l'erreur des parties à cet égard, ce serait de la loi seule, et non du contrat, que dériverait le droit acquis; et dès lors la loi du décès, et non celle du contrat, régirait sans rétroactivité une telle stipulation (Cass., 25 novembre 1816. — *Comment. approf.*, t. I, p. 161).

§ XI.

La distinction qui précède est de la plus haute importance; et la législation elle-même ne l'a pas toujours sentie. Quelquefois, en matière de mariage, les droits acquis paraissent tirer directement leur source de la loi; et comme, ainsi qu'on l'a dit, les droits émanés de cette source ne sont réellement acquis que lorsqu'on en a fait usage, on est tenté de les considérer comme restés toujours à la disposition de la loi à venir, et pouvant, en tout temps, recevoir d'elle telle modification, tel changement qu'elle jugera convenable, sans qu'il y ait rétroaction.

§ XII.

Mais, vus de plus près, ces droits ont pour source réelle la convention tacite ou présumée des parties, et leur confèrent immédiatement des droits acquis qu'il n'est plus au pouvoir de la loi postérieure de leur ravir. Néanmoins, on va voir dans quelle confusion la jurisprudence a été entraînée sur cette matière à la suite de la législation.

§ XIII.

Il était constant autrefois, dans plusieurs coutumes, notamment dans celle de Paris, que la convention tacite des époux, *qu'ils adoptaient, à défaut de contrat de mariage, les lois ou les dispositions statutaires sous l'empire desquelles ils se mariaient*, ne s'entendait et ne se présumait que de la capacité ou de l'incapacité d'état des époux relativement aux meubles et conquêts de la communauté; elle ne s'entendait nullement du douaire, de l'usufruit ou autres gains de survie (Dumoulin, *Consil.*, 53. — Louet, *Lettre C*, § 6. — Pothier, *Communauté*, n° 415.— Merlin, *Répertoire, verbo* Gains de survie, § 2). — De là, la question de savoir si c'était la loi en vigueur à l'époque du mariage, ou la loi en vigueur à l'époque du prédécès de l'époux qui devait régler ces derniers droits. Si c'était la loi du décès, évidemment ils n'étaient pas *droits acquis* au temps du mariage; et la loi du temps du décès pouvait, sans effet rétroactif, les réduire ou même les anéantir (Arrêts du parlement de Paris des 23 décembre 1580 et 17 octobre 1587. —Louet, *Lettre C*, § 6).

§ XIV.

Cette doctrine, dont l'exactitude ne saurait être contestée, donnait pour conséquence, que la loi du 17 nivôse an II avait pu, par la seconde partie de son article XIII (1), réduire par exemple de moitié et sans rétroactivité, en faveur des enfans nés de père et mère encore existant à l'époque de sa promulgation, l'usufruit que la coutume de Louvain accordait au survivant des époux, sur la totalité des biens du prédécédé; et la raison en était que la loi du temps du mariage ne réglant pas les droits nuptiaux dont il s'agit, comme *contrat*, mais bien comme *loi*, ces droits n'étaient pas des droits acquis au temps du mariage; ils n'étaient qu'une pure expectative tou-

(1) Voir *Comment. approf. du Cod. Civ.*, t. I, p. 166.

jours restée dans le domaine de la loi, qu'elle pouvait réduire ou anéantir à son gré, sans nuire à aucun droit acquis, et par conséquent sans rétroagir (*Comment. approf.*, t. I, p. 167). La conséquence ultérieure de cette décision était que les lois des 9 fructidor an III et 3 vendémiaire an IV, abrogatives de l'effet rétroactif de la loi du 17 nivôse an II, ne s'appliquaient pas aux dispositions de cette dernière loi, relatives aux gains nuptiaux et de survie résultant des coutumes, ces dispositions n'étant pas rétroactives.

Cependant, une lecture attentive de l'art. 13 de la loi du 17 nivôse an II, de l'art. 10 de la loi du 22 ventôse suivant, des lois des 9 fructidor an III et 3 vendémiaire an IV, de l'art. 6 de la loi du 18 pluviôse an V, ne permettant pas de douter que ces diverses lois n'aient considéré comme rétroactive la disposition de l'article 13 de la loi du 17 nivôse an II, relative aux gains nuptiaux et de survie résultant de la coutume, la jurisprudence s'appuyant sur cette interprétation extensive des anciens principes, émanée de la loi elle-même, et dont le résultat était d'appliquer les effets *du contrat présumé* lors du mariage à tous les gains nuptiaux et de survie indistinctement, a considéré ces gains nuptiaux comme droits acquis du jour du mariage, et comme mis par là hors des atteintes de la loi postérieure. Elle a donc compris dans l'abrogation de l'effet rétroactif des lois de l'an II, prononcée par les lois postérieures, les gains nuptiaux dont il s'agit (Arrêts de cass. des 20 nivôse an VI, 27 germinal an XII, 8 prairial an XIII et 8 janvier 1814, etc. — V. *Comment. approf.*, t. I, p. 170 et suiv.).

§ XV.

De la rétroactivité considérée dans l'état normal de la loi.

Après avoir parcouru les divers cas dans lesquels la loi ne rétroagit pas, bien qu'elle paraisse rétroagir, ou rétroagit expressément, mais d'après des motifs explicites ou évidens, il importe de considérer la rétroactivité dans l'état normal de la loi, c'est-à-dire alors qu'aucun motif supérieur, tiré de l'ordre politique ou des considérations de justice universelle, ne commande la rétroactivité, et où l'action de la loi ne rencontre pour limites naturelles que les principes du droit.

Nous avons vu (*suprà*, § III) que la loi ne rétroagit pas proprement, bien qu'elle se reporte sur le passé, lorsque sa disposition a uniquement pour objet l'un des élémens généraux de l'ordre social : elle ne blesse, dans ce cas, aucun droit acquis ; elle reste fidèle aux conditions de sa nature. Mais il n'est pas toujours facile de démêler la présence des droits acquis, ni de déterminer s'ils découlent plutôt de la loi que de la convention, ou réciproquement ; et, à cet égard, la législation elle-même n'est pas toujours exempte de confusion.

Par exemple, l'art. 399 de la coutume de Normandie portait : « La propriété du tiers est acquise aux enfans, du jour des épousailles. » — Résultait-il de là que les enfans fussent réellement saisis et propriétaires de ce tiers, du jour du mariage ? Oui, disent quatre arrêts de la cour royale de Caen ; non, disent deux arrêts de la cour royale de Rouen. La cour de cassation, après avoir hésité quelque temps sur cette question, a fini par reconnaître que la propriété n'était réellement acquise aux enfans qu'au décès des père et mère (voy. entre autres son arrêt du 4 thermidor an XII). Cette solution nous paraît la seule exacte. Outre qu'on ne saurait concevoir aucun droit acquis au profit d'enfans qui n'existent pas, il faut dire que cette disposition de l'ancienne coutume, énoncée sans doute en termes impropres, a plutôt pour but d'exprimer une condition politique de certains biens, quant à leur transmission ou à leur vocation, qu'une translation effective du droit de propriété sur la tête des enfans. C'est donc une disposition générale intéressant purement l'ordre politique, toujours restée dans le domaine souverain de la loi, d'où n'est jamais résulté aucun droit acquis pour les individus, et qu'elle peut toujours, sans rétroagir, modifier à son gré ou même anéantir (*Comment. approf.*, t. I, p. 179).

§ XVI.

Les anciennes renonciations à succession future avaient été abolies par les lois des 5 brumaire et 17 nivôse an II, même avec rétroactivité quant aux successions ouvertes depuis le 14 juillet 1789. Mais l'art. 10 de la loi du 18 pluviôse an V, rapportant la partie rétroactive de ces lois, s'était exprimé en ces termes : « Les renonciations expressément stipulées par contrat de mariage, dans les pays de non-exclusion, *auront leur effet pour les successions ouvertes jusqu'à la publication de la loi du 5 brumaire an* II, *qui les a abolies.* » De là la question de savoir si ces renonciations pouvaient être opposées aux renonçans lorsque la succession se trouvait ouverte postérieurement aux lois de l'an II. La cour royale d'Agen, appelée à statuer sur cette question, avait jugé, le 9 juin 1825, qu'une telle renonciation subsistait encore avec tous ses effets, et attendu que le renonçant ne s'était pas pourvu, soit en nullité, soit en rescision, contre l'acte qui le renfermait, dans le délai de dix années, aux termes de l'art. 134 de l'ordonnance de 1539, ou de l'art. 1304 du Code civil, elle avait écarté la demande en partage du renonçant. Mais la cour de cassation a cassé cet arrêt le 2 juillet 1828 (*Bulletin civil*, t. XXX, p. 161). Cette cour s'est fondée, entre autres, sur ce que l'art. 10 de la loi du 18 pluviôse an V, tout en rapportant la rétroactivité des lois de l'an II, avait virtuellement confirmé ces lois, quant à l'abolition des renonciations à succession future, lorsque les successions étaient ouvertes depuis la loi de brumaire an II. Il est facile de pénétrer les motifs de cet arrêt.

Il y avait eu droit acquis, quant aux successions ouvertes jusqu'à la promulgation de la loi du 18 pluviôse an V : or, rapporter cette rétroactivité, c'était rendre leur propriété à des individus qui en avaient été dépouillés ; c'était faire rentrer la législation dans ses voies naturelles, ce qui motivait le rapport de la rétroactivité. Mais, quant aux successions ouvertes depuis les lois abolitives de ces renonciations, il n'y avait nul *droit acquis* pour personne, nulle propriété transmise aux individus. Les effets de ces renonciations contractuelles n'étaient donc que de pures expectatives toujours restées dans le domaine souverain de la loi, qu'elle pouvait, en tout temps, régler, modifier à son gré, même anéantir sans rétroactivité (*Comment. approf.*, t. I, p. 303).

§ XVII.

La législation n'offre pas moins de confusion et d'embarras sur l'application régulière de certaines clauses insérées dans les contrats de mariage, et emportant prohibition plus ou moins formelle de se marier ou de se remarier. Le décret du 5 septembre 1791 réputait non écrite toute clause tendant à gêner la liberté de se marier, mais sans emporter rétroactivité. Les lois de l'an II, allant explicitement plus loin, réputèrent non écrites toutes conditions de ne pas se marier, ou de ne pas se remarier, avec rétroactivité expresse. La rétroactivité de ces dernières lois fut rapportée par celle du 9 fructidor an III, en leur laissant toutefois leur effet pour l'avenir. Dans cet état, peut-on dire que le décret du 5 septembre 1791 et les lois de l'an II n'ont fait que proclamer un principe de droit naturel méconnu; que ce principe intéresse essentiellement l'ordre public et les bonnes mœurs; qu'il n'est pas au pouvoir de la loi civile d'y déroger; enfin que ce principe, purement déclaratif du droit naturel, doit recevoir son exécution à quelque époque que la clause prohibitive ait été stipulée? C'est, en effet, ce qu'avait pensé la cour royale de Paris, et ce qu'elle consacra par son arrêt du 1er fructidor an VIII. Mais la cour de cassation, saisie de la question, rétablit, en cassant cet arrêt le 20 juin 1806, les vrais principes de la matière. Elle proclama l'existence de la législation antérieure aux lois de l'an II relativement aux clauses prohibitives de mariage, la rétroactivité des lois de l'an II sur cette matière, et le rapport de cette rétroactivité par la loi du 9 fructidor an III. « La rétroactivité ainsi détachée des lois de l'an II, dit-elle, laisse donc en pleine vigueur la législation antérieure pour les espèces placées sous son empire. Il n'appartient donc pas aux tribunaux de repousser une législation en vigueur pour lui préférer un prétendu principe qui n'est pas encore entré lui-même dans la législation. » Mais ce qu'il importe de remarquer dans cet arrêt, c'est la doctrine implicite qui en couronne les motifs, en même temps qu'elle en révèle toute la sagesse. Nous l'avons exposée plus haut. Il y avait *droit acquis* du jour de la convention ou donation accompagnée de la clause prohibitive. *La validité des donations entre époux est une opération de convention et non de la nature*, disait la loi du 9 fructidor an II elle-même. Il en eût été autrement sans doute des dispositions pour cause de mort, qui ne confèrent de droit acquis qu'au décès de l'auteur de la disposition.

§ XVIII.

Après avoir indiqué quelques cas généraux dans lesquels la difficulté consiste surtout à démêler la présence des droits acquis, attendu qu'il n'est pas toujours facile de découvrir si la loi a conservé ou a définitivement perdu son action sur la matière, et l'instant précis où elle l'a perdu, il conviendrait de donner ici des applications spéciales, correspondantes aux diverses matières du droit civil particulièrement susceptibles de la rétroactivité, et où les principes commandent de la repousser. Mais on trouvera cette matière traitée avec toute l'étendue qu'elle exige dans le *Commentaire approfondi du Code civil*, t. I, p. 201 et suivantes.

DE L'INTERPRÉTATION EXTENSIVE, ET SPÉCIALEMENT DE L'ANALOGIE.

(*Voy. suprà*, p. 105 *et* 125.)

§ XIX.

L'analogie est peut-être le moyen auquel on a le plus fréquemment recours pour révéler le véritable esprit de la loi, la compléter dans son ensemble, et la faire pénétrer, sous le nom de justice universelle, dans tous les rapports de la vie sociale; en voici la raison;

La loi, quelque sages et étendues que soient ses prévisions, est nécessairement une proposition imparfaite. De là cette vérité admise sans doute par les jurisconsultes romains, mais que je me suis efforcé de faire ressortir ailleurs (1) sous un point de vue qui n'était pas le leur, que les dispositions implicites de la loi, pourvu qu'elles découlent évidemment de son esprit ou de sa raison dominante, ont la même énergie, la même efficacité que ses dispositions expresses; car, ce qu'il importe avant tout, c'est que la société soit pourvue de tous les moyens par lesquels l'ordre peut être maintenu dans son sein. Or, la loi, si justement caractérisée par l'empereur Léon (*Nov.* 19), *l'œil de la société*, parce qu'elle est destinée surtout à veiller au salut et au bonheur commun, ne saurait

---

(1) *Comment. approf. du Code civ.*, t. III.

mieux atteindre ce but qu'en éclairant et soutenant ses applications par la justice universelle. Tel est le meilleur résumé, à mon avis, de la loi 32, ff. *de Legib.* : *De quibus causis scriptis legibus non utimur, id custodiri oportet, quod moribus et consuetudine inductum est ; et si quâ in re hoc deficeret* ; TUNC QUOD PROXIMUM ET CONSEQUENS EI EST : *si nec id quidem appareat, tunc jus quo Urbs Roma utitur servari oportet.* « Dans les cas non prévus par les lois écrites, c'est aux usages, à la coutume qu'il faut recourir : que si cette ressource manque alors, on s'attache à ce qui s'en rapproche le plus et peut en tenir lieu ; enfin, si l'on ne peut même employer cette ressource, on suit le droit observé à Rome. »

Cette pensée se retrouve toute entière dans l'art. 4 du Code civil : « Le juge qui refusera de juger sous prétexte du silence, de l'obscurité ou de l'insuffisance de la loi, pourra être poursuivi comme coupable de déni de justice. »

S XX.

Cependant l'analogie n'est pas l'interprétation extensive *par compréhension* ; et, en cela, de graves auteurs se sont mépris (1). L'interprétation par compréhension est le résultat de la volonté *certaine de la loi*, indépendamment des termes qui ne la retracent pas toute entière. Elle est dominée par le même motif que la disposition expresse. Elle rentre donc dans le dispositif de la loi, et exprime au même degré que celle-ci la volonté de son auteur. La raison toute seule dit d'ailleurs, que ce que la loi a voulu dans le cas qu'elle a prévu, elle l'a également voulu dans le cas qu'elle n'a pas explicitement prévu, alors que cette volonté résulte nécessairement de ses termes ; car, avant d'être loi écrite ou expresse, elle est essentiellement principe d'ordre, de conservation et de justice : c'est là son but éminent, par conséquent aussi sa volonté. Or, les termes qui l'éloigneraient de ce but, parce qu'ils ne seraient pas pleinement entendus, c'est-à-dire, parce qu'ils ne rendraient pas toute sa volonté, devraient être rejetés comme impropres, insuffisans ou contraires à l'ordre social. Ce n'est pas pour anéantir les effets de la volonté, dit

(1) Donellus, Frantzke, *ad Pandect.*, *in ppio.* — Everhard, *Loc. arg. leg. à rat. leg. larg.*

Cicéron (1), que les mots ont été inventés; et si elle pouvait être manifestée autrement que par leur secours, on ne les emploierait pas. *Quæ res igitur valuit? Voluntas : quæ si, tacitis nobis, intelligi posset, verbis omninò non uteremur. Quia non potest, verba reperta sunt, non quæ impedirent, sed quæ indicarent voluntatem.*

§ XXI.

Vue de plus près encore, cette interprétation se divise en interprétation *par compréhension* proprement dite, et interprétation *par induction* ou *conclusion.*

L'interprétation *par compréhension* proprement dite a lieu lorsque le cas non explicitement prévu par la loi se trouve aussi directement, aussi clairement compris dans son dispositif, que le cas prévu par elle, sa pensée les embrassant nécessairement tous les deux.

Cette interprétation se réalise de deux manières:

1° Lorsque l'énoncé de la loi ne saurait s'entendre autrement sans une absurdité manifeste. — 2° Lorsqu'il est censé conçu par forme d'exemple.

Le sénatus consulte, dit la loi 25, ff. *de Hered. petit.*, caractérise du nom de voleur (*prædo*) celui qui, sachant qu'une hérédité ne lui appartient pas, s'en empare, n'ayant d'ailleurs aucune raison de le faire. Ce sénatus consulte, ajoute la loi (§ 5), doit s'entendre de celui qui, au moment même où il s'empare de l'hérédité, sait qu'elle ne lui appartient pas. Mais que faudra-t-il décider dans le cas où, ayant une juste raison de la considérer comme sienne au moment où il s'en empare, il découvre plus tard qu'elle ne lui appartient pas? La décision restera la même, répond la loi. Quelle différence, en effet, établir entre celui qui s'empare d'un bien qu'il sait ne pas lui appartenir, et celui qui le conserve après avoir acquis la certitude qu'il ne lui appartient pas? *Parvi enim refert, ab initio quis dolosè in hereditate sit versatus, an posteà hoc facere cœpit.*

Un fonctionnaire ou officier public se rend coupable d'un faux, non pas précisément *dans l'exercice de ses fonctions*, comme le porte textuellement l'art. 145 du Code pénal, mais

---

(1) *Orat. pro Cæcinna.*

à une époque antérieure, voisine de celle à laquelle il va entrer en fonction, dans la qualité qu'il va prendre, et avec une date appartenant à l'époque où il exercera ces mêmes fonctions. L'application de la loi, dans ce cas, sera tout aussi clairement obligée que s'il s'agissait du cas littéralement exprimé par elle (1). On ne saurait autrement entendre là loi sans une absurdité évidente.

La loi est censée s'exprimer par forme d'exemple dans les cas suivans :

Une loi ordonne le rétablissement dans son patrimoine de celui qui en a été chassé, soit personnellement par l'auteur de la violence, soit par le ministère de quelqu'un de ses esclaves ou d'un mandataire. On demande si la loi est applicable au cas où l'expulsion aurait eu lieu par le fait d'un affranchi, d'un fermier, ou de toute autre personne agissant au nom de l'auteur de la violence? Qui hésitera, dit Cicéron, à en faire l'application (2)?

La femme mariée a une action contre son mari pendant le mariage, pour la restitution de sa dot mise en péril (3); elle pourra, dans le même cas, exercer cette action contre son beau-père qui l'a promise, ou tout autre débiteur de la dot.

Une loi dispose que la seule intention ne saurait suffire pour retenir la possession des bois d'hiver et des bois d'été : *Hybernorum et æstivorum saltuum*. Mais cet énoncé n'est donné que par forme d'exemple, dit Proculus, et la disposition doit s'appliquer à toutes sortes d'héritages pour lesquels aucune exception n'aura été admise relativement à la possession : *Id exempli causa didici Proculum dicere : nam ex omnibus prædiis, ex quibus non hâc mente recedimus, ut omisisse possessionem vellemus, idem est* (4).

Dans tous ces cas, la loi pose le principe qu'elle rend immédiatement sensible par des exemples; les autres applications qui rentrent dans son motif, bien que non littéralement prévues, ne sont plus dès lors que l'exécution pleine et entière de son dispositif. Cette interprétation est dite *active*, par les

(1) *V.* l. 7. § 2. ff. *de Juridict.*, solution pareille.

(2) *Orat. pro Cæcinna*, cap. 20.

(3) L. 24, ff. *Solut. matrim.* Not. Gothof. Cod. civ., art. 1443.

(4) L. 1, § 25, ff. *de Vi et vi armat.*

docteurs, attendu qu'elle est plutôt le fait de la loi que celui de l'interprète (1).

§ XXII.

L'interprétation par *induction* ou *conclusion* tient moins à la volonté formelle de la loi qu'au sens logique que comportent les mots dont elle s'est servie. Elle consiste à faire rentrer dans la proposition principale qui forme le dispositif de la loi, tout ce que le raisonnement présente comme une dépendance nécessaire de cette proposition et comme régi, soit par voie de conséquence directe, soit par voie d'opposition, par le principe énoncé dans la proposition elle-même. Mais la conclusion procédant d'un tel raisonnement doit présenter un sens identique avec celui du texte, ou se confondre avec lui par voie de conséquence.

Au nombre des raisonnemens entraînant ainsi extension forcée dans leurs termes se placent en première ligne les argumens dit : *A contrario sensu, à fortiori, ab antecedentibus, à consequentibus, à principali ad accessorium, à genere ad speciem, à toto ad partem.*

A contrario sensu (2). Ainsi, la loi qui couvre de son indulgence certains faits passés, défend nécessairement, et *à contrario sensu*, ces mêmes faits pour l'avenir : *Cùm lex in præteritum quid indulget; in futurum vetat.* (L. 12, ff. *de Legib*) — La peine et la récompense ne sauraient être à la fois le produit du même fait. *Ex eodem facto non debet quis pœnam et præmium reportare* (L. 23, ff. *de Negot. gest.*). — « Les actes faits par la femme, porte l'art. 1426 du Code civ., sans le consentement de son mari, et même avec l'autorisation de la justice, n'engagent point les biens de la communauté. » — Il résulte de là, par argument *à contrario*, dit Toullier (t. 12, p. 419), que ces biens sont engagés pour les actes qu'elle fait du consentement de son mari.

Le sens contraire, dans tous ces cas, est aussi exactement le sens de la proposition principale que le sens direct, et l'extension n'est ici en réalité que la conséquence même de la

(1) *V.* le 3e vol. du *Comment. approf. du Cod. civ.*

(2) Balde, *ad leg.*, 4, ff. *de Fundo dotali.*

plénitude du sens de cette proposition, de l'équité ou de l'égalité de toutes ses parties.

De là ce principe consacré par la loi 4, § 2, ff. *de Noxal. act.*, que celui qui a fait choix de l'un des deux sens contraires ne peut plus l'abandonner par la suite, car ce choix entraîne de sa part une concession tacite du sens opposé, en faveur de son adversaire : *Eligens unum ex contrariis, variare non potest; quia alteri tacitè renuntiare intelligitur.*

A fortiori. Celui qui peut aliéner peut à plus forte raison consentir à l'aliénation (L. 165, ff. *de Reg. jur.*). Celui qui peut intenter l'action, peut, à plus forte raison, user de l'exception (L. 198, § 1, ff. *ibid.*); car l'action, donnant ouverture aux procès, est plus difficilement accordée que l'exception, qui tend à les prévenir ou à les éteindre.

Un individu ne peut pas, sur sa simple demande, et de son seul consentement, être placé dans l'état du prodigue auquel la justice donne un conseil. L'action, dans ce cas, doit toujours être intentée par un parent ou par l'autre époux (art. 490-491, C. civ.). — Il en sera de même, *et à plus forte raison*, de celui qui voudrait provoquer sa propre interdiction. *Perridiculum*, dit, la loi 7, § 20, ff. *de Interdict. et relegat.*, *eum qui minoribus prohibitus sit, ad majores adspirare.*

Ab antecedentibus et consequentibus. Les antécédens et les conséquens, bien qu'ils présentent des relations complétement opposées à celles des deux sens contraires de l'argument *à contrario*, sont néanmoins, quant au résultat, régis par la même loi, parce qu'ils se trouvent en définitive soumis à une conclusion identique, savoir : que l'adoption ou l'exclusion de l'un est nécessairement l'adoption ou l'exclusion de l'autre. — Ainsi le sénatus consulte macédonien déniait toute action à celui qui avait prêté à un fils de famille, même après que le fils de famille était devenu *sui juris*, par la mort de celui sous la puissance duquel il était placé; néanmoins il n'interdisait pas les actes ordinaires *causâ emptionis, vel ex alio contractu* (L. 1, § 3, *de Sen. cons. Maced.*), alors qu'il n'y avait pas eu d'énumération d'espèces avec les fils de famille, pourvu que ces actes fussent accomplis de bonne foi. — Que si, au contraire, ces actes n'avaient pour but que de couvrir une opération frauduleuse, c'est-à-dire le prêt défendu, ils tombaient dans les prohibitions de la loi, et ne produisaient aucun effet. — La loi qui prohibait les prêts usuraires prohibait par, là et nécessairement, tous les actes tendant à ces prêts.

L'art. 1096 du Code civil déclare révocables les donations entre époux pendant le mariage. Il déclare évidemment par là révocables les ventes, échanges, transactions ou autres actes qui tendraient au même but. Tous ces actes, dans les deux cas, sont les antécédens d'un acte défendu. Or, la volonté de la loi qui prohibe l'acte défendu n'est pas moins expresse pour les actes qui y conduisent, alors qu'ils n'ont été conçus et employés que dans des intentions de fraude et pour éluder ses dispositions, que pour l'acte lui-même : *In fraudem verò facit*, dit la loi 29, ff. *de Legib.*, *qui, salvis legis verbis, sententiam ejus circumvenit* (1) (2).

Réciproquement, la loi qui interdit un fait, interdit par là même toutes les conséquences de ce fait, d'où résulte l'extension de ses dispositions pénales à ces mêmes conséquences. Par exemple, l'article 913 du Code civil dispose que « tous actes portant donation entre vifs seront passés devant notaires, dans la forme ordinaire des contrats, *et qu'il en restera minute sous peine de nullité.* »

Il résulte de là, qu'en l'absence de cette formalité, toute donation subséquente, même avec minute, de la part du donataire, toute vente, tout échange ou autre acte régulier en la forme et entre parties capables, par lequel on aurait disposé

---

(1) La loi 5, au Code *de Legib.*, exprime la même pensée : *Non dubium est in legem committere eum, qui verba legis amplexus, contra legis nititur voluntatem.*

(2) Les moyens par lesquels on élude ainsi frauduleusement les intentions de la loi, consistent, en général, à employer une chose pour une autre (L. 3, § 3, *in fine.* L. 7, § 3, ff. *de Senat. cons. Macedon.*); une personne pour une autre (L. 5, *in ppio.* ff. *de Donat. inter vir. et uxor.* L. 26, *in fine.* Cod. *de Usur.* — L. 6, § 3, ff. *de Auctor. tutor.* Nov. 22, cap. 27. Nov. 123, cap. 2. — L. 1, 3, *de Pact. pignor.*); un contrat pour un autre (L. 5, § 5, ff. *de Donat. inter vir. et uxor.* — L. 22. — L. ult., § 1, Cod. *Mand.*); un mode pour un autre (L. 8, § 14, ff. *ad Vellei.*); un nom pour un autre (L. ult., § 2. Cod. *de Adsessor.*); une époque pour l'autre (L. 3, § 1, ff. *de Minorib.* L. 59, ff. *de Solut.*); une quantité pour une autre (L. 4, § 2, ff. *de His qui notant.* — L. 16, ff. *de Jur. patron.* — L. 26, versic. *Si qui autem.* Cod. *de Usur.*), etc.

des biens donnés, sera nul, par application de l'article 941 qui frappe de nullité la donation primitive faute d'avoir été rédigée en minute.

D'un au côté, la loi admettant le principe admet forcément la conséquence. Ainsi l'article 315 du Code civil établit, comme présomption légale, que l'enfant né moins de trois cents jours après la dissolution du mariage, est réputé conçu avant la dissolution. Cette disposition a directement pour objet, comme on le voit, l'état de l'enfant; sa légitimité ou son illégitimité. On demande si elle s'étendrait au cas où il s'agirait de recueillir une succession? L'article 725 se borne à dire que pour succéder *il faut exister à l'époque de l'ouverture de la succession*; que dès lors, *sont incapables de succéder, celui qui n'est pas encore conçu, celui qui n'est pas né viable, le mort civilement.* Il ne rappelle nullement la présomption établie au titre de la légitimité, d'où il paraîtrait résulter qu'il la rejette. Néanmoins, on décide que la disposition de l'article 315 doit être étendue à ce cas. En effet, si la présomption fondée sur cet article est suffisante pour établir la légitimité de l'enfant, elle le sera nécessairement pour établir son droit de succéder, qui n'est plus qu'une conséquence de la légitimité.

Le même raisonnement s'applique au cas où il s'agirait de décider si l'accessoire suit le principal, si l'espèce suit la condition du genre, si la partie n'est pas soumise à la règle qui régit le tout; enfin, si la disposition de la loi qui s'applique au principal, au genre, au tout, ne s'applique pas par là même, et indépendamment des termes dont elle s'est servie, à l'accessoire, à l'espèce, à la partie (1) (2).

---

(1) Comme je ne fais pas ici un traité de logique judiciaire, j'omets d'autres matières, par exemple, les arguments *à majori ad minus*, *à connexitate*, *à vi subrogationis*, *suppletionis*, *unionis*, *ab origine vel principio*, *etc.*, qui, selon de certaines conditions, amènent, sous le rapport du raisonnement, au même résultat que celles que j'ai données pour exemple. J'ajoute encore que quelque exact que soit le principe posé ci-dessus, pris dans ses conditions normales, il cesse de l'être dans une foule de cas où ces conditions lui manquent (*V.* t. III du *Comment. approf. du Cod. civ.*).

(2) Il peut arriver aussi qu'on argumente utilement de la partie au tout, de l'espèce au genre, lorsqu'il y a identité de motifs (*V.* L. 20, ff. *de Hered. petit.* § 7, 10).

Quelquefois la loi s'exprime d'une manière générale tout en statuant sur une espèce particulière. Or, les cas semblables, dominés par la même raison, sont censés prévus par la loi, indépendamment de l'espèce sur laquelle elle paraît avoir concentré sa disposition. Ainsi, la loi 9, § ult. ff., *de Jur. et fact. ignor.*, développant une constitution des empereurs qui décidait d'une manière générale que l'ignorance de droit ne pouvait être alléguée par celui qui avait payé un fidéicommis sans retenir, comme il l'aurait pu, la quarte Falcidie, rapporte un rescrit des empereurs Sévère et Antonin, qui avaient appliqué cette décision à une espèce particulière dans laquelle les fonds avaient reçu l'emploi qu'avait indiqué le testateur en imposant le fidéicommis. Mais, ajoute la loi, cette décision est générale et s'applique à tous les cas de même nature, en telle sorte que, alors même que l'argent payé à titre de fidéicommis serait encore en entier entre les mains du fidéicommissaire sans emploi déterminé, il n'y aurait pas lieu à répétition sous prétexte d'ignorance de droit : *Ut secundum hoc possit dici, etiamsi pecunia, quæ per fideicommissum relicta est, quæque soluta est, non ad aliquid faciendum relicta sit, et licet comsumpta non sit, sed extet apud eum cui soluta est, cessare repetitionem.*

Dans tous ces cas, le raisonnement donne à la conclusion tirée de la partie implicite de la proposition principale, une force égale à celle qui résulte de la partie explicite. La loi, qui ne saurait être que l'expression exacte de la raison appliquée aux besoins généraux de la société, et à laquelle ne déroge jamais l'utilité publique, car l'utilité publique, même dans ses irrégularités et ses dérogations au droit commun, est toujours la raison, embrasse donc dans son dispositif l'une et l'autre : d'où je tire, pour dernière conclusion, que la décision souveraine qui s'écartera de l'un ou de l'autre de ces deux sens violera la loi au même degré, et encourra également la cassation.

Il faudra donc, pour conserver à cette matière toute l'exactitude qu'elle réclame, dire que l'interprétation *par compréhension*, aussi bien que l'interprétation *par induction* ou *conclusion*, ne sont qu'improprement dites *extensives* ; qu'elles sont plutôt et avec plus de raison *déclaratives*, puisqu'elles ne font, en réalité, que mettre au jour une proposition certaine, nécessairement entendue dans les termes employés par la loi; et c'est même là le sens précis de la loi 6, § 1, ff., *de Verb. signif.*, d'après lequel la loi doit être entendue autant de *sa volonté* que des termes qui l'expriment : EX LEGIBUS, *sic accipiendum est, tam* EX LEGUM SENTENTIA, *quam ex verbis*; et de la loi 5 au Code *in princ., de legib.*, dont le texte n'est pas moins formel : *Cæteraque, quasi expressa ex legis liceat voluntate colligere : hoc est, ut ea, quæ lege fieri prohibentur, si fuerint facta, non solum inutilia, sed pro infectis etiam habeantur : licet legislator fieri prohibuerit tantum, nec specialiter dixerit,* INUTILE ESSE DEBERE QUOD FACTUM EST.

Il y aurait donc iniquité dans tous ces cas, dit Donellus (1), à ne pas attribuer à la loi tout le sens qu'elle comporte, celui par lequel elle conserve son efficacité absolue, parce que les termes seraient insuffisants; et de là l'obligation pour tout le monde de lui donner ce sens : *quod facile privati omnes non solum possunt, sed etiam debent atque jubentur.*

§ XXIII.

L'analogie ne présente pas un caractère aussi déterminé. On ne peut pas affirmer d'elle, comme dans les cas précédens, que la pensée de la loi a nécessairement eu pour objet le cas non exprimé, sous peine de blesser la raison et de méconnaître sa volonté, les termes n'ayant pas par eux-mêmes suffisamment manifesté cette pensée. La loi est complète indépendamment de l'analogie, dont l'objet unique consiste à étendre le sens exprimé dans la loi, à d'autres cas non prévus, auxquels parait s'appliquer son motif ou un motif équivalent. Ce mode, purement conjectural, procède du seul fait de l'interprète, qui, s'appuyant sur un cas prévu par la loi ou constant en droit, et raisonnant d'après les principes : «Qu'il est conforme à l'équité que les cas pareils soient régis par le même droit, *æquitas in paribus causis paria jura desiderat* (Cicér., *in Topicis*, l. 13 et 27, ff. *de Legib.*; — l. *Illud.*, 32, ff. *ad Leg. Aquil.*);— Que là où la cause est la même, le droit doit être le même, *ubi eadem causa ibi idem jus statuendum* (l. 32, ff. *ad Leg. Aquil.*); — Que les cas qui sont essentiellement et radicalement les mêmes ne sauraient

(1) *Comment. ad Pandect.*, lib. 1, cap. 14, nos 3 et 7.

avoir des résultats différens : *ea quæ in radice et causâ conveniunt, conveniunt et in effectu* (Sichard., *Consil.* 22, lib. 2°, n° 10)», étend la disposition exprimée dans la loi à un cas qu'elle n'a réellement pas prévu, et c'est là proprement l'interprétation extensive.

§ XXIV.

Je définirai donc l'analogie :

Raisonnement par lequel on conclut d'un cas déduit du motif de la loi, du système du législateur, de l'esprit général de la législation, ou de tout ce qui tient lieu de la loi (usage, coutume, jurisprudence, principes généraux du droit), à un autre cas.

Il est fondé sur l'*identité* de raison, la *parité* de raison ou d'équité, l'homogénéité des matières, la similitude substantielle des cas comparés.

Reprenons cette définition :

L'analogie est déduite du motif de la loi, lorsque sans être une extension pure et simple de ses termes, dans le but de manifester toute sa volonté, néanmoins l'identité des motifs fait admettre, dans le cas non prévu, le bienfait de sa disposition. L'extension qui a lieu dans ce cas procède moins de la volonté formelle du texte que de l'esprit et de l'équité générale qui doit toujours présider à l'application des lois, et qui devient dès lors, comme je l'ai dit, le fait de l'interprète.

§ XXV.

Cependant, même en présence de l'identité des motifs, l'extension analogique pourra être autorisée par des causes diverses :

1° Elle pourra puiser une force suffisante dans le motif seul de la loi, si ce motif reçoit de l'extension même toute sa plénitude (*cùm sit extensionis prægnans*), et n'est combattu par aucun autre motif contraire ou supérieur.

Ainsi, la loi qui ordonne que la prescription immobilière sera suspendue en temps de guerre, le cours de la justice se trouvant interrompu, sera régulièrement étendue par l'interprête, au cas où la peste ou toute autre calamité publique rendrait le recours à la justice impossible (1).

La loi 20, ff. *Solut. matrim.*, après avoir énuméré les causes pour lesquelles la femme mariée ne peut pas recevoir sa dot pendant le mariage, énumère celles pour lesquelles elle peut la recevoir : c'est pour venir au secours de ses enfans d'un précédent mariage, de ses frères, de ses parens, ou même pour les racheter de l'ennemi. La raison qu'en donne la loi, est l'*honnêteté de la cause*. Cette décision, ajoute Paul, auteur de la loi, mais interprète de la décision, *s'applique aussi à la fille de famille* lors de la dissolution de son mariage : *Quia justa et honesta causa est, non videtur malè accipere mulier* (constante matrimonio); *et ideò rectè ei solvitur.* IDQUE ET IN FILIA FAMILIAS OBSERVATUR (2).

On ne saurait douter que l'art. 205 du Code civil, portant : « que les enfans doivent des alimens à leurs père et mère, *et autres ascendans* qui sont dans le besoin », n'ait proprement en vue les enfans légitimes. Néanmoins l'équité de la solution, fondée sur l'identité des motifs, la rend également applicable aux enfans naturels légalement reconnus.

Un interdit prononce expressément que les branches d'arbre ne pourront nuire ni aux maisons ni aux fonds voisins. Il résulte de là, dit l'empereur Alexandre, qui interprétait le droit dans ce cas (3), que les arbres ne devant être la cause d'aucun dommage pour les propriétaires voisins, il y aura lieu à étendre, attendu l'identité des motifs, la disposition de l'interdit aux racines d'arbre que vous dites nuire aux fondemens de votre maison.

§ XXVI.

2° L'extension analogique pourra être encore autorisée, soit par une parité exacte entre les matières ou les objets comparés, soit parce que les deux cas se trouveront dans la même condition. L'extension alors sera moins le résultat de l'identité des motifs que de la parité même des matières, de

(1) Barthol., *In l. Naturaliter*, ff. *de Usuc.*

(2) En conséquence, le paiement est valable, dit la Glose, au préjudice du père.

(3) L. 1, Cod. *de Interdict.*

la qualité substantielle des objets, et de l'équité qui commande constamment l'application pleine et entière de la loi.

Par exemple, la loi des Douze-Tables avait fixé à deux ans la prescription des fonds de terre, et à un an celle des autres objets. Elle ne s'était pas prononcée relativement aux maisons. L'interprétation, s'aidant de la similitude substantielle des matières, étendit par analogie aux édifices la prescription de deux ans.

Un sénatus consulte avait décidé que le détenteur d'une succession qui, dans l'opinion où il était qu'elle lui appartenait à titre d'héritier, en avait vendu divers objets, n'était pas tenu, lors de la restitution, des intérêts du prix provenant de ces ventes. La loi 25, ff., *de Hered. petit.*, étend sans difficulté cette décision à tous autres possesseurs à juste titre, même à l'héritier fidéicommissaire, car ils se trouvent, dit la loi, dans la même condition : *Licet autem senatus de his locutus sit qui se heredes existiment, tamen et si bonorum possessores se existiment, vel alios successores justos, vel sibi restitutam hereditatem, in eadem erunt conditione.*

Dans tous ces cas, bien que l'extension analogique soit toujours autorisée par l'identité ou la parité des motifs, néanmoins c'est plutôt par la parité des matières, par la similitude substantielle des cas comparés, qu'est déterminée l'interprétation ; et dès lors elle est plutôt le fait de l'interprète que celui de la loi.

§ XXVII.

Mais j'ai dit que la parité devait être exacte entre les matières ; si elle ne l'est qu'à de certains égards, l'analogie ne pourra s'établir qu'entre les parties de ces matières qui seront substantiellement ou légalement les mêmes. En l'absence de la première condition, et lorsque les matières n'offrent que de simples similitudes entre elles, l'analogie est inadmissible ; l'interprète qui ferait ainsi une application arbitraire de la loi s'érigerait en législateur (1). Dans le second cas, et lorsque la loi a pris soin elle-même de régler dans quel sens

(1) La loi 64, § 9, ff. *de Solut. matrim.*, retrace un cas que je ne rapporte pas ici, où l'extension ne saurait avoir lieu par le défaut de similitude substantielle ou légale des cas.

doit avoir lieu l'assimilation, on ne doit pas oublier que par-là même qu'elle a réglé définitivement celles de ces matières qu'elle n'a pas voulu soumettre à l'assimilation, elle a interdit à leur égard toute argumentation par analogie; car, pour fonder l'analogie, disent les lois (1), il faut nécessairement deux termes dont l'un conduise à l'autre, le premier certain et l'autre incertain. Or, lorsque la loi a réglé elle-même celui vers lequel on voudrait arriver par la voie de l'analogie, ce cas n'est plus incertain; il n'y a donc plus lieu à faire usage de ce mode d'interprétation. — Le Code civil offre une foule d'assimilations de matières (2).

Ainsi l'article 509 du Code civil *assimile* l'interdit au mineur *pour sa personne et pour ses biens*: en conclura-t-on que l'interdit peut se marier, disposer par testament, contracter, en un mot, dans les mêmes conditions que le mineur? Non sans doute; car l'article 502 déclare nuls de plein droit les actes passés par l'interdit postérieurement à son interdiction. L'unique objet de la loi a donc été d'assimiler l'interdit au mineur en tout ce qui concernait la surveillance, les formalités, les garanties dont elle voulait entourer la personne et les biens de l'interdit. L'argumentation par analogie ne sera donc permise dans ce cas que relativement aux parties assimilées par la loi; elle ne le sera pas pour les autres.

Les servitudes sont-elles passibles de l'affectation hypothécaire? Cette question doit se résoudre par l'analogie des matières. L'article 2118 porte: «Sont seuls susceptibles d'hypothèques,

1° Les biens immeubles qui sont dans le commerce, et leurs accessoires réputés immeubles;

2° L'usufruit des mêmes biens et accessoires pendant le temps de sa durée.» — Le doute naît de ce que l'article 526 répute immeubles, par l'objet auquel ils s'appliquent, *les servitudes ou services fonciers*. Mais si l'on veut admettre que les servitudes soient, dans les termes rigoureux de l'article 2118, *des biens immeubles dans le commerce*, elles ne le sont

(1) L. 137, § *cùm ita*, ff. *de Verb. oblig.* — L. 27, ff. *de Condit. et demonstr.*

(2) V. Les art. 335, — 526, — 780, — 1353, — 1562, — 1580, — 1718, — 1872, — 2111, — 2146, etc.

évidemment qu'à titre *d'accessoire*. Ce ne serait donc que comme tels, et non comme immeubles séparés du fonds, qu'elles pourraient être passibles de cette affectation. — Quant aux actions qui tendent à revendiquer un immeuble, par là même que la loi ne les a pas comprises dans son énumération (2118), elle les a clairement exclues de cette affectation.

La jouissance emphytéotique est-elle passible de la même affectation? C'est encore par l'analogie des matières que l'on devra résoudre cette question. Or, la négative résulte de ce que l'analogie entre les matières n'est pas exacte. En effet, l'immeuble donné à bail emphytéotique n'est pas proprement *un bien immeuble dans le commerce*, comme le veut l'article 2118; car le créancier ne saurait, pour réaliser son droit, parvenir à la vente par expropriation des biens emphytéotiques affectés à ce titre (Voyez, *Comment. approf. du Code civil*, t. II, pag. 320-370).

3° Enfin, la considération du but que la loi se propose peut aussi autoriser l'extension analogique; et, dans ce cas, le but de la loi équivaut à son motif. Ce principe est fondé sur la maxime, *Nihil interest quid eveniat ex æquipollentibus*.

Par exemple, la loi 5, ff. *de Hered. petit.* interdit au possesseur d'une succession contre lequel est dirigée une action en pétition d'hérédité toute vente des objets dont se compose la succession, à moins qu'il ne donne caution. Il en sera de même, c'est-à-dire qu'il donnera également caution, dit le § 1er de la même loi, s'il dirige l'action de faux contre le testament que lui oppose son adversaire. Le résultat ou le danger étant le même dans les deux cas, l'analogie autorise la même conclusion, savoir, la même précaution dans les deux cas. *D. Hadrianus T. Sergiano rescripsit, ut Œlio Asiaticus daret satis de hereditate, quæ ab eo petitur: et sic, falsum dicat: hoc ideo, quia sustinetur, hereditatis petitionis judicium, donec falsi causa agatur.*

C'est en vertu de la même analogie qu'il a été décidé plusieurs fois que le trésor public n'était pas moins tenu que les particuliers de donner caution pour parvenir à la surenchère.

L'art. 1449 du Code civil, qui dispose, «que la femme séparée, soit de corps et de biens, soit de biens seulement, en reprend la libre administration; elle peut disposer de son mobilier et l'aliéner;—elle ne peut aliéner ses immeubles sans le consentement du mari, ou sans être autorisée en justice à son refus», a évidemment pour but de placer la femme, quant à l'administration de ses biens, dans la condition du mineur émancipé.—Les dispositions de la loi relatives à l'administration des biens de ce mineur, par exemple, les art. 481, 482, etc., seront donc applicables à la femme séparée, soit de corps et de biens, soit de biens seulement.

Dans un autre sens, l'analogie conduit à dire que ce qui a été introduit pour un certain but peut bien être employé pour conduire à un but identique ou pareil, mais non à un but différent ou contraire: *Introducta ad unum effectum, non debent ad alium inconvenienter torqueri.*

§ XXVIII.

L'analogie est déduite du système du législateur, lorsque, sans s'appuyer sur un motif distinct d'aucune loi, elle autorise néanmoins une décision par la vue générale de l'auteur de la loi. La raison de ce principe est que l'analogie ne procédant, comme je l'ai dit, que par voie de conjectures, il est naturel de se porter sur celles qui révèlent avec le plus de certitude la véritable pensée de celui qui parle: or, il est toujours présumé s'être conformé, en cas d'obscurité des termes, ou même d'insuffisance des dispositions écrites, au système ou aux vues générales qu'il a clairement manifestées ailleurs. Ainsi, l'on dit en matière d'exégèse des livres saints, que de certaines matières, par exemple, les miracles, doivent être interprétés par la foi; que tel auteur doit, dans les passages obscurs de ses ouvrages, être entendu selon son système.

§ XXIX.

Le système général du Code civil sur les enfans naturels est de leur donner un rang dans la société, qui, s'il n'est pas expressément celui de la famille, les place néanmoins dans un état voisin. Or, cet état suit, à beaucoup d'égards, toutes les analogies de la famille.

Ainsi il est incontestable que si l'enfant naturel légalement reconnu n'a pas de parens en réalité que son père et sa mère, néanmoins ses descendans légitimes forment avec lui une véritable famille, et jouissent de toutes les prérogatives attachées à cet état.

C'est évidemment par analogie des dispositions sur la tutelle des enfans légitimes que l'enfant naturel légalement reconnu est aussi placé sous les liens de la tutelle; et, d'après cette vue, l'une des interprétations nécessaires que comporte le mot *famille*, employé par l'art. 180 du Code civil, sera que l'on puisse, au moyen d'amis, former le conseil de famille dont doit être pourvu l'enfant naturel mineur légalement reconnu.

§ XXX.

Ramené sous un autre point de vue, le mode d'interprétation dont il vient d'être parlé se retrouve tout entier dans la loi 12, ff. *de Legib.: Incivile est, nisi tota lege perspectâ, unâ aliquâ particulâ ejus propositâ, judicare vel respondere.* « Il est contraire au droit civil de juger ou de prononcer sur l'examen séparé d'une partie de la loi; il faut la voir dans son ensemble. »

Mais, développant ce principe, et lui donnant une application plus large, on peut dire d'un corps de loi tout entier, ou même d'une matière distincte, qu'à son égard, le mode d'interprétation par analogie, procédant des vues générales du législateur, ou de l'esprit de la législation, lorsqu'il y aura une certaine connexité dans les doctrines, dans les matières ou dans les principes généraux du droit, source constante de toute législation, l'interprétation par analogie sera autorisée; elle se divisera alors en interprétation par *le parallélisme des mots* et interprétation par *le parallélisme des choses.*

§ XXXI.

Le parallélisme des mots consiste à expliquer les termes obscurs, équivoques ou ambigus dont s'est servi le législateur dans un cas, par les termes qu'il a employés dans un autre, pour exprimer la même pensée. Par exemple, l'art. 1080 du Code civil porte : « Que les donations faites à l'un des époux, dans les termes des art. 1082, 1084 et 1086 ci-dessus, deviendront caduques, si le donateur survit à l'époux donataire et *à sa postérité.*» — La généralité de cette dernière expression amènerait à penser qu'elle embrasse tout à la fois la postérité légitime et la postérité illégitime du donateur. Mais en rapprochant des termes de cet article l'art. 1082, qui dispose expressément que les mêmes donations dont parle l'art. 1089 pourront avoir lieu «*tant au profit desdits époux, qu'au profit des enfans à naître de leur mariage*,» on ne saurait douter que l'expression trop générale employée par l'art. 1089 ne doive être restreinte au sens déterminé par l'art. 1082, et que telle ne soit la véritable pensée de la loi.

Il résulte clairement des premiers mots de l'art. 896 du Code civil, «*Les substitutions sont prohibées*», que la disposition subséquente du même article, «Toute disposition par laquelle le donataire, l'héritier institué, ou le légataire, sera chargé de conserver et de rendre à un tiers, sera nulle, même à l'égard du donataire, de l'héritier institué, ou du légataire», ne saurait s'entendre de la substitution proprement dite; car le législateur prohiberait d'abord les *substitutions* sans dire en quoi elles consistent, et il les déclarerait ensuite *nulles* en les définissant, ce qui serait absurde. — Les art. 2194 et 2195 du même Code énoncent, le premier, «qu'après les formalités de dépôt et autres, prescrites par cet article aux acquéreurs de meubles appartenant à des maris, de leur contrat translatif de propriété, ces mêmes maris pourront, ainsi que les autres personnes désignées par l'article, requérir des inscriptions sur l'immeuble aliéné, qui auront le même effet que si elles avaient été prises *le jour du contrat de mariage*»; le second, «que si les inscriptions du chef des femmes, etc., sont les plus anciennes, l'acquéreur ne pourra faire aucun paiement du prix au préjudice desdites inscriptions, *qui auront toujours*, *ainsi qu'il a été dit ci-dessus*, *la date du contrat de mariage.* Ces termes, employés deux fois par la loi, expriment-ils sa pensée? On est autorisé à décider que non; et c'est le simple rapprochement d'autres articles où elle établit clairement, d'accord avec la raison et les principes, qu'elle ne reconnaît de mariage que *du jour où il a été célébré devant l'officier de l'état civil*, qui en donnera la certitude (art. 1399, 1548, 1571, 2135).

§ XXXII.

Le parallélisme des choses s'entend des matières mêmes réglées par la loi dans un cas, mais d'une manière obscure, insuffisante ou trop générale, comparées aux mêmes matières, ou à d'autres, réglées dans un autre cas ou dans un autre lieu, d'une manière plus claire, plus correcte ou mieux développée, et donnant par là les moyens de s'assurer de sa pensée dans le premier cas. La raison de ce principe est que toutes les branches de la législation n'étant en réalité que les parties séparées d'un même tout, ayant à la vérité des objets divers, mais s'interprétant, se restreignant ou se modifiant les unes par les autres, chacune dans son ordre et selon la distinction des matières, c'est d'elles-mêmes qu'elles peuvent recevoir les plus sûrs moyens d'éclairer et de mettre au jour leur véritable sens.

Ainsi plusieurs matières du Code civil, qui ont plus particulièrement trait à la procédure ou aux transactions commerciales, reçoivent, des dispositions parallèles du Code de procédure civile ou du Code de commerce, des développemens ou des interprétations explicites ou implicites, qui servent comme de complément nécessaire à ces matières.

Par exemple, l'art. 975 du Code de procéd. civile, combiné avec les art. 978 et 979, donne à l'art. 466 du Code civil toute la précision que réclamait la matière qu'il avait pour objet, en même temps qu'il fait cesser une contrariété évidente entre sa disposition et celles des art. 828 et 834 du même Code. Il détermine en effet, les cas dans lesquels l'article 466 est applicable : ce sont ceux où plusieurs experts forment les lots en procédant à l'estimation, tandis que l'article 834 s'applique seulement au cas où les lots sont formés par l'un des cohéritiers ou par un expert, *mais dans une opération entièrement distincte de l'estimation.*

Les dispositions du Code de commerce sur les arbitrages servent à interpréter et à compléter, pour les matières commerciales, les dispositions du Code de procédure civile. Par exemple, il résulte de l'art. 54 du Code de commerce, d'après lequel, « lorsque les parties ne sont pas d'accord sur le délai pour rendre le jugement arbitral, ce délai sera réglé par le juge », que le délai de trois mois déterminé par les art. 1007 et 1012 du Code de procédure civile, pour le même cas, est seulement applicable aux matières civiles (Bruxelles, 1er mars 1810; — Limoges, 2 mai 1817). — Pareillement, on induit du même article 54 que les dispositions des art. 1012-1018 du Code de procédure civile, et spécialement celles de l'art. 1028, qui prononcent la nullité du jugement arbitral rendu après l'expiration du compromis, ne sont pas applicables aux matières commerciales (Bordeaux, 3 février 1823). Néanmoins le procédé analogique cessera d'avoir son effet dans tous ces cas, lorsqu'il sera évident que les matières le repoussent.

Ainsi la définition du commencement de preuve par écrit, donnée par l'art. 1347 du Code civil, en matière testimoniale, est étrangère à celle de l'art. 324 spéciale pour les preuves de filiation, et il ne serait pas permis d'argumenter de l'une à l'autre. Il faut en dire autant des dispositions renfermées dans les art. 900 et 1172, qui ont pour objet des matières distinctes.

Les lois nouvelles reçoivent souvent des lois antérieures les plus sûres lumières, soit sous le rapport des personnes, soit sous le rapport des choses (L. 26, ff. *de Legib.*); elles ne sont même censées faire, par leur union avec elles, qu'un même corps de loi : *Sed et posteriores leges ad priores pertinent* (L. 28, *ibid.*).

Le parallélisme des choses peut s'entendre encore du rapprochement qu'il est permis de faire quelquefois d'un texte de loi obscur ou ambigu, avec les sources où des conjectures fondées peuvent autoriser à croire que le législateur l'a puisé. Par exemple, on ne saurait douter que l'art. 1400 du Code civil, dont la rédaction pénible et obscure n'offre que des incertitudes à l'esprit le plus intelligent, étranger aux matières qui en font l'objet, n'ait été puisé surtout dans l'introduction à la coutume d'Orléans par Pothier, et dans son *Traité de la Communauté*. C'est donc là que l'on devra chercher le sens propre des termes, comme aussi la véritable pensée de la loi. Il n'y aurait d'exception à cette règle que dans le cas où le législateur aurait exprimé sa volonté formelle de déroger au sens légal que présentaient les termes de la législation précédente, ou de modifier la disposition elle même.

Il y a plus : le parallélisme des choses a lieu, lorsqu'on obtient le sens des textes en vigueur par le rapprochement des textes abrogés sur les mêmes matières. C'est ainsi qu'une foule de dispositions du Code de procéd. civile ne deviennent intelligibles que par le rapprochement des dispositions parallèles de l'ordonnance de 1667, ou même de la jurisprudence constante et écrite du Châtelet. C'est de la comparaison du droit abrogé avec le droit en vigueur que jaillit la plus vive lumière sur la portée et le sens de ces dispositions; *Nam et opposita facta, collatione clarescunt* (Aristot., lib. 4, Rhetor.).

C'est par un motif déduit de la même cause, bien que les matières soient différentes, que l'on applique aux testamens les dispositions de l'art. 1340 du Code civ., relatives seulement aux donations, et portant, «que la confirmation ou ratification, ou exécution volontaire d'une donation par les héritiers ou ayant cause du donateur, après son décès, emporte leur renonciation à opposer, soit les vices de forme, soit toute autre exception.» — Il y a, disent MM. Grénier (1) et Merlin (2), *parité de motifs* (3) dans les deux cas : «c'est l'impossibilité d'admettre que l'on puisse revenir sur une confirmation, ratification ou exécution volontaire.» Mais la violation de cette disposition de la loi qui entraînerait incontestablement la cassation de la décision souveraine où elle se rencontrerait, quant à la donation, entraînerait-elle la cassation d'une décision pareille appliquée aux testamens? Il faut décider que non. L'esprit de la loi a été violé dans ce dernier cas, mais non la loi elle-même : or, la cour de cassation n'est appelée à casser que des textes de loi violés; et c'est ici que ressort la grande différence que j'ai signalée entre l'interprétation extensive *par compréhension*, et l'interprétation extensive *par analogie*. Dans le premier cas, la loi est appliquée extensivement, *vi legis* : il y a donc violation de la loi si la partie implicite de son texte a été violée; dans le second, au contraire, la loi est appliquée extensivement, *analogicè* : or, c'est par le fait de l'interprète que la loi reçoit ici une

(1) *Traité des Donations*, n° 325.

(2) Répertoire, *Testament*, p. 762.

(3) Ce n'est pas *parité*, c'est *identité* qu'il fallait dire.

extension; et bien que les motifs qui le portent à étendre ainsi la loi par analogie soient identiques avec ceux de la loi, d'une force égale, ou même quelquefois supérieure aux siens, néanmoins, comme c'est plutôt l'équité de l'interprète que le vœu propre et certain de la loi qui détermine cette interprétation, on ne peut pas affirmer avec vérité que la loi ait été violée.

§ XXXIII.

En général, l'analogie est également fondée, soit qu'il y ait *identité*, soit qu'il y ait seulement *parité* de motifs, pourvu que la parité soit absolue, c'est-à-dire substantielle entre les deux termes comparés.

Mais on conçoit que l'analogie, procédé purement conjectural, perde de sa force à mesure que les conditions de son existence s'obscurcissent ou s'altèrent par les doutes nombreux que peuvent suggérer une foule de causes; et de là les dangers reconnus de tout temps dans l'emploi de cette méthode d'interprétation. C'est donc par une exacte observation des règles précédentes que l'esprit pourra soutenir ses appréciations en cette matière.

Et d'abord, relativement à l'identité des motifs, l'unique mission de l'interprète se bornera à vérifier exactement, dans le cas proposé, le motif exprimé ou nécessairement entendu dans la loi. Il devra donc repousser les simples similitudes, quelque rapprochées qu'elles paraissent de l'*identité*. Par exemple, la loi 1re, ff. *si Familia furtum fecisse dicat*, décide que le maître dont les esclaves auront commis un vol pourra s'affranchir des condamnations qu'entraîne ce délit (savoir, l'abandon en dédommagement des esclaves qui ont participé au vol), en offrant tout ce dont pourrait être tenu pour ce fait un homme libre. Le motif exprimé dans la loi est qu'il importe de prévenir la ruine du maître en le privant de tous ses esclaves: *Videlicet ne cùm plures furtum admittunt, evertant domini patrimonium, si omnes dedere, aut pro singulis æstimationem litis offerre cogatur.* — La loi 32, ff. *de Lege Aquil.* demande si cette décision s'appliquera au cas de dommage causé selon les prévisions de la loi Aquilia, c'est-à-dire, par la mort des esclaves, des bêtes de somme, des troupeaux, etc.;

et le jurisconsulte (Gaius) répond affirmativement : le motif de cette décision, ajoute-t-il, étant le même que celui qui a été donné précédemment pour le cas du vol : *Et meritò, cùm enim circa furti actionem hæc ratio sit, ne ex uno delicto totâ familiâ dominus careat, eaque ratio similiter et in actionem damni injuriæ interveniat, sequitur, ut idem debeat æstimari.* Mais en sera-t-il de même du cas où les esclaves auraient altéré l'*album*, ou outragé quelqu'un ? Non, répond la loi 9, ff. *de Jurisdictione;* et la raison qu'elle en donne est que l'on considère ici moins le dommage causé au maître que la gravité du délit en soi : c'est la majesté du préteur qui a été violée dans le premier cas, *fortasse quia hic et contempta majestas prætoris vindicatur;* c'est la dignité de la personne outragée qui souffre dans le second ; et l'outrage sera d'autant plus grave, dit la loi 34, ff. *de Injuriis*, qu'il aura été commis par un plus grand nombre d'esclaves, *et tanto major injuria, quanto à pluribus admissa est.* Or, on ne saurait plus prendre ici en considération l'inconvénient de ruiner le maître pour lui appliquer un motif de pure équité. Le fait constitutif du délit se divisera donc en autant de faits qu'il y aura eu d'esclaves auteurs ou complices du délit ; et le maître sera distinctement responsable de chacun de ces faits. C'est ainsi que l'identité de motif disparaissant, l'analogie disparaît avec elle.

La simple parité de motifs éloigne encore plus l'esprit des conjectures propres à autoriser l'extension de la loi par analogie. Déterminons-en exactement le caractère.

La loi Julia Papia (44, ff. *de Ritu nupt.*) défend aux sénateurs et autres personnes qu'elle désigne, d'épouser sciemment, *dolo malo*, des affranchies. En cas de violation de sa défense, elle déclare de tels époux incapables de se donner et de recevoir par testament (Ulp., *Fragm. solid.*). Les dispositions de cette loi seront applicables par *parité* de motifs, au cas où le sénateur ou autre personne désignée dans la loi aura épousé une affranchie qu'il croyait libre, par suite d'une ignorance crasse ; car, l'ignorance poussée à ce degré est équipollente au dol, *lata culpa dolo æquiparatur* (l. 1, § 1, ff. *Si mens fals.*). Une foule de textes consacrent dans d'autres cas cette équipollence, et dès lors la parité des motifs (l. 32, ff. *Depositi;* l. 9, ff. *de Juris et fact. ignor;* l. 27, ff. *Mand.*, etc.).

L'ancien édit du préteur portait : Que ce magistrat refuserait son approbation à tout acte qui serait le fruit de la *violence* ou de la *crainte*. Postérieurement, le mot violence disparut de l'édit. Il se borna à rappeler la *crainte*, comme cause d'annulation de l'acte qui en serait le produit : *Quod metûs causâ gestum erit, ratum non habebo*. Et quelle est la raison de cette suppression? C'est, répond Ulpien, que le résultat de la violence équivaut au résultat de la crainte : *Sed postea detracta est* VIS *mentio, ideo quia quodcumque* VI ATROCI *fit, id* METU QUOQUE FIERI VIDETUR (l. 1, ff. *Quod metûs caus.*). — La parité du motif fera donc ici prononcer la nullité de l'acte produit de la violence, bien que le cas de violence ne se trouve pas littéralement exprimé dans la loi.

Non-seulement celui qui repousse son enfant et lui refuse des alimens, dit la loi 4, ff. *de Agnoscend. liber.*, est réputé lui donner la mort, mais encore celui qui l'expose publiquement, afin d'exciter dans les autres une pitié qu'il n'éprouve pas lui-même : *Necare videtur non tantum is qui partum perfocat, sed et is qui abjicit, et qui alimonia denegat, et is qui publicis locis misericordiæ causâ exponit, quam ipse non habet.*

Exposer son enfant dans des lieux publics pour exciter la commisération des passans, n'est pas proprement le tuer; mais cet acte révolte tellement la nature, que la loi le flétrit justement d'une assimilation complète avec l'acte même qui lui donnerait la mort.

§ XXXIV.

Telle est la parité des motifs, et il faut qu'elle ait atteint ce degré d'exactitude pour autoriser, à l'égal de l'identité des motifs, l'argumentation par analogie.

Or, ce mode d'interprétation étant presque toujours le fait de l'interprète, puisqu'on ne peut nullement affirmer que la loi s'applique à un cas qu'elle n'a réellement pas prévu, et auquel son motif ne saurait s'adapter directement, il faudra, pour éviter l'arbitraire, si redoutable en cette matière, que la parité des motifs soit déterminée par la loi elle-même, ou d'une manière incontestable par les principes généraux : c'est ainsi que, se tenant rapproché des textes de loi ou des principes généraux, l'interprète éloignera, autant qu'il est en lui, toute chance d'erreur.

Par exemple, l'article 2233 du Code civil porte, « que les actes de violence ne peuvent fonder une possession capable d'opérer la prescription. » — Il faudra appliquer cette disposition au cas où la possession, indépendamment de tout acte de violence, serait fondée sur une frayeur telle, que le propriétaire aurait un juste sujet de craindre pour ses jours, sa fortune, ou même d'éprouver un mal considérable et présent; cette parité de motifs se trouvant établie par l'article 1112 du même Code (1).

Aux termes de l'article 2010, « en cas de mort du mandataire, ses héritiers doivent en donner avis au mandant, et pourvoir, en attendant, à ce que les circonstances exigent pour l'intérêt de celui-ci, » il faudra étendre cette disposition, avec toutes ses conséquences, aux héritiers du simple *negotiorum gestor*; car, l'article 1372, « soumet celui qui gère volontairement l'affaire d'autrui à toutes les obligations qui résulteraient d'un mandat exprès que lui aurait donné le propriétaire. » — L'extension repose donc ici sur une *parité de motifs* reconnue par la loi elle-même.

Au reste, pour admettre cette extension analogique, il n'est pas nécessaire, disent tous les auteurs (2), que la loi ait consacré textuellement la parité des motifs; il suffit qu'elle résulte indubitablement de sa disposition.

§ XXXV.

Les principes du droit régulièrement appliqués peuvent aussi, comme je l'ai annoncé, motiver l'argumentation tirée de la parité des motifs. Ainsi, il est incontestable que si je consens à répondre à l'action judiciaire que vous avez intentée contre moi, et que je renonce par là aux exceptions dont je pouvais me prévaloir, d'un autre côté, le contrat ju-

(1) « Il y a violence lorsqu'elle est de nature à faire impression sur une personne raisonnable, et qu'elle peut lui inspirer la crainte d'exposer sa personne ou sa fortune à un mal considérable et présent. On a égard, en cette matière, à l'âge, au sexe et à la condition des personnes. »

(2) Everhard, Forster, Donellus, etc.

diciaire vous oblige à rester invariablement attaché à la voie que vous avez adoptée, avec les avantages et les inconvéniens qu'elle entraîne.

La compensation judiciaire n'est fondée que sur une parité de motifs. Le jugement qui vous donne acte de la portion de somme que je reconnais vous devoir, et me condamne à vous payer le surplus, que je ne reconnais pas vous devoir, vous rend créancier au même titre, bien qu'il y ait seulement parité dans les motifs du jugement pour la condamnation de toute la somme demandée. Je vous vends un immeuble dont je suis à la veille d'être le propriétaire par la prescription; la prescription s'accomplit sur votre tête, et vous devenez propriétaire, car vous profitez, par droit d'accession, de tout le temps de possession qui s'est écoulé en ma faveur; mais avant que la prescription ne s'accomplisse sur votre tête, vous ou moi, nous faisons prononcer la résiliation de la vente: votre temps de possession me sera-t-il compté pour prescrire? Par la même raison que le mien vous était utile, et qu'il entrait accessoirement dans nos conventions, le vôtre me sera également utile, et comptera pour moi, car il y a parité de motifs: *Quod juris est in contractu, idem juris est in distractu* (V. l. 13, § 2, ff. *de Acquir. vel omit. possess.*).

L'article 1082 du Code civil attache à une simple présomption un résultat identique à celui que l'article 898 attache à une disposition expresse, savoir: que, dans le premier cas, les enfans du donataire sont donataires eux-mêmes, en cas de survie du donateur, et que, dans le second, le tiers appelé à recueillir recueille valablement si l'héritier institué ou le légataire ne recueille pas, ce qui constitue, dans les deux cas, une substitution vulgaire. La parité des motifs, c'est-à-dire la volonté de gratifier un tiers, par des modes divers, fera donc résoudre ici, que si le premier institué est frappé de mort civile, ou se trouve, pour toute autre cause, hors d'état de recueillir, de même le premier donataire, mis pour des causes pareilles hors d'état de conserver les objets donnés, les transmettra par l'accomplissement de la condition de survie aux donataires du second degré (art. 1082-25 du Code civil).

Mais, comme on le voit, la parité des motifs n'est pas la parité des cas. Et il faut même, pour éviter toute argumentation fausse ou inutile sur ce point, repousser ce qu'on appelle, en général, la parité des cas, lorsqu'elle n'est pas substantielle, et se réduit à une pure similitude. Il n'y a de réel en cette matière que l'extension fondée en vertu des principes que je viens de développer, sur la compréhension légale et logique, sur l'analogie par identité ou parité de motifs, sur l'homogénéité des systèmes, des matières ou des conditions, sur la similitude substantielle des cas comparés.

§ XXXVI.

C'est par un raisonnement déduit des principes généraux sur les conventions, et fondé sur l'équité, que la loi dispose, que si le débiteur est tenu des dommages et intérêts *prévus lors du contrat*, l'objet de la convention se trouvant dans ce cas déterminé par les parties, il n'est tenu par analogie, lorsque l'objet n'est pas déterminé par la convention, que de ceux *qu'on a pu prévoir* également lors du contrat, et qu'on est même censé avoir tacitement prévus, pourvu toutefois que le dol soit étranger à l'inexécution de l'obligation de la part du débiteur (art. 1150 du Cod. civ.); et par là se trouve ramenée à un résultat aussi simple que juste une matière hérissée autrefois des plus graves difficultés (V. l. 1, *Cod. de Sentent. quæ pro eo quod inter.*).

En suivant la même analogie, et se fondant toujours sur l'identité des motifs tirés des principes généraux du droit, le juge décidera que le tonnelier qui a fourni des tonneaux suffisans pour contenir du cidre ou du poiré, par exemple, mais insuffisans pour contenir du vin ou des liqueurs spiritueuses, ne sera pas tenu des dommages et intérêts résultant de la perte de ces tonneaux que l'acheteur aurait remplis de vin ou de liqueurs spiritueuses; mais qu'il sera tenu, dans la même hypothèse, de la perte de ces tonneaux, s'il est judiciairement reconnu qu'ils n'étaient pas même suffisans pour contenir du cidre ou du poiré; et il devra supporter en outre le dommage éprouvé par la perte du vin ou des liqueurs, jusqu'à concurrence de la valeur du cidre ou du poiré qu'auraient dû contenir ces tonneaux; car, telles eussent été les prévisions naturelles des contractans s'ils les eussent fixées lors du contrat.

Le même raisonnement s'appliquera au cas où un charpentier aurait fourni des étais destinés à soutenir une petite maison, mais que l'acquéreur aurait employés à soutenir une grande maison. Si ces étais étaient reconnus insuffisans, même pour soutenir la petite maison, le tort qu'a eu l'acquéreur de les employer à la grande maison ne justifie pas le vendeur du tort non moins grave d'avoir livré des étais insuffisans même pour la petite maison ; et il est tenu des dommages et intérêts de l'acquéreur jusqu'à concurrence du tort qu'aurait éprouvé celui-ci en employant ces étais à la petite maison (Dumoulin, *De eo quod interest*, n° 61 et suiv.).

L'on conçoit l'analogie déduite ou procédant de l'usage, de la coutume, du statut, lorsqu'ils sont constans et tiennent lieu de loi (1). Les principes qui viennent d'être développés relativement à la loi elle-même reçoivent ici naturellement leur application. Mais le plus fréquent usage de l'analogie, et, il faut le dire, le plus abusif, est celui que l'on fonde sur la jurisprudence. La jurisprudence n'acquiert de force réelle que par une série imposante de décisions uniformes sur un point de droit ou de doctrine, et les arrêts n'ont d'autorité que parce qu'ils consacrent expressément les principes du droit ou la saine intelligence de la loi. Or, les arrêts pouvant, même quelquefois par des vues tirées de l'équité, faire fléchir des points de doctrine, comment affirmer qu'un cas jugé une fois ou deux dans un sens, a tellement fixé les principes, tellement fait taire les controverses élevées sur la matière, que l'on puisse désormais et avec sécurité argumenter de l'arrêt qui a statué dans ce sens.

§ XXXVII.

Au reste, les hommes expérimentés dans l'argumentation enseignent que celui qui veut raisonner d'un cas à l'autre, en s'appuyant sur l'analogie, doit avoir soin de présenter une similitude de cas telle, qu'elle puisse être admise immédiatement par un esprit juste ; il place par là son adversaire dans la nécessité de prouver la dissemblance fondamentale

(1) On trouvera d'autres développements sur cette matière dans le *Comment. approf. du Code civ.* t. 2.

ou substantielle des cas comparés, et la fausseté de l'analogie, s'il y a lieu.

§ XXXVIII.

Tous les développemens qui précèdent doivent être entendus des lois du droit commun.

Reçoivent-ils leur application aux lois dérogatoires, aux lois particulières ou exorbitantes du droit commun, enfin aux lois pénales?

Quelque ardue que soit cette question, dont j'omets à dessein une discussion approfondie, je m'arrêterai à quelques idées simples qui prévaudront dans tous les temps et pourront être de quelque secours à l'interprète.

L'analogie ne procède, ai-je dit, que par des similitudes telles, qu'un esprit juste et sain ne puisse se refuser à appliquer le même droit à deux cas identiques ou absolument pareils. On a vu à quelles conditions se réalise ce principe. La question de savoir s'il est également applicable aux matières exceptionnelles tient à la distinction même que comporte la nature de ces matières comparées à celles du droit commun. Les lois dérogatoires ou réglant des droits particuliers sont, en réalité, des exceptions au droit commun. On ne saurait donc les considérer comme soumises aux mêmes principes, en matière d'interprétation, et surtout d'interprétation par analogie. Plusieurs textes du droit romain consacrent cette vérité (1). — Cependant, comme ce droit est à quelques égards un arsenal propre à fournir des armes à toutes les opinions, on n'a pas manqué d'y puiser dans tous les temps celles qu'on a jugé convenables à la défense des opinions les plus diverses; et c'est ainsi qu'on est parvenu à obscurcir les notions les plus simples en matière d'analogie.

Quelque parti que l'on prenne encore aujourd'hui sur cette ancienne controverse, on sera toujours forcé de reconnaître, qu'en principe, les lois exceptionnelles repoussent, par leur nature même, l'analogie; car l'analogie est surtout le fait de l'interprète : c'est l'équité, la raison générale, qui le détermine, dans de certains cas échappés à la prévoyance de la loi, à leur appliquer sa disposition. Or, la loi

(1) *V.* L. 14, 15, ff. *de Legib.* — 162, ff. *de Reg. jur.*, etc.

dérogatoire ou exceptionnelle qui laisse subsister le droit commun dans toute la partie dont elle ne s'occupe pas, le laisse sciemment subsister pour régler tout ce qui ne tombe pas rigoureusement dans ses prescriptions particulières. Il est une autre raison qui doit appuyer ce principe.

Le droit commun est évidemment le plus favorable à la société; c'est celui qui règle sur une foule de points toutes les existences, et l'égalité en est la base souveraine. Le droit exceptionnel lui-même n'est admis que parce qu'il a réellement pour objet de faire rentrer dans le droit commun de certaines personnes ou de certaines matières qui auraient à souffrir sous l'empire de la règle générale (1). — L'analogie ne saurait donc être employée pour sortir des préceptes consacrés d'une manière indirecte par le droit exceptionnel lui-même.

Néanmoins ces raisons, aussi bien que les lois de l'entendement, admettent, sinon l'analogie proprement dite, du moins l'extension de la loi dans de certains cas.

Ainsi il est hors de doute que, lorsqu'il s'agira de donner à la loi dérogatoire ou exceptionnelle toute la plénitude du sens que comportent ses termes, et dont on ne saurait la priver sans blesser la raison, ou la loi naturelle et l'humanité, elle devra recevoir l'extension nécessaire que réclamera ce sens : *Tunc enim non fit proprie extensio*, dit Denis Godefroi sur la loi 19 au Code, *de S. S. Ecclesiis, sed inesse jure id dicitur.* (*V. suprà*, p. 157, *Extension intérieure*).

Ainsi, le but bien démontré de ces lois devra être rempli, même par voie d'extension, et indépendamment des termes qui ne l'indiqueraient pas suffisamment. C'est ainsi que, de tout temps, on a décidé qu'une concession, un don, un privilége, devait être entendu *plenissimo modo*, et même interprété contre le concédant. Il devra l'être selon l'esprit du don ou de la concession, et, à cet égard, l'interprétation pourra procéder par voie d'extension, soit quant au temps, soit quant aux lieux, soit même quant aux personnes, lorsque le don ou la concession ne sera pas, par sa nature, intransmissible, etc.

C'est ainsi que, dans une foule de cas non prévus par nos

(1) *Comment. approf. du C. civ.*, t. 1, p. 326, et t. 2, p. 259 et suiv.

Codes, on applique par extension les formalités prescrites pour les mineurs ou les absens; et cette extension est fondée sur la justice autant que sur la volonté bien entendue de la loi générale (*V. suprà*, p. 157, et principalement, sur toute cette matière le *Comment. approf. du Cod. civ.*, t. I, p. 326 et suiv., et t. II, p. 269 et suiv.).

EXTENSION DES LOIS PÉNALES.

§ XXXIX.

Je veux ajouter quelques règles à celles que j'ai déjà posées (*V. suprà*, p. 163) sur l'extension des lois pénales.

L'un des principes les plus sûrs en cette matière, consiste à s'abstenir de toute argumentation par analogie, et à ne puiser les raisons d'extension de la loi pénale que dans la loi elle-même; car la volonté de l'interprète, quelque appuyée qu'elle soit sur l'équité et la justice, substituée à la volonté de la loi, ne serait qu'u... monstrueuse usurpation, la détermination des peines étant du ressort exclusif du législateur.

Mais il est permis de puiser dans la loi les raisons égales ou supérieures d'extension par lesquelles son dispositif, ce qui veut dire sa volonté, recevra la plénitude du sens qu'elle y a attaché: c'est l'extension *par compréhension*.

A cet égard, on devra conclure de la certitude de sa volonté, soit lorsque son texte sera conçu par forme d'exemple, soit lorsque les matières seront substantiellement les mêmes, soit lorsque, pour toute autre cause, par exemple, en se fondant sur la règle, *cui plus licet, non debet quod minus est non licere*, le délit non prévu par la loi sera nécessairement entendu dans sa disposition pénale.

Ainsi la loi Pompeia, *de Parricidiis*, qui punissait de mort celui qui avait tué son père, sa mère, son aïeul, son aïeule, en un mot, tous les parens dont la loi fait l'énumération, s'étendait à celui qui avait tué sa belle-mère (marâtre), ou la personne qui lui était fiancée, bien que ni l'une ni l'autre ne fussent comprises dans l'énumération. Elles étaient dans la pensée de la loi, dit la loi 3, ff. *de Leg. Pompeia : Sed et novercæ et sponsæ personæ omissæ sunt ; sententia tamen legis continentur.*

La mère qui, faute d'avoir pourvu son enfant mineur d'un tuteur, perd son droit à la succession de ce mineur, subira la même privation, si elle n'a pas fait nommer un curateur à son enfant furieux, ou à celui qu'elle portait dans son sein, bien que les termes de la loi, dit Ulpien, soient muets sur ces deux cas, *quamvis rescripti verba deficiant*, l. 2, § *Quid si curatores*, 29, ff., *ad S. S. Tertyll.*

La loi qui permet au père, dit Papinien (l. 22, § *penult.*, ff. *ad Leg. Juliam, de Adult.*), de tuer sa femme adultère ainsi que son complice, lui permet, à plus forte raison, de l'injurier.

Enfin la loi 7, ff. *de Lege Julia majest.*, offre le meilleur résumé de toute cette doctrine. Il s'agissait d'apprécier des propos inconsidérés tenus contre la majesté du souverain. Or, ajoute la loi, on ne doit pas étendre facilement la peine prononcée aux inconséquences de la langue. Sans doute de telles témérités méritent d'être châtiées ; mais il est mieux de ne voir que des insensés dans ceux qui les profèrent, et de leur pardonner, *si leur délit n'est pas écrit dans la loi même, ou n'est pas de nature à provoquer sérieusement son animadversion* : NEC LUBRICUM LINGUÆ AD POENAM FACILE TRAHENDUM EST : *quamquam enim temerarii digni pœna sint, tamen ut insanis illis parcendum est, si non tale sit delictum, quod vel ex scripturâ legis descendit*, VEL AD EXEMPLUM LEGIS VINDICANDUM EST.

Dans tous ces cas, c'est la loi qui parle, et non l'interprète ; l'extension de la loi n'est donc plus ici que l'application intelligente et pleine de son texte.

§ XL.

Mais lorsqu'il s'agit de l'application de la peine, on suit d'autres règles :

La première consiste, lorsque le délit est constant, à faire sans haine, sans crainte, comme sans faveur et sans fausse générosité, l'application pure et simple de la peine ; car l'applicateur, dans ce cas, tient directement de la société la mission de la venger : or, en désertant le mandat qu'il tient d'elle, il la trahit. *Perspiciendum est*, dit la loi 2, ff., *de Judi.*, *judicanti, ne quid durius aut remissius constituatur, quam causa deposcit; nec enim aut severitatis aut clementiæ gloria affectanda est.* Toutefois, même dans ce cas, l'exacte justice, d'accord avec l'humanité, admet, selon les circonstances, la modération des peines : *Planè in levioribus causis*, ajoute la même loi, *proniores ad lænitatem judices esse debent : in gravioribus pœnis, severitatem legum cum aliquo temperamento benignitatis subsequi.*

§ XLI.

Mais si des doutes s'élèvent sur le corps du délit, si les faits ne sont pas de nature à faire ressortir clairement, incontestablement la culpabilité, c'est alors que l'on a recours aux règles suivantes.

Selon l'espèce et la force des doutes, on peut même aller jusqu'à préférer le salut d'un coupable à la condamnation d'un innocent (1); car la société est instituée surtout pour le salut et le bonheur de tous ses membres; or, ce but serait habituellement manqué si on livrait aux hasards des jugemens humains, à l'incertitude des appréciations même des hommes les plus intègres, la vie, l'honneur, la sûreté des citoyens. — La vie d'un simple citoyen, disaient Scipion et Antonin, est préférable à la mort de mille ennemis (2).

Que si les doutes n'ont pas cette gravité, s'ils portent seulement sur le degré de perversité du coupable, sur son âge, la légèreté de ses actions, le lieu, les circonstances du délit, etc., on fait alors usage de cette grande règle d'humanité, consacrée sous toutes les formes dans le droit romain, que les peines doivent être adoucies : *Interpretatione legum pœnæ molliendæ sunt, potius quam asperandæ* (l. 42, ff. *de Pœn.*). — *Ferè in omnibus pœnalibus judiciis, et ætati et imprudentiæ succuritur* (l. 108, ff. *de Reg. jur.* etc.). Toutefois, l'emploi de cette règle ne doit jamais aller jusqu'à l'impunité; et il suffit, à cette égard, que l'auteur du délit ait eu la conscience du fait dont il s'est rendu coupable, pour qu'il n'échappe pas à la peine (l. 7, Cod. *de Pœn.*).

---

(1) L. 5, ff. *de Pœnis*. — (2) Capitolinus, *in Antonino*.

§ XLII.

Mais, dans un sens inverse, le juge devra faire l'application de la peine la plus forte, ou du degré de l'échelle pénale le plus élevé, toutes les fois que la société aura eu à souffrir, par suite du délit commis, dans ses plus chers intérêts, ou qu'une plus grande masse d'individus aura été entraînée à le commettre; car l'efficacité du remède, dans ce cas, doit être proportionnée à la gravité du mal : *nonnunquam evenit,* dit la loi 16, § 10, ff. *de Pœnis, ut aliquorum maleficiorum supplicia exacerbentur, quoties nimirum multis personis grassantibus, exemplo opus sit.*

DE L'INTERPRÉTATION DÉCLARATIVE.

§ XLIII.

Je désire, avant de terminer ma tâche actuelle, donner quelques développemens relatifs aux règles que j'ai posées plus haut (p. 205 et 214) sur l'interprétation déclarative.

Nous supposons que l'énoncé de la loi est incorrect ou insuffisant, soit sous le rapport grammatical, soit sous le rapport de la conception et de la déduction de son précepte, soit même parce qu'il se lie à un autre texte dont le rapprochement est indispensable pour éclairer toute sa pensée. J'ajoute qu'il n'est nullement question ici d'étendre ou de restreindre le texte, puisqu'il s'agit uniquement de découvrir son sens direct et naturel.

§ XLIV.

La première de ces règles consiste à s'assurer exactement de la nature et de l'étendue de l'objet de la loi; car la plus forte présomption qui puisse aider les lumières de l'interprète, en général, étant que le législateur a adapté à l'objet qu'il se proposait de ramener à la forme de la loi, le langage le plus propre à le retracer fidèlement aux yeux de tous, que ce langage n'en est dès lors, et en réalité, que la conséquence, il faudra en conclure que cet objet bien connu mettra sur les voies les plus sûres pour parvenir à l'intelligence des termes employés par l'auteur de la loi. Cette étude, lorsqu'elle sera convenablement faite, aura même pour résultat de remédier aux incorrections de son énoncé; car la volonté de la loi étant en quelque sorte toute la loi, dès qu'elle est suffisamment connue par l'objet auquel elle s'applique, il reste peu à s'inquiéter des imperfections de son langage.

§ XLV.

De là les règles suivantes :

Les lois qui ont pour but la religion, l'intérêt ou l'ordre public, la liberté des conventions, ou dont les dispositions sont favorables aux citoyens ou à une grande partie d'entre eux, doivent être interprétées avec étendue et équité; il serait, en effet, contraire à l'objet même qu'elles se proposent, de les interpréter avec dureté. C'est le sens propre de la loi 25 au Digeste, *de Legib.* : *Nulla juris ratio, aut æquitatis benignitas patitur, ut quæ salubriter pro utilitate hominum introducuntur, ea nos duriore interpretatione contra ipsorum commodum producamus ad severitatem.* — Ajoutez qu'on doit toujours supposer dans la loi l'esprit de son origine.

D'un autre côté, les lois qui ont pour objet de restreindre la liberté naturelle, la privation des droits politiques ou civils, l'établissement de certaines peines, celles qui embrassent un certain ordre de matières, par exemple, les lois civiles, commerciales, fiscales, etc., même celles d'entre elles qui embrassent distinctement certaines subdivisions, comme les successions, les donations entre vifs, les contrats ou obligations conventionnelles, etc., doivent être restreintes à l'objet propre qu'elles traitent.

Ainsi il faut admettre comme constant sans doute, que, sauf les exceptions qu'il appartient à la jurisprudence de faire spécialement ressortir, les divers corps de loi qui nous régissent sont restés fidèles à leur objet, et l'interprétation, pour être normale, et conforme au véritable esprit de la loi, devra procéder en vertu de ce principe. Néanmoins la distinction des matières et l'obligation de les interpréter par leur objet propre, révèlera souvent leur véritable sens.

Par exemple : l'article 1308 du Code civil, d'après lequel

« le mineur commerçant, banquier ou artisan, n'est point restituable contre les engagemens qu'il a pris à raison de son commerce ou de son art », doit être considéré comme une conséquence de l'article 487 du même Code, qui dispose, « que le mineur émancipé qui fait un commerce est réputé majeur pour les faits relatifs à ce commerce. »

La meilleure interprétation que comportent ces articles sera donc :

1° Qu'à l'égard de tous les engagemens commerciaux du mineur, et relatifs à son commerce, il sera réputé majeur.

2° Qu'à l'égard de tous ses engagemens civils et de tous ses autres rapports dans la cité, il sera mineur émancipé, ou simplement mineur soumis aux obligations de la loi civile.

3° Que même pour les faits et engagemens de son commerce, en sa qualité de commerçant, il sera toujours réputé majeur sans doute vis-à-vis des tiers; mais qu'en outre, le père ou la mère, ou même le conseil de famille, sous l'autorisation desquels il aura exercé le commerce, à défaut d'émancipation, pourront se trouver exposés à des recours, soit de la part du mineur, soit de la part des tiers (arg. art. 477 et 478).

4° Que, dans ce dernier cas, il ne saurait être soumis à la contrainte par corps (art. 2064).

L'article 1319 du Code civil s'exprime ainsi : « L'acte authentique fait pleine foi de la convention qu'il renferme entre les parties contractantes et leurs héritiers ou ayant-cause. — Néanmoins, en cas de plaintes en faux principal, l'exécution de l'acte argué de faux *sera suspendue par la mise en accusation ;* et, en cas d'inscription de faux faite incidemment, les tribunaux pourront, suivant les circonstances, suspendre provisoirement l'exécution de l'acte. » — Résulte-t-il de ces expressions, « l'exécution de l'acte argué de faux *sera suspendue par la mise en accusation* », que, dans tous les cas, un procès commencé ne pourra être suspendu que par la mise en accusation du prévenu ? Cette induction ne serait pas même conforme au texte régulièrement entendu de l'article 1319 ; car on y lit bien, qu'en cas de faux principal, l'exécution de l'acte argué de faux sera suspendu par la mise en accusation ; mais on n'y voit nullement qu'une procédure commencée au civil ne pourra être suspendue, en cas de plainte en faux incident, que par la mise en accusation du prévenu de faux; et la raison en est simple : c'est que le Code civil n'avait pas pour objet de régler des formes de procédure en matière de faux, mais bien de déterminer les effets d'un acte authentique et exécutoire argüé de faux, soit au principal, soit incidemment. Il faudra donc recourir à l'article 250 du Code de procédure civile, pour reconnaître les formes que la loi a voulu établir en matière de faux, et borner le sens et la portée de l'article 1319 à l'unique effet qui vient d'être indiqué (V. *Questions de droit*, v° *Faux*, § 16).

§ XLVI.

C'est par une analogie déduite des mêmes principes, que la cour de cassation a jugé, le 15 janvier 1806, qu'il y avait lieu à distinguer, pour l'application de la contrainte par corps, entre deux obligations, dont l'une était commerciale, et l'autre purement civile; et que, laissant subsister la partie de l'arrêt attaqué qui prononçait la contrainte par corps *quant à l'obligation commerciale*, elle a cassé celle qui la prononçait *quant à l'obligation civile*; — et, le 2 mars 1808, que bien qu'un traité fait entre une mère et ses enfans sur les droits et reprises à exercer par la mère, contînt réellement un avantage au profit des enfans, il n'en conservait pas moins le caractère de *transaction*, soumis aux formes et aux principes des transactions, et nullement aux formes et aux principes qui régissent les donations.

§ XLVII.

La seconde règle consiste à interpréter une loi obscure sous le double rapport du langage et de sa conception, par le sens qui résoudra les doutes les plus graves. Or, les doutes les plus graves seront ceux qui, indépendamment de la force des objections, entraîneront la solution interprétative vers l'ordre ou le bien public, la morale, la justice universelle, les principes généraux du droit.

Par exemple, l'article 205 du Code civil dispose, « Que les enfans doivent des alimens à leurs père et mère et autres ascendans qui sont dans le besoin. » Cette obligation s'appliquera-t-elle aux enfans adultérins et incestueux? Le principal doute naît de ce que l'action en alimens de la part du père ou de la mère est fondée sur le droit naturel et même sur les droits du sang, auxquels il n'est donné à aucune loi civile de déroger, *jura sanguinis nullo jure civili dirimi possunt* (l. 8, ff. *de Reg. jur.*). Mais la raison de décider se tire, d'une part, de ce que la loi, fondée sur des motifs supérieurs d'ordre public et de bienséance sociale, interdit la reconnaissance des enfans incestueux ou adultérins (art. 335); d'autre part, et indépendamment de ce que la loi 8, ff. *de Reg. jur.* n'est pas applicable, de ce grand principe de morale qui domine toutes les législations civiles, qu'on ne saurait retirer ni utilité, ni fruit, ni secours de ses propres turpitudes: *Nimis indignum est, nimis impium, flagitiis præsidia quærere* (l. 7, Cod. *de Natur. liber.*). Il faudra donc prononcer que les père et mère n'ont aucune action dans ce cas.

L'une des conséquences de la même règle sera encore que, dans l'alternative de deux inconvéniens auxquels peut conduire l'interprétation de la loi, il faudra éviter celui qui nuirait le plus à la société, et, par suite, celui que la malice des hommes peut faire naître le plus fréquemment; car, c'est surtout pour ces cas que les lois sont faites (l. 5, 6, ff. *de Legib.*) *Nam ad ea potius debet aptari jus quæ et frequenter et facile accidunt, quam quæ perraro eveniunt.* — Par exemple, l'article 327 du Code civil porte « que l'action criminelle contre un délit de suppression d'état ne pourra commencer qu'après le jugement définitif sur la question d'état. » On demande si le sens de cet article est que l'action criminelle ne puisse être intentée, dans aucun cas, soit que l'action civile ait été intentée, soit qu'elle ne l'ait pas été avant que la question d'état ait été définitivement jugée? Il faut répondre que non. L'article 327 suppose une question d'état engagée au civil. Dans ce cas, l'action criminelle ne pourra commencer qu'après le jugement sur la question d'état; mais, en l'absence de l'action civile, l'action publique pour la répression du délit ne saurait être paralysée. Elle peut être intentée d'office. Ainsi le veut l'intérêt général, qui domine tous les intérêts privés : *Quod communiter omnibus prodest, hoc privatæ utilitati præferendum* (l. unica Cod. *de Caduc. tollend.*). Et il ne faut pas s'arrêter à l'inconvénient rare, que la partie intéressée pourrait, en excitant le ministère public, préparer et attendre l'issue de la procédure criminelle, pour assurer d'autant mieux son succès devant les juges civils : *Quod enim semel aut bis extitit, prætereunt legislatores.* (l. 5, 6, *de Legib.*)

L'article 1236 du Code civil porte : « Qu'une obligation peut être acquittée, même par un tiers qui n'y est point intéressé, pourvu qu'il agisse au nom et en l'acquit du débiteur, ou que, s'il agit en son nom propre, il ne soit pas subrogé aux droits du créancier. »

L'unique objet de cet article est de déterminer, qu'il est au pouvoir d'un tiers non intéressé à une obligation de venir au secours du débiteur en désintéressant le créancier. Cette disposition est fondée sur ce principe de droit naturel, qu'il importe aux hommes de s'aider et de s'obliger mutuellement, *beneficio affici hominem, interest hominis* (l. 7, ff. *de Serv. export.*). — Mais aller au-delà, serait sortir des termes, comme de l'esprit de cet article. De là, la conséquence, qu'un tel paiement serait inadmissible, s'il devait avoir pour résultat de nuire, soit au débiteur, soit au créancier. Dans le premier cas, il y aurait violation de la maxime de droit : *Quod favore quorumdam introductum est, ad læsionem eorum inventum non videtur*, l. 6, Cod. *de Leg. et const.* Dans le second, il y aurait également violation de la maxime du droit naturel qui commande le respect des droits d'autrui : *Juris præcepta sunt hæc : honeste vivere, alterum non lædere, suum cuique tribuere* (l. 10, ff. *de Justitiâ et jur.*). C'est donc dans les principes éternels de morale et de justice universelle que cette interprétation puise toute sa force, et c'est par elle que se trouvent résolus les doutes, quels qu'ils soient, sur le véritable sens de la loi.

La loi 61, § 5, ff. *de Furtis* (1), examine la question suivante : Un individu avait chargé quelqu'un d'acheter un certain esclave, pour être donné, soit en gage, soit en dépôt. Cet esclave a volé, dans cette double hypothèse, ou le créancier ou le dépositaire. On demande à quelle réparation sera tenu le mandant, à raison du vol commis? Pourra-t-il se dé-

(1) Elle est extraite des œuvres d'Africain, intitulées *Quæstionum*.

charger de l'action par l'abandon de l'esclave, *noxæ deditione?* sera-t-il tenu, au contraire, de la réparation totale de l'objet volé? Bien qu'il paraisse conforme à l'équité, répond le jurisconsulte auteur de la loi, de ne faire supporter la peine provenant du fait de l'esclave que jusqu'à concurrence de la valeur de l'esclave, néanmoins il y a beaucoup plus d'équité encore à ne pas soumettre celui qui vous a rendu un service, en contractant dans votre unique intérêt, aux suites dommageables de ce service: *Nam licet alioquin æquum videatur non opportere cuiquam plus damni per servum evenire, quam quanti ipse servus sit: multò tamen æquius esse nemini officium suum, quod ejus cum quo contraxerit, non etiam sui commodi causâ susceperat*, DAMNOSUM ESSE. La gravité du doute résultait de ce que le mandant lui-même ignorait que l'esclave acheté fût un voleur. Or, la réparation du dommage, en pareil cas, était fixée par l'édit du préteur (l. 1, § 1, ff. *de Damn. infect.*) à l'abandon pur et simple de l'esclave. Mais la réparation s'élèvera ici à toute la valeur de l'objet volé. Et quelle en est la raison? C'est qu'aux termes du § 3 de la même loi, lorsque le débiteur donnait en gage à son créancier un esclave qu'il savait être voleur, la bonne foi exigeait qu'il fût tenu de la réparation totale de l'objet volé. Or, ce que le dol du débiteur commandait dans cette circonstance, la faute lourde de la part du mandant le commande également dans l'espèce actuelle. C'était à lui de s'assurer de la qualité de l'esclave qu'il faisait acheter. C'est donc sur lui que l'exacte équité fait retomber en premier ordre la charge et la réparation du tort causé: *Nam certè mandantis culpam esse*, ajoute la loi, *qui talem servum emi sibi mandaverit: et similiter ejus qui deponat, quod non fuerit diligentior circa monendum, qualem servum deponeret.* Et cette solution tire toute sa force, comme on le voit, de la maxime précédente, *multò tamen æquius esse nemini officium suum damnosum esse.*

L'article 747 du Code civil porte: « Que les ascendans *succèdent*, à l'exclusion de tous autres, aux choses par eux données à leurs enfans ou descendans décédés *sans postérité*, lorsque les objets donnés se retrouvent en nature dans la succession, etc. » On demande quel est le sens de ces mots *sans postérité?* Signifient-ils, par exemple, que l'ascendant pourra exercer son droit de succession, même dans le cas où les objets donnés, se trouvant en nature dans la succession des enfans du donataire, ceux-ci décèdent sans postérité? Cela paraîtrait résulter de la généralité de cette dernière expression ; car, si les descendans donataires directs ne sont pas rigoureusement décédés sans postérité, ils le sont, du moins, dans un sens absolu, leurs enfans n'ayant pas laissé de postérité; et il semblerait juste que la loi reçût son application, même dans ce cas. Mais il n'en est pas ainsi : 1° l'article 747 n'accorde aux ascendans ce droit spécial de succession que déterminément, pour le cas où le donataire direct décède sans postérité; 2° les biens sujets à ce droit ont perdu, en passant dans la succession des enfans du donataire, leur qualité propre de biens donnés. La solution interprétative est donc déterminée ici par l'exacte application des principes du droit.

www.ingramcontent.com/pod-product-compliance
Ingram Content Group UK Ltd.
Pitfield, Milton Keynes, MK11 3LW, UK
UKHW022327190726
13856UKWH00001B/251